贛文化通典

——方志卷　第三冊

目錄

第二章|南昌市

南昌

新建

進賢

安義

第三章 | 景德鎮市萍鄉市新余市鷹潭市

浮梁

樂平

（以上今景德鎮市）

萍鄉

蓮花

（以上今萍鄉市）

新余

分宜

貴溪

瑞昌

彭澤

德安

湖口

星子

都昌

永修

武寧

修水

第五章|上饒地區

上饒

玉山

弋陽

鉛山

廣豐

横峰

鄱陽

德興

萬年

婺源

下編

第六章 | 宜春地區

宜春

豐城

奉新

靖安

高安

上高

宜豐

第七章｜撫州地區

臨川

崇仁

金溪

宜黃

樂安

東鄉

南城

南豐

黎川

廣昌

資溪

第八章 | 吉安地區

吉安

泰和

吉水

遂川

萬安

永新

寧岡

新幹

峽江

第九章｜贛州地區

贛縣

于都

信豐

興國

會昌

安遠

龍南

尋烏

大余

南康

上猶

崇義

寧都

瑞金

石城

第五章 上饒地區

上饒

茲錄得信郡舊乘二十二種、上饒縣乘九種。其中有不能考知修纂年代之郡乘四種、縣志一種，其餘皆分年代繫錄。所錄舊志，今存者郡志五種，縣志亦五種。元代廣豐士人舒彬，以信州無一字送官資修《宋史》事，憤而撰《廣信文獻錄》，其書雖不宜錄為正志，實為信郡一代人文所繫，亦可聊補元代無郡志之憾，特識之以惜其書之不傳。又，民國時上饒縣有修志之舉，其事未竟，僅成資料一冊，不宜著錄，附識於此。

漢建安中，孫吳析餘汗縣地置上饒縣，初屬豫章郡，後移屬鄱陽郡。晉省上饒入葛陽。劉宋復置，屬鄱陽郡。隋初復省入葛陽。唐武德四年，復置上饒縣，屬饒州；七年，省上饒入弋陽；乾元元年，置信州，復置上饒縣為州治，州領上饒、弋陽、永豐、常山、玉山五縣。五代南唐，信州領上饒、弋陽、貴溪、玉山、鉛山五縣。宋信州，領上饒、弋陽、貴溪、玉山、鉛山、永豐六縣。元信州路。明廣信府，領上饒、弋陽、貴溪、鉛山、玉山、永豐、興安七縣，治上饒縣。清廣信府，領縣仍明。

（信州）舊經

佚名修纂

修纂年不詳　佚

《太平寰宇記》卷一〇六，信州，鉛山縣鉛山，引《舊經》一條。

《中國古方志考》：《（信州）舊經》佚。

《江西古志考》卷五：《（信州）舊經》佚卷數、撰人。按：《寰宇記》編纂於宋初，所引「舊志」，多係宋之前志乘。是《經》佚文曰「貞元間置永平監」，知其書修於唐貞元以後，成書時年無由確考。又《輿地紀勝》、《永樂大典》亦引《（信州）舊經》，張國淦氏斷為是書，非是。說見宋修《（信州）舊經》。

信州圖經

佚名修纂

修纂年不詳　佚

《太平御覽》卷四十八，地部十三，山龍虎山、鄧公山、明府山、鶴嶺山；卷六十七，地部三十二，溪師溪；引《信州圖經》五條。卷一七〇，州郡部十六，信州以信美所稱為郡名，引《圖經》一條。

《豫章十代文獻略》卷三十六，道家龍虎山，引《信州圖經》一條。

《太平御覽・經史圖書綱目》：《信州圖經》。

《中國古方志考》。

《江西古志考》卷五：《信州圖經》佚卷數、纂人。按：輯文「龍虎山」條曰「在貴溪縣」，「鶴嶺山」條曰「自貴溪縣界」。據《唐書地理志》，永泰元年，割弋陽、餘干二縣地置貴溪縣，知此《信州圖經》

修於唐永泰以後，宋太平興國以前。又《輿地紀勝》亦引《（信州）圖經》，張國淦氏以為與《御覽》所引《信州圖經》是一書，疑不確。參見宋修《（信州）圖經》考識。

〔宋〕上饒記

佚名修纂

宋初修本　佚

《太平寰宇記》卷一〇六，信州，鉛山縣鉛山，引《上饒記》一條。

《中國古方志考》：《上饒記》佚。

《江西古志考》卷五：《上饒記》宋，佚卷數、撰人。按：據是《記》輯文，曰「偽唐升元二年」，曰「皇朝平江南」，知係宋人所撰，成書在宋初十餘年間。

〔宋〕（信州）舊經

佚名修纂

宋修本　佚

《輿地紀勝》卷二十一，信州，景物上鉛山、靈山、叫石、鵝湖；景物下雨石山、自鳴山、緝女石、軍陽山、上幹縣、王真岩、宋氏水；人物唐陸鴻漸；引《舊經》十二條。

《永樂大典》卷八〇九三，十九庚，城廣信府城（《上饒志》），引《舊經》二條。

《明一統志》卷五十一，廣信府，山川君遷潭，引《舊經》一條。

《江西古志考》卷五：《（信州）舊經》宋，佚卷數、撰人。未見著錄。按：《寰宇記》卷一〇六，信州，「鉛山」與《紀勝》卷二十一，信州，景物上「鉛山」俱引《舊經》，其文頗有異同，張氏《大典輯本》斷《紀勝》所引與《寰宇記》所引《舊經》為一書，今不從。佚文「王真岩」條有晁補之詩，晁氏紹聖間為州祭酒，則此《舊經》修於紹聖以後。又《大典》錄《上饒志》引《舊經》數事，宜錄於此。

〔宋〕信州圖經

佚名修纂

宋修本　佚

《輿地紀勝》卷二十一，信州，景物下玉光亭，引《信州圖經》一條。州沿革五代為吳楊氏，人物唐陸鴻漸，引《圖經》二條。

《江西古志考》卷五：《信州圖經》宋，佚卷數、撰人。未見著錄。按：《御覽》引《信州圖經》既已著錄，該書撰於宋太平興國以前。《紀勝》亦引《信州圖經》，其佚文「玉光亭」條言及章郇公（得象）及王荊公（安石）詩碑，其書當修於宋元祐（王安石卒）以後，與《御覽》所引《信州圖經》同名異書，兩者撰年相去甚遠。《中國古方志考》誤為一書，顯係失察。又《紀勝》同卷引《舊經》多條，「陸鴻漸」條先引《舊經》，復引《圖經》，知此《圖經》必晚成於《舊經》，疑是南宋修本。

〔宋〕（信州）圖志

佚名修纂

宋修本　佚

《永樂大典》卷八〇九三，十九庚，城廣信府城（《上饒志》），引《圖志》一條。

《江西古志考》卷五：《（信州）圖志》宋，佚卷數、撰人。未見著錄。按：《大典》「廣信府城」條錄《上饒志》載宋黃雷《修城記》，黃《記》引《圖志》一條，言宋皇祐二年知州張實修信州府城事。考黃氏《修城記》作於南宋寶祐三年，所引《圖志》必在此前。《紀勝》引有《信州圖經》，不知與本《圖志》是否為一書，今仍援例分錄。

（信州）圖經志

佚名修纂

修纂年不詳　佚

《永樂大典》卷七二三六，十八陽，堂四賢堂，引《圖經志》一條。

《江西古志考》卷五：《（信州）圖經志》佚卷數、撰人。未見著錄。按：據本志輯文曰「宋章德象知玉山縣，有惠政。」章德象，當作「章得象」，文前置一「宋」字，不知是否為引者所增。該書撰年、撰人俱無考，姑置於此。

【按】四賢堂在玉山，邑人為淳祐知縣曾易詹、章得象、青陽楷、秦敏學立。

〔紹興〕上饒志一冊

王自中修　趙蕃纂王自中，字道夫，溫州平陽人，登進士，以才名調為籍田令，紹興初出知信州。　趙蕃，字伯昌（一作昌父），宋宗室，其先鄭州人，後寓居信州之玉山，以蔭入仕，終官直秘閣致仕，人稱章泉先生，著有《章泉集》。

宋紹興間修本　佚

《輿地紀勝》卷二十一，信州，縣沿革鉛山縣；風俗形勝靈山為州之鎮山、在饒州之上、福建湖廣江西諸道；景物下上幹縣；碑記南岩古篆、洪芻《遊洞記》；引《上饒志》七條。

《輿地紀勝》卷二十一，信州，碑記：《上饒志》趙蕃編，王自中序。

《文淵閣書目》卷四舊志：《上饒志》一冊。

《中國古方志考》。

《江西古志考》卷五。

〔嘉泰〕上饒志十卷

孟猷修孟猷，嘉泰間知信州軍事。

宋嘉泰間修本　佚

《宋史藝文志》：孟猷《上饒志》十卷。

《中國古方志考》。

《江西古志考》卷五。

〔明〕上饒志

佚名修纂

明初修本　佚

《永樂大典》卷二二六三，六模，湖（鉛山）西湖；卷二五三五，七皆，齋易齋；卷三一四八，九真，陳陳康伯；卷七二三六，十八陽，堂四賢堂；卷七二三九，十八陽，堂谷隱堂；卷七二四〇，十八陽，堂真意堂；卷八〇九三，十九庚，城廣信府城、鉛山縣城；引《上饒志》八條。

《江西古志考》卷五：《上饒志》明，佚卷數、撰人。未見著錄。按：茲輯《大典》引《上饒志》八條，張氏《大典輯本》得五條，斷為宋王自中、趙蕃修本，誤。考輯文「鉛山縣城」條曰「元末軍民」，「乙巳歸附」，俱元末明初事，知非宋志，乃明初所撰。又，明置廣信府，治上饒縣。輯文「四賢堂」「鉛山縣城」條俱記鉛山縣；「谷隱堂」條記玉山縣，「真意堂」條記弋陽縣，知是書所志合郡事，乃廣信府志也。《文淵閣書目》新志錄《廣信府志》三冊，《大典》採摘《廣信府志》十餘條，不知是否即本志。今援例分錄。

〔洪武〕廣信府志三冊

佚名修纂

明洪武十一年（1378）修本　佚

《永樂大典》卷二二六七，六模，湖帶湖；卷二六〇四，七皆，台跨鶴台；卷七五一四，十八陽，倉廣濟倉；卷七五一六，十八陽，倉存留倉；卷七五一八，十八陽，倉錢倉；卷八〇九三，十九庚，城廣信府城、仙人城；卷九七六三，二十二覃，岩朝天岩、天柱岩、月岩、月湖岩；卷九七六四，二十二覃，岩洞岩、沙岩、觀水岩、石岩；卷九七六五，二十二覃，岩三岩、三教岩、讀書岩；卷九七六六，二十二覃，岩南岩；引《廣信府志》二八條。又卷二六〇四，七皆，台桃花台，引《廣信志》一條。

《文淵閣書目》卷四新志：《廣信府志》三冊。

《江西古志考》卷五：《廣信府志》三冊明，佚撰人。按：輯文「廣信府城」條曰：「皇明受天命，臣妾四海……朔南晏然，亭無斥候，桴鼓之聲不聞，十又一年矣。」知本志修於明洪武十一年。

廣信府上饒志

佚名修纂

修纂年不詳　佚

《永樂大典》卷二二六六，六模，湖蓮湖，引《廣信府上饒志》一條。

《江西古志考》卷五：《廣信府上饒志》佚卷數、撰人。未見著錄。按：輯文「蓮湖」條曰「在弋陽縣」，知本志為郡乘，志名「廣信府」三字，疑係《大典》引時所增。此志或為已錄各志中之一種，或另是一書，今難以考明，姑循例分錄。

〔景泰〕廣信府志

佚名修纂

明景泰間修本　未見

【按】此志未見著錄，茲據天順《貴溪縣志》王增祐序補錄。王序曰：「近因朝廷命官下本府纂修郡志，時本縣教諭張鐸預其事。編集既成，進之內閣，遺稿藏於邑庠。」此「編集既成，進之內閣」者，必為郡志無疑，當有以錄之。是否梓行，則不知其詳。至若藏於邑庠之遺稿，即張鐸所撰《貴溪縣志》稿，另錄於貴溪縣。

〔成化〕廣信府志

佚名修纂

明成化初年修本　佚

【按】此志未見著錄。嘉靖《廣信府志》汪俊序：「吾信江右名郡，成化初，明興百年，始克有志，於時書未盡出，材未盡見，紀載稀闊，僅克成編，至取前賢文集以增卷帙，而其志則勤矣。」萬曆知府張履正序《信乘續葑》曰「信乘作於成化初」。《四庫全書存目．嘉靖〈廣信府志〉提要》亦曰「廣信自成化初始有志」。此志久佚，撰人今無以考知。

〔嘉靖〕廣信府志二十卷

張士鎬修　費寀　江汝璧　楊麒纂張士鎬，字景周，歙縣人，嘉靖間知廣信府。　費寀，字子和，鉛山人，正德六年進士，選庶起士，授編修，累遷禮部尚書兼學士，掌詹事府，卒謚文通，著有《鐘石集》三十四集、《憂患稿》等。　江汝璧，字懋穀，號貞齋，貴溪人，正德十六年進士，授翰林院修撰，官至詹事府少詹，著有《碧洋集》行世。　楊麒，字仁甫，上饒人，正德進士，歷官工部尚書。

明嘉靖五年（1526）刻本　存

《千頃堂書目》卷七：江汝璧《廣信府志》二十卷。

《明史藝文志》：江汝璧《廣信府志》二十卷。

《四庫全書總目提要》史部地理類存目二：嘉靖《廣信府志》二十卷兩淮鹽政采進本。明費寀撰。寀字子和，鉛山人，正德辛未進士，官至禮部尚書，事蹟附見《明史費宏傳》。廣信自成化初始有志。嘉靖乙酉，寀以編修家居，乃與同郡江汝璧、楊麟等增修，定為此本，凡八門。

光緒《江西通志》藝文略：《廣信府志》二十卷。

《中國地方志聯合目錄》。

汪俊序吾信江右名郡。成化初，明興百年，始克有志，於時書未盡出，材未盡見，紀載稀闊，僅克成編，至取前賢文集以增卷帙，而其志則勤矣。今又六十年，而信之文獻有光於前者，郡侯張景周覽舊志而曾慨曰：事有出於舊志之前而未能紀者當補書，其出於後而未及紀者當續書，是不可後。眾咸曰諾。適編修費君子和、江君懋谷、縣尹楊君仁甫輩方家食，乃以委之。爰恣披閱，爰廣搜訪，參互考訂，凡幾年而就緒……（嘉靖丙戌夏五月）

【按】是志纂，《千頃堂書目》及《明史藝文志》舉江汝璧一人而不及費、楊，《四庫提要》及光緒《通志》並舉三人名氏，而「楊麒」均誤作「楊麟」。又此書八門，為地輿、食貨、職官、學校、選舉、人物、外志、雜志。書成於嘉靖五年丙戌，後志有稱之為乙酉志者，蓋其書之始修年。

〔萬曆〕信乘續葑

張履正修　鄭以偉等纂張履正，無錫人，萬曆間知廣信府。　鄭以偉，字子器，號方水，上饒人，萬曆二十二年進士，改庶起士，授檢討，累遷少詹事，官至禮部尚書，謚文恪。

明萬曆三十九年（1611）刻本　未見

張履正序信乘作於成化初，修於嘉靖丙戌，距今餘若干載矣，而未有續者……以謀之鄭方水太史，請並舊志增修焉。太史公謙辭其修，而第力搜往牒，述舊聞，訪求文獻之家藏，博采而精收之，命曰「續葑」。其體該，其事核，其義精，洵前書之後勁，而來哲之新型也。余欲終前請，而公竟辭曰：以待後之作者。度不能強，遂受而刻之，以待。（萬曆辛亥）

【按】此書未見著錄，唯後志中存張履正、鄭以偉二序，得據以補錄。尋繹二序文，知是書補嘉靖志之後八十餘年事，故命曰「續葑」，記事至萬曆三十九年。崇禎間知府陳藎有《府志龕補》之作，其序曰：「世廟之初，至今百有餘年，縣增而七矣而志尚六，學進而八矣而志尚七」，「所賴有《信乘續葑》之作，寧非志之功臣乎，然斷自神宗辛亥」。是一郡文獻之賴以傳者，此書其有功焉。

〔崇禎〕（廣信）府志龕補

陳藎修陳藎，涪州人，崇禎間由鄉舉知廣信府事。

明崇禎四年（1631）刻本　未見

陳藎序不佞拜天子命來治信，即取志書閱之……乃甫接卷，見其標曰郡志，不能不作而歎矣。夫法尊昭代，古今之通儀也，帝王不相沿襲，既已府之，何其郡之也……況修之世廟之初，至今百有餘年，縣增而七矣而志尚六，學進而八矣而志尚七……所賴有《信乘續葑》之作，寧非志之功臣乎。然斷自神宗辛亥，曆三帝矣……前府張公序《乘》有言：以俟後之君子。不佞亦敢以云。惟是舊鋟散失，裂諸籍，謹為《龕補》一百有八版，值工之費，所不敢辭也。既成帙……（崇禎四年）

【按】此書未見著錄，惟陳序存後志中，得據以補錄之。按序文，陳氏乃仿萬曆鄭太史而作，不新修而補龕之，僅一百有八版。陳氏得崇祀名宦，後志有傳曰：「見文獻殘缺，即修補郡志，事類賴以傳。」

〔康熙〕廣信府志[1] 二十卷

高夢說修高夢說，號易庵，山東費縣人，順治五年副榜拔貢，康熙七年來知廣信府事。

清康熙十二年（1673）刻本 佚

高夢說序信屬七邑中惟玉山令唐君、永豐令夏君各修有志，其他則舊冊盡已零剝，新書未經纂輯……會奉檄征志，刻期限竣，予不獲終以不文辭，且七邑令君奮然染筆，序有成書，燦然明備。予既幸得資仿，而又迫以功令，於是忘其固陋，延二三文學分曹編纂，予於簿領之暇，字櫛句比之……因舊郡志者什之七，因新邑志者什之三，剪裁兩月而告成……（康熙十二年孟春）

鄭日奎序歲在壬子，禮臣特奉綸音，下所司徵集十五國郡邑圖籍……既承檄，即下所部七邑，要以日月，程以規條。曾幾何時，以次報竣。乃設館局，召名彥，訪故老，求遺書，綱舉而目張，復句櫛而字比……自冬徂春，凡三閱月，而一方信史燦然備焉……（康熙癸丑春正月）

【按】是志未見著錄。有知府高夢說、同知侯七乘、郡貴溪人鄭日奎序文三篇存後志中，述修志始末甚悉。然此志是否刊刻，三序俱未言及。而康熙二十二年序志「續修姓氏」曰：「歲在壬子，詔下所司征郡邑圖籍，知府高夢說偕僚屬暨二三文學編輯，三閱月而書成，將獻之當寧，會甲寅春守將柯昇叛，居民逃匿，大肆焚掠，簡編梨棗盡付灰燼，志幾湮沒而不可考矣。」知是志旋毀於甲寅（康熙十三年）兵火，「簡編梨棗盡付灰燼」。

又孫世昌序亦云：「今上壬子，前守高公刪蕪補缺，剞劂一新。」是高志已刻行，惜乎其壽之不永也。又，本志卷目乃高夢說據嘉靖志重訂，康熙二十二年孫志相沿不改：卷一至卷四地輿志，卷五卷六食貨志，卷七至卷十職官志，卷十一卷十二學校志，卷十三至十五選舉志，卷十六至十八人物志，卷十九方外志，卷二十雜志。參見孫志考識。

〔康熙〕廣信府志[2] 二十卷

孫世昌修孫世昌，號慎庵，遼東廣寧人，由蔭生初仕於陝西同州，擢守慶陽，康熙二十一年補知廣信府事。

清康熙二十二年（1683）刻本　存

光緒《江西通志》藝文略：《廣信府志》康熙二十二年知府孫世昌修。

《中國地方志聯合目錄》：《廣信府志》二十卷周駿升修，孫世昌纂。

孫世昌序信志肇於成化，迄嘉靖而再輯。今上壬子，前守高公刪蕪補缺，剞劂一新。自柯逆叛亂以來，兵寇交訌，五六年間蹂躪無虛日，故冊舊典蕩焉靡遺，掌故茫無可尋，徵引杳其莫辨……頃者天子右文重道，博征郡國志以供披閱，以成一統之模……台檄洊至，不敢以荒殘辭。下牒屬邑，共捐俸以襄厥事，延耆紳學博稽古訂訛……爰諏吉開局，庀材鳩工，克期竣事，以襄大典。及卷帙既成，視舊志加詳……（康熙二十二年仲秋）

【按】據本志「續修姓氏」，總裁為知府孫世昌，鑒定為同知姚震、通判範文在，匯輯為七屬邑知縣，董工為經歷司周順天，較訂為永豐縣教諭史志及上饒縣舉人祝雷聲，繪圖為庠生周毓華。《聯合目錄》作「周駿升修，孫世昌纂」，孫不宜錄為纂人，周氏則所未聞。又，本志目錄後有嘉靖乙酉江汝璧識語及「康熙癸丑春王正月既望東魯高夢說重訂」之題署，知此志卷目乃悉仍高志之舊，無所改易，如孫序所謂「視舊志加詳」也。

〔康熙〕廣信府志[3]四十卷末一卷

周錞元修　馬道畊纂周錞元，正白旗例監，康熙五十年知廣信府。　馬道畊，仕履不詳。

清康熙五十二年（1713）刻本　闕

清雍正八年（1730）補版重印本　存

光緒《江西通志》藝文略：《廣信府志》康熙五十年知府周鎬元修。《廣信府志》雍正八年知府蘇社修。

《中國地方志聯合目錄》：《廣信府志》四十卷末一卷周錞元修，馬道畊纂。清康熙五十二年刻本，清雍正八年蘇社羅克昌補刻本。

周錞元序予自辛卯十一月蒞郡，軋於簿書，風簷匪暇，間嘗取郡乘一覽焉，歎三十年來文獻無考，思有以續之，未遑也。今年二月，不戒於事，遂及鬱攸，志板遽付灰燼。郡人士僉告請修，遂協眾謀，取存帙而商榷之，刪其不經，匯其方類，征其逸士，補其藝文，諮采從前未編之遺，訂正群書失收之典，綱舉目張，斯志舉矣……

蘇社序今簡命來守是邦，履任之日，取郡志於吏人，而吏人所將舊志，零星殘闕什二三焉。詢其故，曰司志弗謹，梨棗之壞於燥濕蓋已非一日矣……因於政暇搜采舊本，稽其所存所失，綜計字數，版貲鳩工，付之梓人，殘者備之，缺者補之。不數月告成，卷帙齊整，編次無失，覺向之

幾乎散蔑，今復煥然成章……（雍正八年）

【按】是志有康熙、雍正二本，光緒《通志》分錄之為二志，同治府志凡例亦曰「修於康熙癸巳者為周志，雍正庚戌者為蘇志」。《聯合目錄》作一志之二種版本，是。重刻者蘇祉、羅克昌。蘇祉，福建南安歲貢，知郎川、曆陽，雍正間知廣信府。羅克昌，萍鄉歲貢，雍正五年來任廣信府學訓導。

〔乾隆〕廣信府志二十六卷首一卷

康基淵　連柱等修康基淵，字靜溪，號南圃，山西興縣進士，乾隆四十五年知廣信府。　連柱，字咎庵，號春塘，滿洲正白旗人，乾隆四十七年知廣信府事。

清乾隆四十八年（1783）刻本　存

光緒《江西通志》藝文略：《廣信府志》二十六卷乾隆四十八年知府康基淵修。

《清史稿藝文志》：《廣信府志》二十六卷康基淵修。

《中國地方志聯合目錄》。

連柱序歲庚子，奉大憲檄修郡縣志，時前守康酌定章程，詳請開局郡城，府縣志一時並舉。惟郡志一稿為前守康手訂，未全。其辛丑八月，前署府蔡始踵輯成編，繕呈上憲鑒定。檄發核刊，余亟取而披覽之，見其綱舉目張，文簡事實。乃於退食之餘，恪遵憲檄，逐一釐正，舉稍有未安者，務使義例歸一。蓋至是始得觀闕成矣……（乾隆癸卯）

【按】是志始事於乾隆四十五年，知府康基淵手訂之，稿未竟而康氏遽沒。四十六年八月，署知府蔡失名踵輯成編，繕本呈上憲鑒定。四十七年，知府連柱取其稿逐一釐定，鳩工付梓。四十八年書竣事。志凡二十六卷，分志天文、地理、建置、賦役、學校、武備、秩官、名宦、選舉、封爵、天師世家、人物、列女、方外、藝文、雜記十六類。又另為卷首，載序文、原序、凡例、目錄、修志姓氏、繪圖。《續修四庫全書提要》評曰：「其書門類頗備，記載亦稱有法。考以前各志，搜羅雖富，未免文詞繁蕪，義例未能劃一，茲志皆一一釐正，歸於切實，或補或芟，或新增，或附見，一以義例為斷，事出於因，義同於創，實非前志所可比擬。」「惟各門多加以『論曰』，其中固有可取之作，而敷衍篇幅者確亦不鮮。藝文不列書目，所載不標出典，亦皆為此志之失。」

〔同治〕廣信府志十二卷首一卷

蔣繼洙修　李樹藩等纂蔣繼洙，山東曲阜進士，同治八年知廣信府。　李樹藩，上饒人，中書科中書。

清同治十二年（1873）刻本　存

《中國地方志聯合目錄》。

蔣繼洙序今者大府奉命纂修江西通志，檄行郡縣各修新志以備匯輯。奉檄以來，惟弗克勝任是懼。又以是非臧否，公道所系，一人之見，恐未盡合。因於邑紳中之公正博雅者延之入局，共襄是舉。於同治十一年四月開局，公餘之暇，日與諸君子參互考訂，風雨晦明，未嘗或輟，不覺曆一寒暑矣……是役也，謹遵憲局所頒條目，次第匯輯。並於舊志之闕略者補之，慮其或佚也；間有魯魚亥豕者正之，不敢仍其誤焉。計十八閱月而書成，共為十二卷……（同治十二年九月）

〔淳祐〕上饒縣志

章鑄修章鑄，錢塘人，淳祐間以朝議大夫知信州。

宋淳祐間修本　佚

《中國古方志考》：《上饒縣志》宋，佚，宋張鑄纂。按：康熙《上饒縣志》凡例：《上饒縣志》，在宋淳祐間，太守張鑄葺而未成。

《江西古志考》卷五。

【按】康熙《上饒縣志》凡例曰此志「葺而未成」。乾隆四十九年《廣信府志》名宦則曰：章鑄，作《上饒志》而為之記。道光、同治縣志俱循乾隆府志為說。此志修成與未，今未能考實，姑錄之以存疑。又章鑄，《中國古方志考》誤作張鑄，宜正之。

上饒縣志

佚名修纂

修纂年不詳　佚

《永樂大典》卷二七五四，八灰，陂雜陂名，引《上饒縣志》一條。

《江西古志考》卷五：《上饒縣志》佚卷數、撰人。未見著錄。按：宋淳祐間章鑄修《上饒縣志》，既已著錄。今輯《大典》引《上饒縣志》一條，記雜陂名，頗有費解處，如「港口解塘陂」下有注云「以上並在廣信府上饒縣內」，「桑田陂」下注云「以上並在廣信府玉山縣內」，「唐石陂」下注云「以上並在廣信府貴溪縣內」，「獵橋陂」下注云「以上並在廣信府弋陽縣內」。注文或非原志之文，然以一縣志廣涉他縣之事，殊屬非例。又，《大典》於該處引《上饒縣志》後，接引《永豐志》《鉛山志》。

若此《上饒縣志》為郡志之誤，何以只及上饒、玉山、貴溪、弋陽四縣，又別出永豐、鉛山，且與歷代本郡沿革不合。張氏《大典輯本》將《上饒縣志》並《鉛山志》《永豐志》三條佚文俱歸宋王自中、趙蕃《上饒志》，更不知何以為據，故不從。今姑依《大典》分別錄之，存疑以俟考。

〔萬曆〕上饒縣志

劉伯輝修劉伯輝，懷寧人，萬曆二十年進士，知上饒縣事。

明萬曆間稿本　佚

【按】此志未見著錄，唯康熙縣志凡例記之，曰「成而未刻」。歷修《上饒縣志》俱未記劉氏知上饒之確年。康熙《懷寧縣志》選舉記劉氏為萬曆壬辰（二十年）進士，劉知上饒當在此年之後不久。

〔康熙〕上饒縣志[1]

佚名修纂

清康熙十一年（1672）修本　佚

【按】此志未見著錄。康熙十一年，禮部奉旨徵天下圖籍，檄下廣信，其七屬邑中玉山、（廣）永豐已有成志。其餘各邑奉檄，遵所頒程規纂輯，次第告竣。於是郡書得以資仿，於十二年修葺成志。知府高夢說序曰：「信屬七邑中惟玉山令唐君、永豐令夏君各修有志，其他則舊冊盡已零剝，新書未經纂輯，予又何所依據以成一郡之書？會奉檄徵志，刻期限竣，予不獲終以不文辭，且七邑令君奮然染筆，序有成書，燦然明備。」同知侯七乘序亦曰：「大部遂有通行之例，於是召各縣悉與更始，迨縣志齊，太守又以班、範之筆，刪繁葺要，成一郡之書。」又康熙二十三年《上饒縣志》馬之驦序曰：「前壬子時悉屬草創，義例未安。」自乾隆至同治歷修邑志，俱列馬志為邑志首修而不及此十一年志，宜補錄之。

〔康熙〕上饒縣志[2] 十二卷

馬之驦修　祝雷聲纂馬之驦，號逢伯，完縣舉人，康熙十六年知上饒縣。　祝雷聲，字震默，上饒縣人，順治十四年舉人。

清康熙二十三年（1684）刻本　存

光緒《江西通志》藝文略：《上饒縣志》康熙二十三年知府孫世昌、知縣馬之驦修。

《中國地方志聯合目錄》。

馬之驦序廣信府孫公纂輯郡志既成，乃命曰：爾職縣事，饒為首邑，志容可緩？……予與學博紳士博采軼事，摭拾舊聞。前壬子時悉屬草創，義例未安。於是振綱挈維，芟繁補缺，遂為成書，凡兩閱月而告竣。上之太府，復加斟酌以付梓焉……（康熙甲子）

【按】乾隆九年縣志汪文麟序曰：「康熙二十三年，柯逆之變甫定，民困於流離，勞於禦侮，奉朝廷命集為是書，粗舉梗概，考核有所未盡。」乾隆四十九年縣志連柱序亦曰：「迄國朝康熙甲子新葺一編，凡前此循良之吏、博雅之英與夫忠孝節義事蹟，亦不過因陋就簡，掇拾成編而已。」

〔乾隆〕上饒縣志[1] 十六卷首一卷

汪文麟修　鄭紹淳等纂汪文麟，字遇聖，碭山拔貢，乾隆三年

（一說五年）知上饒縣。　鄭紹淳，字重姿，號素軒，邑人，雍正十三年選貢，候選教諭。

清乾隆九年（1744）刻本　存

光緒《江西通志》藝文略：《上饒縣志》乾隆九年知縣汪文麟修。

《中國地方志聯合目錄》。

汪文麟序邑肇於唐，歷宋、元、明皆未有輯。康熙二十三年，柯逆之變甫定，民困於流離，勞於禦侮，奉朝廷命集為是書，粗舉梗概，考核有所未盡。茲又六十餘年矣，及今不修，因仍如故，恐不獨踳駁荒略已也。余方以是為憂，而廣文明君東陽議與余合，遂同治其事，集諸紳士搜閱百家，參稽訂正，刪蕪補漏，甲子以前遺者增之，甲子以後漏者續之，一載始畢。上之郡守陳公，再加裁定，乃付諸梓……（乾隆九年）

【按】汪序所謂「議與余合」者明東陽，號亦村，南康舉人，時為上饒縣學教諭。明氏亦有序，曰「余與邑侯汪公暨諸紳士博采群書以訂其誤，補其缺而增新者，亦棄不敢輕，收不敢濫」。又知府陳世增序亦曰：「上饒汪君偕教諭明君釐定之。」知明氏實參與修纂，其名氏不可沒。書凡十六卷，分星野、沿革、形勝、城池、疆域、山川、物產、田賦、水利、風俗、學校、書院、公署、秩官、名宦、兵衛、武事、關梁、選舉、人物、列女、流寓、仙釋、祥異、古跡、祠廟、丘墓、寺觀、藝文、雜志諸目，各目皆冠以小序。其藝文幾占全書篇幅之半，後人嘗譏其濫。又別為卷首，載本志序、原序、目錄等。

〔乾隆〕上饒縣志[2]十三卷首一卷

程肇豐修程肇豐，大興籍監生，浙江歸安人，乾隆四十六年知上饒縣。

清乾隆四十九年（1784）刻本　存

光緒《江西通志》藝文略：《上饒縣志》乾隆四十九年知縣程肇豐修。

《中國地方志聯合目錄》：《上饒縣志》十三卷程肇豐纂修。

程肇豐序歲辛丑夏，余自修江調任信之饒邑，前太守方開局郡城，纂輯郡志。余因廣稽博考，以備採擇。會屬草稿未定而局停。賴今太守連考核釐訂，先郡志後邑志，次第竣事，於是一郡七邑之書燦然明備焉……（乾隆四十九年閏三月）

【按】是志有「卷首」一卷，載原序、目錄、凡例、新序、上饒縣志官階姓氏、繪圖，《聯合目錄》漏錄此卷，宜補。

〔道光〕上饒縣志三十二卷首一卷

陶堯臣修　周毓麟纂陶堯臣，廣東番禺舉人，嘉慶二十五年知上饒縣。　周毓麟，瀘溪進士，授翰林院庶起士，任廣信府學教授。

清道光六年（1826）刻本　存

光緒《江西通志》藝文略：《上饒縣志》三十二卷。

《中國地方志聯合目錄》。

周毓麟序會於道光二年間召續修省志盛舉，檄各郡縣並修新志，匯送備采。賢侯陶公重其事之大有關於民風而深有裨於吏治也，力為倡捐而經始，偕學博舒君、陳君協為勸功以圖成，擇延邑中賢能士諳於典故達於事宜者，俾掌內外之局而司出入之貲，於是總修分校之任俱得其人，採訪經理之司咸稱厥職，謹依頒定三十二目之成規，增敘四十餘年之近事，因其舊者更訂其訛，增其新者務據其實，分條屬草，大略成編。尋以總核未竟，屬為踵而成之……乃仍前草而稍加核定，附後論而不揣狂愚。事屬因成，非敢挾夫異同之見；意期少補，或有當於得失之林。勉綜其全，藉告厥竣……（道光六年仲冬）

【按】本志遵省頒格式，區為三十二門：星野、沿革、形勢、城池、山川、水利、學校、公署、書院、田賦、風俗、土產、兵衛、武事、關津、驛鹽、古跡、封爵、秩官、選舉、名宦、人物、寓賢、列女、仙釋、方伎、祥異、祠廟、塋墓、寺觀、藝文、雜記。志局開於道光三年，至六年冬竣事。

〔同治〕上饒縣志二十六卷首一卷

王恩溥　邢德裕等修　李樹藩等纂王恩溥，字濂舫，通州廩貢，同治五年知上饒縣。　邢德裕，字筱尹，上元監生，同治十年署知上饒縣事。　李樹藩，邑人，中書科中書。

清同治十二年（1873）刻本　存

《中國地方志聯合目錄》。

邢德裕序同治庚午，前王令君濂舫奉上憲檄，飭令續修新志，當延邑紳劉教諭昌詔、楊孝廉敬資、李中書樹藩、徐明經味道、鄭茂才芳蘭等設局纂輯。功未半而王令君調升義寧。余愧不才，適承其乏，下車即詣局資商，急圖蕆事。嗣因楊孝廉赴都未返，劉教諭養屙言旋，諸凡局務專委留辦數紳。八閱月，而省府各稿陸續送呈。方擬克期剞劂，以竟厥工，值德裕卸篆，弗獲觀成。善後事宜，洵有望於來者……茲聞後任區令君雲甫詳加删訂，已付棗梨。沈令君芸閣捐廉佽助，以期速竣……（同治癸酉夏

四月）

區作霖序至同治九年間，上憲有重修通志之舉，檄郡縣並修新志，以備採擇。前令王、邢兩君承命纂輯，即陶公原書而附益之。總修分校，皆邑之賢，出入採訪，咸慎其選。編纂訖事而餘以量移蒞任，樂觀其成，念考鏡之有資，壽棗梨其宜亟，因與諸君重加校訂，授之梓人……（同治十一年秋九月）

【按】本志「修志姓氏」列總修四人，為王恩溥、邢德裕、區作霖、沈鎔經。區作霖，字雲甫，廣東順德舉人，同治十一年來任知縣。沈鎔經，字芸閣，浙江烏程進士，十二年署縣事。蓋此志王令始事於同治九年庚午仲秋，局中纂人有劉昌詔、楊敬資、李樹藩、徐味道、鄭芳蘭等，功未半而王令遷官去。邢令繼任，八閱月而編纂訖事，各稿陸續送呈省府，方擬竣劂，邢令卸官去。區令於十一年至任，復於書稿重加校訂，鳩工授梓。其工未竣，沈氏受命署事，時為同治十二年，乃復捐廉資助，畢竟厥功。是志卷十六秩官記沈鎔經同治十二年署縣事，又邢序撰於同治癸酉（十二年）夏四月，沈序亦自署為「歲在昭陽作噩」（即癸酉），知是書竣事在同治十二年。

▶ 玉山

玉山志乘，其創於何時，無可考焉。自《太平寰宇記》及《輿地紀勝》輯得《舊記》《縣圖》二種，前書當為宋之前舊乘，後者成書在唐乾元至宋太平興國間。明有成化方志、萬曆錢志。清康熙十年，知縣唐世徵收拾殘闕，裒輯成帙，不數年，復毀於兵火。康熙二十年，知縣彭天福補其闕板，增續成書，仍為十卷。其後踵事成書者，有乾隆李志、道光武志及同治黃志。

唐武后征聖年間，析衢之常山、須江及弋陽縣地置玉山縣，以境有懷玉山，因以「玉山」名縣。初屬衢州，乾元以後屬信州。宋因之。元屬信州路，隸浙江行省。明太祖庚子年，改信州路為廣信府，洪武四年，改隸江西行省，玉山屬焉。清仍明制。

（玉山）舊記

佚名修纂

修纂年不詳　佚

《太平寰宇記》卷一〇六，信州，玉山縣上幹溪水，引《舊記》一條。

《中國古方志考》：《（玉山）舊記》佚。

《江西古志考》卷五：《（玉山）舊記》。按：《寰宇記》引此記而稱「舊」，當是宋以前舊乘。其佚文殘言片語，無足考據。

（玉山）縣圖

佚名修纂

修纂年不詳　佚

《太平寰寧記》卷一〇六，信州，玉山縣，引《縣圖》一條。

《輿地紀勝》卷二十一，信州，縣沿革玉山縣，引《縣圖》一條。

《中國古方志考》：《（玉山）縣圖》佚。

《江西古志考》卷五：《（玉山）縣圖》。按：《寰宇記》引《縣圖》敘玉山沿革，曰「至乾元元年隸信州」，知是書修於唐乾元以後，宋太平興國之前。

〔成化〕玉山縣志

方中修方中，字大本，浙江淳安人，進士，天順間知玉山縣事，升按察司僉事。

明成化十一年（1475）刻本　佚

光緒《江西通志》藝文略：《玉山縣志》成化十一年知縣方中修。

【按】康熙二十年《玉山縣志》卷六官師志，錄方中於「成化知縣」；同卷知縣傳中，則謂方中「天順間知縣事」。蓋天順、成化相賡續，兩說皆不誤，亦均不確，方中之始任玉山當在天順年，至成化初猶在任。又據道光《玉山縣志》卷十九秩官，成化間知縣有「蔣悅，（成化）五年建玉虹橋」，其後繼任者有黃瑩、汪瀅等，知十一年修縣志時，方中已不在知縣任上，光緒《通志》所錄亦不甚確。又康熙唐志凡例云「舊志修於成化方中者，僅存一序」，其時方志蓋已亡佚，其序文今也無可獲見。

〔萬曆〕玉山縣志

錢應鬥修錢應鬥，浙江余姚人，舉人，萬曆十七年知玉山縣，後以例升應天通判。

明萬曆十七年（1589）刻本　佚

光緒《江西通志》藝文略：《玉山縣志》萬曆十七年知縣錢應

門修。

【按】據康熙唐志凡例，康熙十年修志時，此志已無完帙。然殘篇斷簡，今且不存焉。

〔康熙〕玉山縣志[1]十卷

唐世徵修　郭金台等纂唐世徵，號（一說為字）魏子，湖南湘潭人，順治十八年進士，先任推官，康熙八年六月改任玉山知縣。　郭金台，湖南湘潭人，仕履不詳。

清康熙十年（1671）刻本　未見

光緒《江西通志》藝文略：《玉山縣志》康熙九年知縣唐世徵修。

《中國地方志聯合目錄》：《新修玉山縣志》十卷唐世徵修，郭金台纂。清康熙年間刻，雍正年間遞修本。

唐世徵序因搜舊乘流覽之，頗疑首尾舛謬，尚匿不敢言。一日，漕憲檄下，取縣志漕議參近事。急檢食貨部中才二三板，所載額運數先後錯誤，而腳耗、官運一語未及，將奈何。蓋緣舊志纂自萬曆己丑，抵今垂八十年，藏本磨滅，舊聞缺失，不足信從，毋怪已。因訂吾友郭君金台潔一舍，凡四閱月，彼此較讎，訖乃豁然曰：不分門則事不辨，不博采則見聞不通……凡十卷終焉。卷之目數如舊，而列名不同。約自萬曆己丑後至今康熙九年皆新纂補；己丑以上仍舊志，稍釐正之，然亦有裁冗者，有辨譌者，有闡幽者，有自郡志采補者，有用別本雜收者，有因老宿耆舊家參載者。徵與友台虛心博受，聊備記述，不敢侈言妄作也……（康熙十年）

【按】是志原刻今未獲見，然其內容、格式完存於二十年增修本中，可據之窺其原貌。康熙二十年彭志中，錄有此志序文三篇：巡按江南督理兩淮鹽課監察御史徐旭齡序（康熙九年仲冬）、廣信知府高夢說序及唐序，又錄有唐世徵撰《記》一篇及唐撰凡例。其《記》曰：「是役也，梨板之費凡陸兩，刻工之費凡壹佰兩，供給之費凡一百八十兩，紙墨刷印之費凡三十兩，合計銀三百一十六兩。本縣捐俸外，自為借湊，並未取里民一毫一粒。始於康熙九年五月初一日，至拾年十月中旬竣事。自一卷至十卷，三百九十三頁，計板二百一十三塊，盛以木櫃，安置儒學大成殿側……」又康熙二十年志彭天福《刊修縣志緣起》曰：「縣志之修，始於康熙庚戌之夏，終事於辛亥之冬，一應諸費皆前縣魏子唐公之捐俸重鐫也。未及三載而閩變忽興，貯板毀失幾半。」《聯合目錄》稱是志「康熙間刻」，不確；又曰「雍正年間遞修」，而不錄二十年彭氏增修本，蓋誤。陳光貽《稀見地方志提要》錄「二十年增刊本」，甚是；然謂郭金台玉山人，則失於明察，二十年本每卷題下猶存有「楚潭郭金台編輯」款識是證。

〔康熙〕玉山縣志[2] 十卷

彭天福修　黃世蘭等纂彭天福，號慶餘，奉天遼陽人，康熙十七年四月知玉山縣事。　黃世蘭，字桂鄰，南豐人，縣訓導。

清康熙二十年（1681）刻本　存

彭天福序查閱梨板，殘闕過半，若不速設刊補，恐日有所損，行將烏有矣。於是諮之鄭子之、之發等，爰捐俸資，更得助費，重刊完好，仍貯木櫃，安置儒學大成殿側……（康熙二十年孟春）

黃世蘭跋舊志修於明萬曆己丑，距茲八十餘年，簡編殘闕，靡所征據。會三楚唐侯治玉有聲，一旦舉墜典而增修之，訪求故老，旁搜遺文，詳加考核，以輯成一書，甚盛事也。旋值閩省告變，群盜蜂起，掠城據邑，肆其焚燹，惜玉志之成不數載，復付之祖龍一炬矣。梓人周道玉謁諸紳士，謀重刻之。幸未毀者尚存百餘版，仍前帙而補其缺遺，是舉誠難已已。遂上其事於三韓彭侯。侯可其請，爰捐貲為，既稟需函，命就梓，俾一邑之事不至終於湮沒焉，抑何幸哉。世蘭不敏，得與聞於幾席之側，深有感於賢士大夫主持在上，而自愧固陋，不能臨文增耀以揚盛美於萬一，僭為一言，以記其始末云。（康熙二十年孟春）

【按】唐志既毀於兵火，書板殘闕幾半，而彭氏仍其舊帙，補其缺版，又續增康熙十年至二十年事，以成完書，邑乘賴以不至就湮，厥功其不可沒。是志卷目，一仍唐志，卷題下前志款識「知府高夢說總裁，同知侯七乘鑒定，知縣楚潭唐世徵纂修，楚潭郭金台編輯」猶未挖改焉。所增九年以後事，其最晚者，卷六官師志有二十年六月新任邑令餘毓浩，卷七選舉志有十一年舉人顏禎暹（若此本為「雍正間遞修」，「禎」字當避諱改寫，是亦此本成於雍正朝之前又一明證）及十九年貢生董選，卷十藝文志有徐旭齡作於十七年秋之《總督浙江部院李公碑記》。

〔乾隆〕玉山縣志十三卷首一卷

李實福等修李實福，樂昌拔貢，乾隆四十二年任玉山知縣。

清乾隆四十九年（1784）刻本　存

同治《玉山縣志》卷九藝文：《乾隆玉山縣志》十三卷，知府康基淵、連柱、知縣李實福同修。

光緒《江西通志》藝文略：《玉山縣志》十三卷乾隆四十八年

知縣李實福修。

《中國地方志聯合目錄》：《玉山縣志》十三卷一卷連柱修，李實福纂。

李實福序其有志也，不知創自何時。再修於明萬曆中。我朝定鼎，邑如舊隸。康熙庚戌，前邑令唐君世徵取舊志纂修之，蓋距萬曆已八、九十年，疊更兵燹，紀聞殘缺，披輯匪易，逾年始成。旋遭閩變，志板毀於火者幾半。越十年，辛酉，邑令彭君天福釀金續刻。迄今又百年矣，其板片殘缺漫漶，已非全書，讀者憾焉……予以非材，濫竽茲土，撚指八年……嗣奉上憲檄飭郡邑修輯志書，經前郡伯康開局匯纂郡志及七邑志，未竟。厥功賴今郡伯連芰補釐訂，悉稟親裁，八籍就峻，裝潢成冊，檄發下縣……（乾隆四十九年孟夏）

〔道光〕玉山縣志三十二卷首一卷

武次韶修　余鈔　劉子敏纂武次韶，字者泉，雲南建水人，嘉慶十四年進士，二十四年三月知玉山縣事，卒於官。　余鈔，南城人，嘉慶三年舉人，道光元年任玉山縣學教諭。　劉子敏，瀘溪人（同治《玉山縣志》作盧陵人），乾隆五十三年舉人，嘉慶十五年七月任縣訓導。

清道光三年（1823）刻本　存

光緒《江西通志》藝文略：《玉山縣志》三十二卷道光三年知縣武次韶修。

《中國地方志聯合目錄》。

武次韶序適憲頒通志條例三十二則，檄催搜輯成書，以備採擇。因與邑紳士設局分修，往復討徵……書成，識此以弁諸首。（道光三年秋九月）

【按】本志凡例：「省頒修志格式分三十二卷，即通志例也，每卷各序朝代，以類相從。今悉從其目……」又《續修四庫全書提要》曰：「其書頗為簡略，新增極少，計星野、沿革、形勢三目未增一字，城池僅增一條，山川、水利、學校仍舊，公署增數條，書院增數條，其他各門，所增以秩官、選舉為多。此志蓋為敷衍公令之作，未暇廣為搜羅也。惟其書亦有佳處……舊志引史多誤，今據本紀改正，此外按語甚夥，且亦多有價值。是其書所搜雖不豐富，然尚嫻於考證耳。」

〔同治〕玉山縣志十卷首一卷附補遺一卷

黃壽祺　俞憲曾修　吳華辰　任廷槐纂黃壽祺，字曉坡，松滋人，廩貢，同治八年知玉山。　俞憲曾，署玉山縣事。　吳華辰，原名吳華淳，邑人，道光十六年進士，內閣中書。　任廷槐，邑人，咸豐三年進士，翰林院庶起士，改任湖北蘄水知縣。

清同治十二年（1873）刻本　存

《中國地方志聯合目錄》。

黃壽祺序頃奉憲頒通志條例，為門十，其目五十有四，以綱繫目，各以類從。復申其議曰：府州縣志識其詳，通志識其要……按玉山縣志之可考者，舊有成化方志、萬曆錢志。迨康熙庚戌，湘潭唐君收拾殘闕於兵燹之餘，分門別類，裒輯成帙，徐清獻公謂其能為邑謀千百年事，厥功偉矣。踵其事者，一修於乾隆癸巳昌山李君，附府志局以成者也。再修於道光壬午滇南武君，仿謝中丞通志例以成者也。維皇上御極之八年，大中丞劉以志乘一書為紀載所關，即為治化所繫，查江西省通志修於雍正八年，迄今一百四十餘年之久，尚未續修，各府州縣志亦多修於乾隆、嘉慶年間……會同制府馬恭折奏聞，設局開辦，酌定凡例，刊發各屬一體纂修。余奉檄，遵照章程，延請在籍紳士設局分修，訪求故籍，微特方、錢二志不可復睹，即近如武志亦片板無存，蓋後燹之為禍也烈，而續修一舉在玉尤不容緩也……書成，識此以弁於簡端。（同治十一年秋）

【按】本志目錄及卷九藝文，均自謂全志凡十卷，然卷十雜類之後，其版心赫然標有卷十一，有識語曰：「志稿發鋟後採訪踵至，未便攙入，亦未可棄捐，謹照各來稿略加刪節，分門彙編為續補遺一卷」。而「續補遺」之後，又有「廣補遺」。其不能前後照應如此。《續修四庫全書提要》亦曰：「其書最可哂者，卷首凡例共為十三條，其前十一條皆指通志而言，與邑志毫無關係……推其若此之由，蓋因其全書體例一以通志為主，於是凡例亦竟不易一字，纂輯荒謬，可謂已甚……其第十一條之後云：附增縣志凡例二條。而此二條……實不足以當凡例。大抵纂修諸人，皆非著述之才，不知著述為何物，但知遵照頒發條例，以敷衍公令耳。」

▶ 弋陽

弋陽舊志，上起於南宋，下迄於民國，今錄得十六種，南宋陳志以前無考。其中《（弋陽）舊經》輯自《永樂大典》，萬曆李志、康熙王志據後志序跋補錄，皆前修著錄所闕遺者。

建安十五年，孫吳析餘汗縣東界置葛陽縣，屬鄱陽郡。隋開皇十二年，移縣弋江之北，更名弋陽，屬饒州。唐屬信州。宋仍之。元屬信州路。明、清屬廣信府。

〔宋〕弋陽縣志

陳康伯纂陳康伯，字長卿，邑人，宣和三年進士，隆興元年除少保，判信州事，仕至觀文殿大學士，封信國公，卒謚文恭。

宋修本 佚

光緒《江西通志》藝文略：《弋陽縣志》邑人陳康伯修。

《中國古方志考》。

《江西古志考》卷五：《弋陽縣志》宋，陳康伯纂。按：清陳喬樅序咸豐《弋陽志》曰：「弋之有志也，昉自宋陳文正公，繼修之者元蘭山張景範也。」

（弋陽）舊經

佚名修纂

修纂年不詳

《永樂大典》卷九七六四，二十二覃，岩石岩（《弋陽縣志》），引《舊經》一條。

《江西古志考》卷五：《（弋陽）舊經》佚卷數、撰人。未見著錄。按：《舊經》僅見《弋陽縣志》引一處，撰人撰年俱無考，知其成書在元修縣志之前。

〔元〕弋陽縣志

張純仁纂張純仁，字景範，邑人，至治元年進士，由繁昌縣尹歷仕至浙江行省左右司郎中。

元修本 佚

《永樂大典》卷九七六四，二十二覃，岩石岩，引《弋陽縣志》一條。

光緒《江西通志》藝文略：《弋陽縣志》邑人張純仁修。

《江西古志考》卷五：《弋陽縣志》元，張純仁纂。

【按】據咸豐《弋陽縣志》陳喬樅序，元張純仁纂邑志。《大典》輯文曰「本府弋陽縣」，此「本府」指廣信府，乃明置。明修邑志之可考者，以成化間所修為最先，未聞有早於《大典》者。且以縣志為文而自言「在本府弋陽縣」，頗覺不倫，此數字當為《大典》所增。此條輯文年代不可確考，暫置於此。

〔成化〕弋陽縣志

佚名修纂

明成化十八年（1482）刻本　佚

【按】此志未見著錄。萬曆《縣志》周賁序曰：「萬曆乙亥冬，賁以二教來弋，詢士無志，博訪民間，乃得成化壬寅斷志一帙，百餘年來竟未有修，大為啊之缺典。」程有守序亦曰：「不佞懼無當於弋，獲戾前修，亟以邑乘問，冀資益焉。弗得。詢之，則志自成化迄今，則版籍亡存。」知成化壬寅有志，且已刻行，萬曆修志時已不獲全帙。

〔嘉靖〕弋陽縣志

季本修季本，字明德（一說字彭山），浙江會稽人，嘉靖進士，以御史升弋陽令。

明嘉靖刻本　佚

光緒《江西通志》藝文略：《弋陽縣志》嘉靖間知縣季本修。

【按】崇禎志汪夢尹序、乾隆四十九年志連柱序、咸豐志陳喬樅序，俱云嘉靖間有季本所修志，然其確年無考。

〔萬曆〕弋陽縣志[1]十二卷

程有守修　汪遜纂程有守，字彥平，號梁湖，歙縣人，萬曆二年進士，即以是冬授弋陽令，升泉州府同知。　汪遜，字子言，號初庵，邑人，嘉靖貢生，任新城教諭，升溫州通判。

明萬曆九年（1581）刻本　存

光緒《江西通志》藝文略。

程有守序余歲乙亥受命令茲土，甫下車，拜瞻祠像，進邑民士與朝夕。顧不佞懼無當於弋而獲戾前修，亟以邑乘問，冀資益焉。弗得。詢之，則志自成化迄今，則版籍亡存，垂百餘祀，因循未具也，……乃屬其民士告之曰，弋秉可作矣。遂謀諸邑博暨諸紳薦文學，搜羅典故，毋泥前聞，毋忽時事，毋牽浮義，毋比親昵，於是職秩、土輿、儀章、品物，咸據實志之，析卷十有二，志稱是表其綱而隸以目，題之曰弋陽縣志。授館於萬曆庚辰秋九月，以明年春正月竣事，鋟梓以傳……是志也，考事而核實者則鄉先生初庵汪君遜、仁軒李君春，質疑而證異者則邑博接瀾周君貴、如軒王君大綸，同事而與勞者則邑佐會池楊君煥元、谷泉劉君本釁、尉松泉陳君大元，校閱而藻飾者則舊所舉門彭生啟清、何生東鳳，於法並得書。（萬曆辛巳春正月）

【按】此志《聯合目錄》不收，蓋大陸無存本。臺灣成文出版社《中國方志叢書》中錄有此志，原刻不知藏於何處，署曰「明程有守、詹世用等纂修」。然詹世用實未與志事。詹世用，邑人，嘗為本志作序，自署「工部都水司主事」，其序略曰：

「……弋志久廢，闕略莫考，非缺典歟。維時新安梁湖程公以甲科令弋之六載，政成人和，乃慨然有志於是，而屬諸邑縉紳之通史學者汪君初庵輩，取弋事之在郡志者而增益之，公復親自裁定，以成茲帙。刻成，遺予河上，且命序諸首簡。」此志又有周賁序、汪遜跋，亦絕無一語謂詹氏嘗參與纂修，卷一題下纂修姓氏中亦無詹氏，成文影印本顯係誤錄。

〔萬曆〕弋陽縣志[2]

李徵儀修李徵儀，字涵初，廣德州人，萬曆二十九年進士，初授弋陽令，調清江，升工部營繕司主事，歷任四川巡按、北直督學等職。

明萬曆間稿本　佚

【按】此志未見著錄，今據崇禎《弋陽縣志》汪夢尹序錄之。汪序曰：「古有弋志，修自季侯鵬山，數傳而至程侯梁湖。又三十年而李侯涵初來邑，欲修之，僅成稿，而以內召去，稿亦攜行。迄今又三十年，猶未及梓，誠缺典也。」此志已成稿，而未及梓。李徵儀以萬曆二十九年進士授弋陽令，而修此志，上距萬曆程志三十年，下訖崇禎王志亦三十年，時當在萬曆三十九年前後。

〔崇禎〕弋陽縣志

王萬祚修　周師範　汪德滋纂王萬祚，號醒弦，浙江會稽人，由保舉恩貢知縣事。　周師範，邑人，貢生。　汪德滋，邑廩生。

明崇禎十六年（1643）刻本　佚

光緒《江西通志》藝文略：《弋陽縣志》崇禎十六年知縣王萬

祚修。

汪夢尹序古有弋志，修自季侯鵬山，數傳而至程侯梁湖，又三十年而李侯涵初來邑，欲修之，僅成稿，而以內召去，稿亦攜行，迄今又三十年，猶未及梓，誠闕典也。醒弦王父母捧檄，下車首詢弋志，得其散佚者若干篇，手自訂集，募工翻刻，繼李、程兩公之志，而續李公之所未成……

【按】康熙譚志凡例：「崇禎間為王公萬祚、佐之者儒生周師範、汪德滋也。」又卷六人物，士行：「汪德滋，邑廩生，壬午聘修縣志，不阿諛，不徇私，人稱為董狐。」

〔康熙〕弋陽縣志[1] 十卷

陶燿修　鄧瑗　汪嘉錫纂陶燿，號藜庵，浙江秀水人，由拔貢知弋陽縣事，升饒州同知。　鄧瑗，字衛玉，邑人，順治十一年興安籍恩貢，考授州同知。　汪嘉錫，邑諸生。

清康熙十二年（1673）刻本　存

光緒《江西通志》藝文略：《弋陽縣志》十卷康熙十一年知縣陶燿修。

《中國地方志聯合目錄》：康熙《弋陽縣志》十卷清陶燿纂修，康熙十二年刻本。

陶燿序今壬子秋，皇上從大學士衛公所請，檄天下郡邑各為志乘，備採擇。燿且喜且懼，惟恐隕越，以為一邑羞，爰進諸生而詢之……可以屬是役者燿以禮敦請，擇日開局。求崇禎癸未年邑令王君所纂之版，不可復得，止覓一本，字畫漶滅，篇章蠹蝕，卷帙複殘缺失次。至訪癸未以後三十年來之事，如空谷足音，無多識者。燿虛公延訪，不惜重購，諸生亦竭蹶搜求，或得之老成傳聞，或得之里甲呈報，或殘碑斷簡起之荒煙蔓草之中，或蛇草蠅真獲自故家遺俗之獻，相與參訂而互考之，務核務真，不誇不濫，閱三月而告竣，分為十卷，一輿圖，二疆域，三建置，四官師，五農政，六賦役，七選舉，八人物，九雜志，至藝文居多，次十之上、下卷以終焉。之數者，一存舊，一補新，一續前人之偶遺，一訂舊本之有訛，凡例具存，班班可考……（康熙壬子季冬）

高夢說序予甫被修志之檄，即下之七邑，刻時日以期竣……弋令陶君燿承檄之始，即延邑之賢而文者分任其事，編纂則諸子之功，鑒裁則陶君之力，未三月而書成……（康熙癸丑仲春）

【按】是志或錄為十一年，或錄作十二年。以知府高夢說序於癸丑（十二年）仲春，鄭日奎序於癸丑正月（茲略），其志刻竣當亦是年。

〔康熙〕弋陽縣志[2] 八卷

譚瑄修譚瑄，字左羽，嘉興人（祖籍西平），康熙八年進士，二十一年知弋陽縣事，擢工科給事中。

清康熙二十二年（1683）刻本　存

光緒《江西通志》藝文略。

《中國地方志聯合目錄》。

孫世昌序今年夏五月，聖天子允禮臣之請，征各省志書，將藉以修一統志。然省取諸府，府取諸縣，縣志之輯，猶集眾材以成廣廈也。弋陽遭兵燹後，舊志散軼，鏤版無存。譚令購求遺本，取而增刪之，正其訛，補其缺，援古證今，鑿鑿不刊……（康熙二十二年孟秋）

譚瑄序今年夏，復奉功令，有纂修之舉，乃於退食之餘，發篋中

書，相與參伍校讎……爰將前邑志，重加討索，述舊補新，分為八卷。書既成，敬題其首簡以志之。（康熙二十二年季秋）

【按】譚瑄為本志撰凡例，敘弋乘原委及本志修葺云：「邑志始於陳文正公、元張蘭山先生，至明嘉靖間季公本而大備。隨時繼續者，萬曆間為程公有守，佐之者邑紳士汪遜、李春、何東鳳也；崇禎間為王公萬祚，佐之者儒生周師範、汪德滋也；至國朝康熙壬子而陶公燿復修，貢士鄧瑗、諸生汪嘉錫等實司討論焉。茲承乏未久，即奉上檄，有修志之舉。兵火之後，圖籍散亡，僅得陶志一帙，重購久之，又得王志一帙，前乎此者皆不可得矣……輯志之初，董成期迫，隨有所得，輒授梓人。既而聞見漸廣，不乏嘉言懿行可為後法者，不忍湮沒，復有綴遺一篇，附於人物卷後。是書搜求之力，出於秀水徐子善、高子佑者居多，得並志焉。」《續修四庫全書提要》謂此志「參稽之勤，實堪嘉尚。惟其書門類似有未備，且以祥異附於輿圖志，學校附於建置志，兵防附於官師志，皆有未妥。又所載各門，多有宜詳反略，而藝文則又搜輯過濫，是蓋限於日力，非纂者識有不逮也」。

〔康熙〕弋陽縣志[3]

王度修王度，號香山，江蘇高郵人，舉人，由穎川教諭擢知弋陽縣事。

清康熙間修本　佚

【按】此志未經著錄，惟乾隆十五年志陳元麟序中一語言及：「邑乘始自文正陳公，復修於秀水陶公，再修於西平譚公，更修於高郵王公，春鶗秋蟀，越六十載有餘……」據序文推知，王志當修於康熙二十九年以前。然嗣後竟未見有記載及之者，茲予補錄。

〔乾隆〕弋陽縣志[1] 十八卷

陳元麟修陳元麟，字朗文，浙江紹興人，以辟薦乾隆八年署弋陽縣事。

清乾隆十五年（1750）刻本　存

光緒《江西通志》藝文略。

《中國地方志聯合目錄》：《乾隆弋陽縣志》十八卷清陳元麟修，劉照纂。

陳元麟序邑乘始自文正陳公，復修於秀水陶公，再修於西平譚公，更修於高郵王公，春鶊秋蟀，越六十載有餘，舊刊者易湮，文盛者難述。元麟乃集庠彥，參之舊志以為本，考之省、郡志以為證，更立名例，克期張局，分類編摩……八閱月而告成，為類三十有二……（乾隆庚午二月）

【按】志首復有縣丞劉照序一篇，曰「是書也，予雖未贊一詞，竊喜與予有神契者，乃附之以序」云，劉照之未與志事甚明。《聯合目錄》蓋以有劉氏序文，而昧於詳察，以劉氏為纂人，非是。

〔乾隆〕弋陽縣志[2] 十三卷首一卷

左方海修左方海，廣西桂林人，進士，弋陽縣知縣。

清乾隆四十九年（1784）刻本　存

光緒《江西通志》藝文略。

《中國地方志聯合目錄》。

連柱序信之七邑，惟弋為最古，自隋大業間即有縣名，以江形如弋，故名之……適上憲復有修輯志乘之檄，余自壬寅涖信，檢閱郡邑志稿，次第釐正，繕呈鑒定。今弋志復竣事矣……（乾隆四十九年閏三月既望）

左方海序今我太守連，合一郡七邑之志，訛者訂之，缺者補之，事有關利弊者剖析而詳辨之，文簡事賅，蔚焉復睹成書……（乾隆四十九年上浣）

【按】喜塔臘氏連柱於乾隆四十七年任廣信知府，奉檄修志，因設局於郡，成郡志，七屬邑志並成於郡局。咸豐弋志陳喬樅序中評左志曰：「左志自謂文省於舊，事詳於前，然於舊志芟削過甚，而其考核詳明者反或棄置不錄，擇焉不精，語焉不詳，得無去取失當歟。」

〔咸豐〕弋陽縣志十四卷首一卷

陳喬樅修陳喬樅，字樸園，一字樹滋，號禮堂，福建侯官舉人，道光甲辰恩科江西鄉試同考官，二十八年知弋陽縣，終官撫州知府，著有《禮堂經說考》等。

清咸豐元年（1851）刻本　存

光緒《江西通志》藝文略：《弋陽縣志》十四卷咸豐元年知縣陳喬樅修。

《中國地方志聯合目錄》。

陳喬樅序余下車之始，披覽左志，恒以簡略為憾。博訪邑中，得秀水陶藜庵、西平譚左羽、暨陽陳朗文各舊志。陶志十卷，纂於康熙十一年，兵燹之餘，書缺有間，其失之簡略無足怪。譚距陶十有二年，尋藜庵之緒，加以稽討，所紀於建置特詳，足為考古之一助。陳志為乾隆十五年所修，其條目一遵通志，卷列十八，匯分三十有二，徵文考獻，亦多補舊志所未備。左志自謂文省於舊，事增於前，然於舊志芟削過甚，而其考核詳明者反或棄置不錄，擇焉不精，語焉不詳，得無去取失當歟……余延訪邑人士，至各鄉考封域，辨都鄙，審形勢，察關津，務詳且核，總為全圖一，又分列各鄉，析而為圖八，使覽者開卷了然，弗至東西南北茫昧不可辨識。其民俗吏治，與時變革者，各依類而附益之。取舊志而汰其繁冗，擷其精華，缺者補之，訛者訂之，間有體例未協則為之釐正，文詞未雅則為之潤色。事出於因，義近於創……（咸豐元年仲春）

【按】《續修四庫全書總目提要》曰：「魏晉時所稱弋陽，隸汝南郡」，「今志中多以汝南人物、事實列入卷內，故此志不惟簡略，且疏考證。惟選舉諸志，有非本籍而其譜牒引為遠祖，名見志中者，間亦收入，至實係土著而登科錄繫他郡邑籍者，皆別加按語以識之，所載雖濫，尚稱有法。又舊志藝文多無關本邑故實，此志悉行裁汰。舊志每門小序多不能該括，此則仿康對山《武功志》例，不贅一辭，亦稱簡淨。其地理志中物產云：『弋產與他邑相埒，無甚佳者，惟稻米較勝他邑，然大半由貴溪北鄉來者，弋特為所聚耳。』不貪他邑之產以為己產，似所記當極翔實」。

〔同治〕弋陽縣志十四卷首一卷

俞致中修　汪炳熊纂俞致中，順天宛平舉人，同治九年署弋陽知縣。　汪炳熊，原名雨時，號化亭，邑人，咸豐二年進士，授翰林院庶起士，改官戶部山東司主事，以知府歸部銓選。

清同治十年（1871）刻本　存

《中國地方志聯合目錄》。

俞致中序余權篆斯邦，甫一載耳……中丞奉諭，檄郡縣州廳一律修志……紳董刻期並力，不逾年而事成……是舉也，汪化亭太史總其成，諸賢士分其任……（同治十年孟夏既望）

〔民國〕弋陽縣志十九卷首一卷

汪樹德修　汪拔群等纂汪樹德，安徽懷寧人，民國十四年署弋陽縣知事。　　汪拔群，號挺生，邑人，光緒二十四年進士。

民國十五年（1926）刻本　存

《中國地方志聯合目錄》：民國《弋陽縣志》二十卷汪樹德纂修，民國十四年刻本。

汪樹德序民國丙辰，唐令鑒復倡續修，一遵舊制。旋遭變化，故而中輟，荏苒數年，迄未舉辦。今年春，不佞來撫是邦，乃集紳耆經營籌畫，八閱月始底於成……（民國乙丑重陽節）

何毓華序乙丑之冬，毓華奉命署弋陽。甫下車，士紳以續修縣志樣印本見視，而請為序，蓋經營數年而始獲告成者……（民國乙丑年十二月）

【按】據汪、何二序，民國十四年（乙丑）是志業已完成，何氏已得見其印樣，且是書扉頁亦題作「民國乙丑年鐫」，是《聯合目錄》得錄為「十四年刻本」也。然本志卷七職官，民國知縣中，記有「何毓華，湖北人，十五年任」，蓋何氏履任後增入者，是志之定本亦當為是年，故援例錄之。又本志卷十一選舉，賓貢：「張拱辰，（光緒）己丑恩貢，泠水塢人，九年趙令聘為志局總纂」；卷首又有「編輯邵人傑」民國十一年所撰《編輯緒言》一篇；汪序又曰：「民國丙辰（五年），唐令鑒復倡續修」。知自民國五年以來，屢舉志事而皆未成書，此次修竟，前功未可盡沒，故張拱辰得列為三總纂之一。

▶ 鉛山

鉛邑舊志，今輯得十五種，最古者為宋慶元間縣尉吳紹古所纂。見存者九種，過總數之半，其中有嘉靖費志、萬曆笪志，非他縣所能相埒。佚志中有明志一種、清康熙志二種，前此未見有著錄者，書雖不存，其目則不宜有缺焉。另有《鉛山縣鄉土志》一種，光緒末年佚名修纂，有抄本存世，茲不專錄。

鉛山置縣於南唐保大間，屬信州。宋開寶八年，以鉛山直隸京師，後還隸信州。元至元二十九年升州。明初降為縣，屬廣信府。清仍之。

〔慶元〕永平志

吳紹古纂吳紹古，字子嗣，鄱陽人，慶元五年任鉛山縣尉。

宋慶元間修本　佚

《永樂大典》卷二二六三，六模，湖（鉛山）西湖；卷二二六五，六模，湖西湖；卷二二六七，六模，湖鵝湖（三條）；卷二五三五，七皆，齋畏齋；卷七五一五，十八陽，倉上供倉；卷七五一六，十八陽，倉省倉；卷七五六〇，十八陽，黃黃永存；引《永平志》九條。卷二八一三，八灰，梅墨梅；卷七二三七，十八陽，堂群賢堂；卷七五一四，十八陽，倉兼濟倉；引《廣信府永平志》三條。

《中國古方志考》:《永平志》佚。

《江西古志考》卷五:《永平志》宋,吳紹古纂。按:清同治《鉛山縣志》卷十:「吳紹古,字子嗣,鄱陽人,慶元五年任鉛山尉,多所建白,有史才,纂《永平志》,條分類舉,先民故實搜羅殆盡。」慶元吳紹古《永平志》,乃今所知鉛山縣乘最早修本。《大典》引《永平志》九條,「上供倉」條記淳熙十年知州錢象祖立上供倉。又「黃永存」條錄宋何澹《小山雜著・黃公墓誌銘》,歷述黃永存知鉛山事蹟,曰「事具《永平志》」,考何氏銘文,黃永存卒於嘉泰四年十一月,銘文既引《永平志》,其書當修於何氏撰文之前,據此推知,《大典》所引《永平志》應修於宋淳熙十年至嘉泰四年間,當即慶元吳紹古本。又《大典》引《廣信府永平志》三條,廣信府,明朝建置,張氏《大典輯本》將「廣信府」三字別出題外,輯歸《永平志》,疑近是。

〔宋〕鉛山縣志四冊

佚名修纂

宋修本　佚

《文淵閣書目》卷四舊志:《鉛山縣志》四冊。

《江西古志考》卷五:《鉛山縣志》四冊佚撰人。按:是志見錄於《文淵閣書目》舊志,當為明之前修本。宋鉛山縣,元至元間升州,此稱「縣志」,當宋人所撰,撰者不詳,亦不知是否即慶元吳志,分錄以備考。

鉛山志

佚名修纂

修纂年不詳　佚

《永樂大典》卷二七五五，八灰，陂雜陂名，引《鉛山志》一條。

《江西古志考》卷五：《鉛山志》佚卷數、撰人。未見著錄。按：是書修於明永樂以前，題曰《鉛山志》，不知是州志，還是縣志，難以推考是何朝修撰。

廣信府鉛山縣志

佚名修纂

修纂年不詳　佚

《永樂大典》卷七五一四，十八陽，倉廣平倉，引《廣信府鉛山縣志》一條。

《江西古志考》卷五：《廣信府鉛山縣志》佚卷數、撰人。未見著錄。按：輯文「廣平倉」條曰「在鉛山縣」。宋鉛山縣，元升州，明復降為縣。知本志非元人所撰。志題曰「廣信府」，不知是否係《大典》引時所加，故不敢斷定必為明初修本。

〔明〕鉛山縣志

金璿纂金璿（同治縣志作濬，茲從嘉靖《定海縣志》及康熙潘志），浙江定海人，成化十九年舉人，任鉛山縣學教諭。

明正統、成化間修本　佚

【按】此志未見著錄。嘉靖邑志費序曰「取郡志紀載之舊，前邑博金君璿私錄之遺，庠生張君乾澤考證之公」云云。張乾澤今無考。金璿，嘉靖《定海縣志》卷四選舉，鄉舉：「成化癸卯科舉人」，康熙二十二年《鉛山縣志》卷四職官：「（正統，教諭）定海人，以舉人任，是年纂縣志」。同治志同康熙志，惟「璿」作「濬」。成化十九年後正統數十年，定海志與鉛志必有一誤。費序謂此志係私錄，其纂年今無以確考。

〔嘉靖〕鉛山縣志十二卷

朱鴻漸修　費寀纂朱鴻漸，字於磐，別號雲溪子，吳縣人，嘉靖二年進士，同年授鉛山知縣，後任福建右布政使。　費寀，字子和，邑人，正德六年進士，授翰林院編修，官至禮部尚書，卒謚文通，著有《費文通文集》等。

明嘉靖四年（1525）刻本　存

光緒《江西通志》藝文略：《鉛山縣志》嘉靖四年知縣朱鴻漸修。

《中國地方志聯合目錄》：《嘉靖鉛山縣志》十二卷費寀纂修。

費寀序予自稍有知識以來，訪尋吾縣志，不憚購求，或曰具於昔而今亡也，則予弗及見也。問之故家，則藏焉者無矣。問之故老，則見焉者無矣……嘉靖癸未秋，姑蘇朱侯於磐來試吾鉛。越明年，爰及志事，顧予於堊室之中，誠不可辭，且亦不肖夙志而願因侯以成之，乃就館，纂輯成編，始於甲申冬十一月，明年春正月告成其事。取郡志紀載之舊，前邑博金君璿私錄之遺，庠生張君乾澤考證之公，凡古　、郵亭、斷碑、殘碣、窮崖荒墓、騷跡名蹤，參以紀傳所載……

〔萬曆〕鉛書八卷

笪繼良修　柯仲炯纂笪繼良，號我真，句容舉人，萬曆四十四年令鉛山，遷虔州知州、汀州知府，仕至監司。

明萬曆四十六年（1618）刻本　存

《千頃堂書目》卷七：笪繼良《鉛書》八卷。

《中國地方志聯合目錄》。

笪繼良序丙辰之秋，余承乏即鉛山令……閱五月，時嘉平，適余友柯子仲炯來，因強留為著說……於春帝正月布為教，拾諸里言巷議，而里巷亦遂船馬而進奏牒，且滿稽也。欲設局，恐屬道謀而於學為己之心終隔，故猶未敢以告縉紳、大夫、黌門學士，而惟是朝進民事，退而與仲子論撰。嘉靖以前則文通志、江汝壁郡志略弗可譜。嘉靖以後則采之里巷；里巷所不知，考之故志；故志所未稽，征之先賢名公；先賢名公氾濫而不萃，於是焉仲子左握筆，右操觚，余則出收卷而入記受。仲子草創而余討論，仲子修飭而余潤色。散，聚之。亂，整之。繁，約之。不可句，文之以句。不成章，煥而成章。仲子創興初體，而余取裁新義，著為《鉛書》。凡五則，有志書焉，有世家焉，有列傳焉，有年表焉，有文選焉……（萬曆丁巳春三月）

〔康熙〕鉛山縣志[1]

吳士恒修吳士恒，沔陽州人，進士，康熙七年知鉛山縣。

清康熙修本　佚

【按】此志未見著錄。康熙二十二年《鉛山縣志》卷七《藝文志》小序前有注文曰：「志載藝文，備考文也。《永平志》綱目不清，其失也簡。迨國朝，邑令吳公纂修鉛志，獨出手裁，妄自增減，以山川、古跡、書院、丘墓諸詩、記截為文藝，殊失文由地著、地因文顯之義。」吳士恒以康熙七年至任，其繼任者徐友貞十一年任（此從潘志職官，名宦傳則作「十年來任」），吳志之修，必為在任此數年間。

〔康熙〕鉛山縣志[2]

徐友貞修徐友貞，海鹽人，舉人，康熙十一年任鉛山知縣。

清康熙十二年（1673）刻本　佚

【按】未見著錄。康熙二十二年縣志潘士瑞序曰：「鉛邑志自古有之，康熙十二年，前令徐奉部文修輯，而其舊本已多缺略，雖費經營傳梓，不旋踵而兵燹重毀其木。」乾隆八年鄭之僑序亦謂「徐君傳梓蕪矣」。康熙十一年，禮部奉旨，檄徵集郡邑志書，廣信府轉飭七屬縣修縣志，除玉山、（廣）永豐已有成志外，余皆修輯成書，此志即此次所修。

〔康熙〕鉛山縣志[3] 八卷

潘士瑞修　詹兆泰等纂潘士瑞，字子璧，遼東錦州人，舉人，授臨晉知縣，康熙十八年知鉛山。　詹兆泰，字寅生，邑庠生。

清康熙二十二年（1683）刻本　存

光緒《江西通志》藝文略：《鉛山縣志》八卷康熙十七年知縣潘士瑞修。

《中國地方志聯合目錄》。

孫世昌序去年夏，藩憲取郡邑之志匯作一省通志，以副朝廷纂修天下大一統志之命，令皆繪圖進獻。予奉檄，恐後，幸七邑爭先。鉛山志成，潘令問序於余……

潘士瑞序鉛邑志自古有之。康熙十二年，前令徐奉部文修輯，而其舊本已多缺略，雖費經營傳梓，不旋踵而兵毀其木。十八年春二月，士瑞奉簡命承乏茲土……今六月，蒙憲檄，奉旨飭行纂修大清一統志……乃集紳衿耆舊，諏其往事今俗可備記載者，用輯成書……（康熙二十二年孟冬月）

【按】潘令於康熙十八年二月蒞任，二十二年六月蒙檄修志，至是年孟冬月「用輯成書」，其序文敘之甚明，光緒《通志》錄作康熙十七年，顯誤。是志修志姓氏列纂輯人孝廉葉元芳等共十一人，詹兆泰名列第九；而各卷題下均署曰：「三韓潘士瑞子璧甫重修，某補訂」，其補訂者，卷一為詹兆泰，卷二張建，卷三程宗輝，卷四查繼尹，卷五王大卿，卷六張麟徵，卷七曹遇霖，卷八張應麟。以詹兆泰為卷一補訂，故《聯合目錄》等錄為纂人之首。又本志卷四名宦，有潘士瑞傳，九百餘字，數倍於他傳。自立生傳如此，其荒誕不經實所僅聞。

〔乾隆〕鉛山縣志[1] 十五卷

鄭之僑修　蔣垣等纂鄭之僑，號東里，廣東潮陽人，乾隆二年進士，五年任鉛山知縣，著有《書田志》《刊正六經圖》等。　蔣垣，字黃極（或作級），邑人，乾隆九年鄉舉，由教諭升廣東西寧知縣。

清乾隆八年（1744）刻本　存

光緒《江西通志》藝文略。

《中國地方志聯合目錄》。

鄭之僑序夫鉛志國朝前廢於寇。徐君傳梓蕪矣。康熙十八年，治縣潘君……匯成八帙。歲庚申，余奉簡命斯土……癸亥春月，邑人士以是堅所請，益悚然於責之難辭。爰不揣疏陋，偕多士廣為搜采，戒略去濫，半仍先帙而益之，凡所登載，務名與實稱。閱一載而稿成，付諸剞劂……（乾隆八年臘月）

【按】是志凡例曰：「是役也，自二月初起，至十一月告竣，成十有五卷」，而鄭序作於八年臘月，其時已為西曆一七四四年。

〔乾隆〕鉛山縣志[2] 十三卷首一卷

陽浩然修陽浩然，廣西靈川人，舉人，乾隆四十九年知鉛山。

清乾隆四十九年（1784）刻本　存

光緒《江西通志》藝文略：《鉛山縣志》乾隆四十九年知縣陽浩然修。

《中國地方志聯合目錄》：

《乾隆鉛山縣志》十三卷陽浩然纂修。

陽浩然序今郡志及七邑志，事繁功巨，而成於我太守一人之手，猗歟盛哉。甲辰春，余始承乏茲邑，於接篆視事之日，適鉛志告成之初。取而讀之，煩簡得宜，考核盡善，蓋斟酌於鄭、潘而損益，以歸於中正……（乾隆四十九年清和月）

【按】乾隆四十五年，廣信知府康基淵奉檄修志，酌定章程，設局於郡城，府、縣志一時並舉。稿成，康氏卒於官，繼任署知府蔡某、知府連柱踵輯成帙，七邑志亦次第就緒。陽志即附郡局所成者，觀陽序，陽氏實未與志事，然後志均記載陽氏「纂修邑志」，光緒《通志》並錄作陽修，姑仍舊錄。此志卷首又有知府連柱序一篇，茲略。全志正文分十三門，子目六十有一，陳光貽《稀見地方志提要》謂「其體例以綱統目，以目附綱，有條不紊，位置次第，皆合於編法」云。

〔嘉慶〕鉛山縣志十七卷

陶廷琡等修陶廷琡，字蘊川，號南園，浙江會稽人，乾隆四十六年進士，嘉慶十二年知鉛山縣事。

清嘉慶十九年（1814）刻本　存

光緒《江西通志》藝文略：《鉛山縣志》十四卷嘉慶十九年知縣陶廷琡修。

《中國地方志聯合目錄》：《嘉慶鉛山縣志》十七卷陶廷琡纂修，嘉慶十九年刻本。

陶廷琡序余早有意於是役，乃案牘勞形，未遑從事。旋以公幹入都，卒不果行。今年春暮，差旋，仍蒞茲土……於公餘之下，並取前三志，參酌而搜討焉，略於昔者補而詳之，得於今者益而聯之，共成若干卷。不曰重修，而曰續修，所以明推廣之義不至於中斷也……（嘉慶十九年）

【按】同治《鉛山縣志》卷首錄此志陶廷琡、上饒縣知縣兼理鉛山縣事賴勳及署知縣侯資燦三序，陶、侯序俱署作嘉慶十九年。侯序曰：「陶君為政，知務哉。惜草創方成，陶君即世。今年春，余始下車，眾紳士踵其後，謀訂正之，問序於余……」此云「今年春」，與陶序中「今年春暮」復任茲邑，始謀輯縣志，似非一年事。筆者未獲見此志原本，姑依舊錄之，僅志疑以俟考。要之，此志經陶、賴、侯三令始克成書，殆無疑問。

〔道光〕鉛山縣志十七卷首一卷

王之道修王之道，安徽太湖人，道光二年進士，是年九年任鉛山知縣。

清道光四年（1824）刻本　存

光緒《江西通志》藝文略：《鉛山縣志》十七卷道光四年知縣王之道修。

《中國地方志聯合目錄》。

王之道序適大憲移檄下縣，以修省志征邑乘。乃諗於邑紳士曰：前志之修，去今未遠，茲大府復諄諄以志為念，將謀所以重修之者，補十餘年文獻之未備。僉曰：諾。咸願佐貲為鳩工費。於是取舊志而按之……而參稽校勘，邑紳士之功為多。凡六閲月而竣事……（道光四年）

〔同治〕鉛山縣志三十卷首一卷

張廷珩　毓斌修　華祝三等纂張廷珩，號楚白，陝西咸陽監生，同治九年署鉛山知縣。　毓斌，號芝甫，廂藍旗翻譯，進士，同治十年知鉛山縣。　華祝三，字肇猷，號堯封（或作堯峰），邑人，道光二十七年進士，翰林院庶起士，歷任編修、甘肅西寧府知府。

清同治十三年（1874）刻本　存

《清史稿藝文志補編》：《鉛山縣志》華祝三纂。

《中國地方志聯合目錄》。

張廷珩序會奉大府檄，以修省志征邑乘。遂揖鄉之賢士大夫而諗以故，咸願捐貲以佐經費。主筆削者為華方伯堯封，饒太史梅舫佐之，其分修諸子亦皆知名之士。網羅散失，纂述舊聞……惜屬稿未定，廷珩移檄珊城，不得與諸君子同覩厥成，是則廷珩之憾也……（同治十年仲夏之月）

毓斌序辛未春，余恭奉簡命，出宰鉛山……逮接見邑紳士，知以奉上官檄，因修省志征邑乘，時方度始。余以甫及下車，不遑從事。既而志稿定，當事者問序於余……（同治辛未季冬下浣）

【按】張廷珩蒞任後數月，奉檄修邑乘，以華祝三為總纂。屬稿未定，而張令奉調珊城。毓斌繼任縣事，甫下車，不遑志事，既而志稿定，因亦序焉。浙江監生楊輔宜，號鹿溪，於同治十三年攝篆鉛山，捐廉以竟志事。是志扉頁題作「同治癸酉（十二年）鐫」，然《鑒修職名》中楊輔宜得與張廷珩、毓斌並書，卷十一職官中亦記有楊氏十三年署縣事，知其志終事當在同治十三年。

▶ 廣豐

廣豐志乘之可考者，始於元泰定。有明，嘉靖、萬曆兩修之，嘉靖志今存。此後繼修於清康熙十年，二十二年、四十一年又依十年體例兩度續增。其後乾隆間兩修，道光及同治末復葺之。凡十種。

唐乾元元年，析上饒之永豐鎮，益以衢州須江縣西北地置縣，境有永豐山，因以名縣；元和七年省為鎮。宋熙寧二年復置，隸信州。元屬信州路。明、清屬廣信府。清雍正十年易名廣豐，以別於吉安府之永豐縣。

〔泰定〕永豐縣志

佚名修纂

元泰定間修本　佚

《永樂大典》卷三五二八，九真，門義門，引《廣信府永豐志》一條。

《明一統志》卷五十一，廣信府，風俗古雖鲁陋，引《永豐縣志》一條。

嘉靖《永豐縣志》卷二，疆域南距䃭山，引舊志一條；山川雨石山，引舊乘一條。

《中國古方志考》：《泰定永豐縣志》元，佚。按：康熙《永豐縣志·凡例》，是編纂諸元泰定志云。

《江西古志考》卷五。

【按】明萬曆縣志詹士龍序、康熙縣志凡例、乾隆志連柱序、道光志文炳序及同治志劉承輦序，並稱元泰定有志。《明一統志》及嘉靖縣志所引，殆即此志。《大典》引《廣信府永豐志》一條，記鄭氏義門事，曰「淳熙二年詔賜束帛」，「今五世孫國材者僅能草創數椽」云。自宋淳熙初鄭啟至其五世孫鄭國材，當有百餘載，時已入元。故疑《大典》所引即元泰定《永豐縣志》。題名「廣信府」者，或為《大典》引錄時依明制增竄。今不能遽斷，姑錄於此，並識之以存疑焉。

〔嘉靖〕永豐縣志四卷

管景修　周書　楊天倫纂管景，字子山，號西浦，上元人，官廣信府檢校署永豐縣事。　周書，歸安人，縣教諭。　楊天倫，台州人，縣訓導。

明嘉靖二十三年（1544）刻本　存

光緒《江西通志》藝文略：《永豐縣志》四卷明管景修。

《中國地方志聯合目錄》：《嘉靖永豐縣》志明管景纂修。

呂懷序檢校管君署豐事。侯檄下，獵志之實。侯去，管君猶未解署事，作曰：豐以文獻稱，法不宜無志。唯時白當道，肅聘邑強識博聞之士，爰以所獵之實，參互異同，考校得失，仍稽之郡乘，循例摘實條目，發凡而折衷之。凡閱月草創成，三月討論定，又閱月潤色告竣。乃一日出，屬予序……志凡若干卷，目凡若干。管君名景，別號西浦，博學工詩，尤精於字學，縉紳一時雅重之。始志事實吳侯希孟，校刊者縣丞潘惠，贊成者主簿鄒玘、典史方廷裕，同事教諭周書、訓導楊天倫、庠生呂翎、周夢得、俞香、劉纓，綜理書務則儒士周文明云。（嘉靖甲辰夏五月既望）

周書跋豐久弗志，殊為闕典。檢校管公西浦來視篆，慨然有志於治，而圖若志。乃屬予僚友共成之，蓋弗僭弗專而弗怠也。予無似，勉相與考訂編次，而公實總裁修飾焉。不數月而脫稿……（嘉靖甲辰仲秋朔旦）

楊天倫跋乃今上元管君子山以府檢來攝邑璽，縣嘗纂《南都志》有聲者，惜茲闕典，輒銳意為己責，因屬東岩周君與予僚友分采同輯，更四月而稿成……管君曰：二先生意公而論確，吾裁總有據，責可塞矣。遂刻之……（嘉靖甲辰孟秋末）

〔萬曆〕永豐縣志十四卷

李思敬修李思敬，字一卿，興化舉人，萬曆四十二年知縣事。

明萬曆四十六年（1618）刻本　佚

《千頃堂書目》卷七：李思敬《永豐縣志》十四卷。

光緒《江西通志》藝文略：《永豐縣志》萬曆間知縣李思敬修。

詹士龍序廣陵李侯蒞豐五年，德翔化洽，維張紀振，慨然以考文徵獻為己任，爰諮邑博暨邑大夫，諸文學若而人互相參訂，侯實躬潤色之，閱月成帙。折簡千里外，屬不佞一言弁其首……（萬曆戊午菊月）

【按】《續修四庫全書提要．康熙永豐縣志提要》曰「按豐志修於明萬曆戊午」。今考詹士龍，字雲從，號見五，邑人，萬曆丁未（三十五年，1607）進士，歷官淮安知府，以光祿卿授順天府尹。詹序亦作於萬曆戊午，《續四庫》之說可從。

〔康熙〕廣永豐縣志[1] 二十四卷

夏顯煜修　李煜等纂夏顯煜，桃源貢生，鑲紅旗教習，康熙九年知永豐縣。

清康熙十年（1671）刻本　未見

光緒《江西通志》藝文略：《永豐縣志》康熙十五年知縣夏顯煜修。

《中國地方志聯合目錄》。

【按】本志有夏顯煜康熙十年序，存於康熙四十一年傅而保續修志中。乾隆四十九年《廣豐縣志》連柱序曰「國朝康熙十五年知縣夏顯煜重修」，與光緒《通志》所錄並誤。康熙十二年修《廣信府志》鄭日奎序：「歲在壬子（十一年），禮臣特奉綸音，下所司徵集十五國郡邑圖籍，上之中秘，將編輯成書，用志鴻烈，甚盛典也。台檄至信，則我郡大夫易庵高公……即下所部七邑，要以日月，程以規條，曾幾何時，以次報竣。」此次修志，既奉上命，府志成於十二年，各屬縣志先成之，自不能晚至十五年。且《永豐志》之成，尚早於壬子詔書之前，說見十二年府志高序：「信屬七邑中，惟玉山令唐君、永豐令夏君各修有志」。

高序作於十二年孟春，此又為明證。此志今未能獲見，然其書完存於四十一年傅志中，是雖亡而猶存也。

〔康熙〕廣永豐縣志[2] 二十四卷

齊贊宸修　史志纂齊贊宸，字振乾，高陽人，進士，康熙十八年知縣事。　　史志，鄱陽人，歲貢，康熙十九年任永豐縣教諭。

清康熙二十二年（1683）刻本　闕

《中國地方志聯合目錄》。

〔康熙〕廣永豐縣志[3] 二十四卷

傅而保修傅而保，字箕庵，登封人，拔貢生，康熙三十年知永豐縣。

清康熙四十一年（1702）刻本　存

《中國地方志聯合目錄》。

【按】《續修四庫全書提要》:「及清康熙十年，知縣夏顯煜重修。二十二年，知縣齊贊宸復遵夏志原本而增補之。此（四十一年）志悉仍夏志體例，略加增益……其書目無序跋，亦無凡例，卷首冠以十年之夏序，惟於續修姓氏之末行載曰『康熙四十一年歲次壬午，廣信府永豐縣知縣嵩陽傅而保箕庵續輯』，使閱不讀此行，驟視之，必誤為康熙十年夏志矣。夏志凡例，此次續輯未易一字……考其內容，某為夏志，某為齊志，某為新增，皆無一字之注明，其秩官敘至康熙三十年，則可以證明確曾續輯，非重刻前二志也……其書本不合續輯體例，故毋庸論其優劣矣。」

〔乾隆〕廣豐縣志[1] 十六卷首一卷

游法珠修　張彌等纂遊法珠，順德人，進士，乾隆十八年知廣豐縣事。　張彌，字性高，號卓齋，邑人，乾隆七年進士，任南康府教授。

清乾隆二十年（1755）刻本　闕

光緒《江西通志》藝文略：《廣豐縣志》乾隆二十年知縣游法珠修。

《中國地方志聯合目錄》。

游法珠序今上御極十有四年，備員信豐，適奉上憲下制府檄文，飭修邑志……客春，余奉調廣豐，下車伊始，欲識茲治，先觀志書，乃計其續修之日，去今五十餘載……余蒞治年餘……及會紳士以重修堅請，固漢有卻，遂循舊刻而匯增之，視舊刻之參錯齲差者，與諸紳士釐定……綱則諸紳士許可，仍余所纂信豐志式，首疆域，次官師，次食貨、典禮、兵衛，次學校、選舉、人物、藝文，歷之外志，為十大綱，其餘細目以類相附……（乾隆二十年）

張彌序桂涯游父師以名進士發軔信豐……既而升調敝邑……爰率邑人士商所補葺。邑人士翕然響應，謂修明盛典，非公不可，願請示條式，分任專司，各踴躍從事。適當癸卯賓興之會，公分典麟經，而彌旋亦之任南康。眾慮事或中止。乃再閱月而公還，即加意總裁，相質披文，筆削允當……彌不才，曾參與分校，今樂觀其書之成……（乾隆二十年）

〔乾隆〕廣豐縣志[2] 十三卷首一卷

胡光祖修胡光祖，福建侯官人，監生，以保舉乾隆四十六年知廣豐縣事。

清乾隆四十九年（1784）刻本　存

光緒《江西通志》藝文略：《廣豐縣志》乾隆四十九年知縣胡光祖修。

《中國地方志聯合目錄》：《乾隆廣豐縣志》十三卷清胡光祖纂修。

胡光祖序廣邑之有志也，前令游君續修於乾隆乙亥，迄今二十有八年矣……適前太守康奉憲飭修郡志，開局郡城，且合七屬邑志同修，檄下採取事實，余因以素所確訪鄉評、旁搜博采者匯而上之，以憑採擇焉……今太守連蒞任，取閱前稿，逐加釐正，殘缺者補之，失次者序之。去秋，郡志成。今年春，廣邑志亦告竣焉……（乾隆四十九年孟夏朔日）

〔道光〕廣豐縣志三十二卷首一卷

文炳　陳增印修　徐奕溥等纂文炳，字旭堂，鑲紅旗人，嘉慶二十二年知廣豐，升瑞州府同知。　陳增印，號月潭，大興人，以翰林散館選廣豐知縣，道光二年任。　徐奕溥，號二田，邑人，乾隆五十一年舉人，選授山東曲阜知縣，改選鄱陽教諭。

清道光三年（1824）刻本　存

光緒《江西通志》藝文略：《廣豐縣志》八卷道光三年知縣文炳修。

《中國地方志聯合目錄》：《道光廣豐縣志》三十二卷首一卷文炳修，徐奕溥纂。

文炳序歲丁丑，余銓授豐篆……去夏，值大憲重修省志，並飭各府縣纂輯志書。余奉檄之下，即捐廉先作經費，設局於東城之隅，邀經宿徐孝廉奕溥、周學博素書、明經徐偉總理其中，而邑中紳耆亦踴躍樂從，接踵而至，司採訪者有人，董剞劂者有人，不閱月間軼事已裒然成帙。適余奉調棘闈，差竣後即奉命擢佐筠州，不獲始終其中。茲邑志告成，諸紳士以余謬膺斯任，惓惓不忍棄余，請余一言弁諸卷首……（道光三年嘉平月）

陳增印序豐志自舊秋開局，輸金者踴躍，載筆者黽勉，董其役者如徐子奕溥、周子素書、徐子偉、傅子德海等皆名宿也，而又有魏、徐兩學師暨文、時兩前任以倡率之，用能廣採訪，嚴訂正，詳校閱，工剞劂，以速底於成……余初蒞茲土，得從諸君子後，竊與纂輯之功……

【按】觀文、徐兩序及二人仕履，知是志之修，道光二年夏（文序中稱「去夏」）文令承檄，秋設局，不閱月而采輯成帙，而文氏奉調棘闈，復擢瑞州同知，遂不獲終其事。陳令於二年秋蒞任，續與編輯，於三年蕆事。然文序自署曰「己卯科鄉試同考官」，己卯為嘉慶二十四年，與序文不合，此疑莫能明者。文序作於三年嘉平月，為西曆一八二四年，《聯合目錄》作一八二三年，不確。陳序又有「前任時」者，當為署令，故後志秩官不錄其名。又光緒《通志》錄本志為八卷，誤。

〔光緒〕廣豐縣志十卷首一卷

雙全　劉承韡修　顧蘭生　林廷傑等纂雙全，正黃旗漢軍翻譯生員，吏部筆帖式，同治九年知廣豐縣。　劉承韡，陽春人，進士，候補府同知，同治十三年攝廣豐縣事。　顧蘭生，邑人，道光十八年進士，歷官廣東惠州府知府。　林廷傑，邑進士，安徽和州知州。

清光緒元年（1875）刻本　存

《中國地方志聯合目錄》:《同治廣豐縣志》十卷首一卷雙全、

王麟書修，顧蘭生、林廷傑等纂，清同治十一年刻本。

劉承輦序余以甲戌孟春月捧檄權知信州之廣豐縣……同治九年，前知縣事雙君全奉飭興修，集邑諸君子董其事，籌經費，定章程，鐫版已及六七，功未竣。逮十二年雙君去，陳君聿昌繼之。逾年，陳君去，余又繼之。十有三年，歲甲戌季冬，書告成……承輦以菲材承乏茲土，深愧無德政及民，幸其民亦安余之拙也。公餘暇，亟與邑君子顧太守蘭生、林州牧廷傑、俞太守紹城、傅孝廉愷、徐孝廉芝蓀既董事諸君，重謀終邑志事，集剞劂，勤校對，書成為若干卷，其體例一如舊志，新增者三之一焉，裒然成集，本末燦然……（同治十三年季冬月）

王麟書序光緒建元之春，余奉憲檄來權縣事……越數日，邑紳士以新志刊成來告。志始事於邑宰雙君，竣事於前邑宰劉君，而余適覯厥成……諸紳士以序請。余來已晚，愧未及與參訂之役……（光緒元年三月）

【按】劉序記本志成書經過甚詳，《聯合目錄》作同治十一年刻本，其時「鐫版已及六七，功未竣」，非是。是志告成於同治十三年季冬，然志中有光緒元年王序，職官志亦記至此年，蓋王麟書蒞任後續入者，依例錄為光緒元年本。又以王氏實未及與參訂之役，故不列入修志名氏。《續修四庫全書提要》曰：「選舉志多以譜牒為據，有非土著，而因數孫占籍於豐，遂並其遠祖科目爵秩臚列入志，至考古者多滋疑混。細核宋、元兩朝，豐志中科目半屬無徵，其可徵者或年分參差，或籍貫歧異，是為此志之失。其學校志，所載學制、學額、學田及書院膏火田數，鄉試文庠科舉出田畝，皆極精詳。武事志逐年記載，皆標出典，亦此志之可取者。」

▶ 橫峰

同治邑志凡例曰；「興志至今凡八修：創始於前明劉侯一貫，繼修於國初劉侯儀寵，皆存其序而亡其書。厥後胡侯裕世傷於繁，孔侯鵬因其毀已半而再刻之且續之，劉侯夢魁又續其尾。」「後又有雷志，則傷於簡。惟申志經前任余侯伯岩、鄒學博曉江、邑明經洪雨甘三人手訂，旋余侯卒於任，申侯佑繼之，盡委其事於饒學博元英，庶得中焉。」合知縣李賓暘所修同治志，共八修。

明嘉靖三十九年，以上饒之西北、弋陽之東北，置縣曰興安，隸廣信府。清仍之。民國二年，改縣名為橫峰。

〔萬曆〕興安縣志

劉一貫修劉一貫，字省吾，秀水人，選貢，萬曆十三年知興安縣事。

明萬曆十五年（1587）修本　佚

光緒《江西通志》藝文略：《興安縣志》萬曆間知縣劉一貫、邵伯悌修。

邵伯悌序今劉侯以邑名興安，凡可以興而安之者盡心力而為之，三年於茲……適郡檄言茲邑不可無志……乃仿《大明一統志》例，大書者八：畫地分野作壤書，賦役戶口作甸書，官秩之設作職書，教化之崇作迪書，其辟舉科甲選書錄之，名賢人物闡書記之，文翰詞章藻書載之，古跡祥異葑書括之。舉一邑之典章文物機務體要而統之八書，即八索之意，詳而核，簡而賅，執此理興，猶運諸掌乎……

楊時喬序前年，分水劉侯令此……念新邑不可不志，亟請俞于巡道房公、學道沈公、郡侯孫公、陳公、樊公，遂自主劃，屬邑博周君、詹君、邑士歐陽君各纂訂焉。工畢，伻來問序。乃其志凡八書……

【按】此志久佚，僅邵、楊二序存後志中，然遺其撰序之時日，光緒《江西通志》僅得錄為萬曆間修。劉一貫以萬曆十三年令茲邑，邵序曰「三年於茲」，楊序曰「前年」，可推知是志修於萬曆十五年。又光緒《通志》並列撰人邵伯悌，邵氏生平今無考，其序文中無與修此志之說，楊序中則曰「邑博周君、詹君、邑士歐陽君各纂訂焉」，亦不置邵氏，因不錄其名。

〔康熙〕興安縣志[1]

劉儀寵修　鄭大雅纂劉儀寵，昌平人，以拔貢知興安縣。　　鄭大雅，字秀子，邑人，順治十七年舉人。

清康熙十二年（1673）刻本　未見

光緒《江西通志》藝文略：《興安縣志》康熙十一年知縣劉儀寵修。

高夢說序北平劉君儀寵來令興……壬子冬，適奉憲檄征志，予即下之七邑……獨劉君書成獨先，甫脫稿，即齎示余，發凡起例，體裁甚正，屬辭甚雅，凡百年內一邑之政，網羅無遺……君曰：此書之成，強半籍手於孝廉鄭君大雅，寵特一剪裁之而已……（康熙十二年仲春）

【按】此志另有劉儀寵、鄭日奎、侯七乘序及李仲顆跋，侯序亦作於康熙十二年，其餘各序、跋無年月可考。光緒《通志》錄為十一年修，即高序所謂承檄始修之壬子冬。明年書成，高、侯輩乃為之序焉，康熙胡志胡序、孔序並稱是志修於十二年，甚確。

〔康熙〕興安縣志[2]八卷

胡裕世修　廖如珮纂胡裕世，淮安人，由歲貢康熙二十二年知興安。　廖如珮，安遠副貢，鑲藍旗教習，興安縣學教諭。

清康熙二十二年（1683）刻本　闕

光緒《江西通志》藝文略：《興安縣志》康熙二十二年知縣胡裕世修。

孫世昌序今胡令蒞任未幾，適會我朝纂修大一統志，令郡縣皆繪圖以進。興安雖彈丸之地，亦得附呈以備採擇，此胡令所為汲汲增修而不敢後時者也。志成，問序於予……（康熙二十二年）

胡裕世序癸亥孟秋，予奉命蒞宰興安……邑建於有明嘉靖年間，舊志無從稽考。於康熙十二年遵旨纂修，前令劉儀寵領其事，凡於邑乘所宜記者，條載亦綦備矣。今聖天子……敕守土臣重紀方輿形勝，務核且詳，以昭車書一統之盛。予因進父老子弟而詢之，……於是不憚搜羅，遍訪輿論，屬學博廖如珮參閱焉……

【按】《中國地方志聯合目錄》以胡志與康熙五十六年孔志錄為一志，今從光緒《通志》分錄之，說見孔志識語。又，此志上距康熙劉志僅十年，乃奉上命重修，循前志八書之體而增刪之，且胡氏以孟秋蒞任，當年「志成」，其匆促草率可知，是其難免貽後世以「冒濫」之譏。

〔康熙〕興安縣志[3]八卷

孔鵬修孔鵬，江南歲貢，知興安縣事。

清康熙五十六年（1717）刻本　存

光緒《江西通志》藝文略：《興安縣志》康熙五十六年知縣孔

鵬修。

孔鵬序興安邑志修於康熙十有二年前令劉君儀寵。迨二十二年纂修天下一統志，興雖褊小，亦得編次呈覽，時宰胡君裕世因而增修，凡天文、地理以及人物、藝文，莫不巨細畢載。後因延毀計頁一百六十有奇，志闕有間矣。於是捐俸集匠，災棗梨而剞劂之，毀者以復，闕者以補，前志所有者補綴無遺，俾採風問俗者班班可考，庶幾無廢前人作者之志。而餘之汲汲以求無闕者，斯志應亦見諒於後之君子焉。（康熙丁酉）

【按】胡修、孔修，光緒《通志》分錄作兩志，《中國地方志聯合目錄》則錄為一志之兩個版本，以孔修為胡修補刻本。考舊志之稱或曰重修，或曰補修、續修、增修者，其含義極其淆亂，初無定規。有綱目仍舊，僅增新事者；甚至原版不改，以新文刻板配補者：並得稱為重修。又有體例一新，不僅增以後事，且於舊文亦多所刪補考訂者，亦得稱為補修續修。據同治志凡例，胡志既遭火毀，「孔侯鵬因其毀已半而再刻之且續之」。此志今僅存孤本（見《聯合目錄》），筆者無緣獲見，其續至何年，所續何事，今不得其詳，僅識此以俟考。

〔乾隆〕興安縣志[1] 八卷

劉夢魁修　李一培纂劉夢魁，福建舉人，知興安縣事。　李一培，字必佑，號景亭，邑人，雍正四年舉人。

清乾隆十一年（1746）刻本　闕

光緒《江西通志》藝文略：《興安縣志》乾隆十一年知縣劉夢魁修，四十九年知縣雷汾清續修。

《中國地方志聯合目錄》。

〔乾隆〕興安縣志[2] 十二卷

雷汾清修雷汾清，山西平遙人，以貢生乾隆四十八年任興安知縣。

清乾隆四十九年（1784）刻本　存

光緒《江西通志》藝文略：《興國縣志》十二卷乾隆四十九年知縣雷汾清續修。

《中國地方志聯合目錄》。

連柱序邑舊志無存。國朝康熙十二年知縣劉儀寵初訂成集。歲癸亥，知縣胡裕世復增修焉。越一載，板片遭火，毀焚幾半，至今又百餘年矣……是志與郡志及六邑志一時合局同修，至是告成。因追其昔日之簡略，而快其今日之美備，與六邑齊觀有如此者。（乾隆四十九年閏三月既望）

雷汾清序余自癸卯春來涖斯土……而我太守連適有纂修郡邑志乘之舉，良法美意，其見諸成效者，已足光史冊而垂不朽也。今興志踵郡志而竣事，典冊焜煌，用敢敬書數語以紀其盛……（乾隆四十九年孟夏上浣）

〔道光〕興安縣志三十二卷首一卷

余成彪　申佑修　鄒夢蓮　饒元英纂余成彪，號伯岩，湖北沔陽舉人，嘉慶十六年知興安。　申佑，號宜堂，滿州正白旗文生員，道光三年任興安知縣。　鄒夢蓮，字惟周，號曉江，宜黃人，以鄉舉授興安教諭，嘉慶十六年到任。　饒元英，字子俊，南城人，署興安縣學教諭。

清道光四年（1824）刻本　存

光緒《江西通志》藝文略：《興安縣志》三十二卷道光四年知縣余成彪修。

《中國地方志聯合目錄》。

余成彪序壬午春，彪奉各憲檄令續修縣志，送省局纂辦通志，並頒修志採訪章程格式一本。因延集邑中紳士商籌經費，彪首倡捐廉，至八月始行設局分修……乃事功未半，至冬月，彪遽嬰重病，輾轉床褥，難冀就痊，於是引退，豈命也歟。伏望後之博物君子逐類而續成之，不獨增光輿邑，即彪齎志以沒亦無遺恨矣。（道光二年十二月）

申佑序佑自京職奉命調授興安令，癸未季夏抵任，時值重修縣志將屆告成，係前任余公任內奉大憲飭修並頒發修志格式一本。因屬署司諭饒公名元英者悉心核實，總期矢公矢慎，無濫無遺。今于甲申仲冬始行蕆事，佑細加披閱，刪改得宜，條目井然……（道光四年仲冬）

饒元英序歲壬午，各憲通飭續修邑乘，頒定格式三十二卷。檄至，前任余公成彪勇於趨事，遂延紳士開局修輯。乃屬草甫成，而余公謝世，遂至輟筆。迨邑侯申君宜堂先生到任……申侯屬予踵修以卒前業……余按其凡例名目，視省頒格式體裁不合。爰取舊志而披閱之，僅得胡、雷二志，胡志過於冒濫，雷志概從簡略，新志則參互於繁簡之中，而襲謬承訛，漫無抉擇，奚以修為哉……英謬肩斯任，冰兢自惕，恪遵憲式，逐類校核……書成，送呈省局以備採擇……（道光四年仲冬月）

【按】是志知縣余成彪始修於道光二年，稿甫成，而余令謝世。繼任申佑囑教諭饒元英重加纂輯，書成於道光四年。光緒《通志》及《聯合目錄》所列修纂人俱不及申佑，《聯合目錄》又遺原纂人鄒氏，今補錄之。是志卷首有饒氏重訂凡例，評議前志曰：「邑志始於前明劉侯一貫，分為八書，書亡不可考，僅於胡志藝文內得序二篇。再修於康熙十二年劉侯儀寵。三修於二十二年胡侯裕世，胡去劉止十年，而人物志內濫載多人，實屬竄入。四修於乾隆四十九年雷侯汾清，時郡邑志同修，開局郡城，故體裁較前志遠勝，其後局中停，草草竣事，又不無簡略之譏。」

〔同治〕興安縣志十六卷首一卷

李賓暘修　趙桂林等纂李賓暘，廣西臨桂增生，同治五年知興安縣。　趙桂林，號松友，南豐舉人，同治三年任興安縣學教諭。

清同治十年（1871）刻本　存

民國六年（1917）重印本　存

《中國地方志聯合目錄》。

李賓暘序今奉上憲檄飭纂修……爰邀學博趙君松友、陳君壽田、明經楊君鎮甫，相與刪繁補缺，刊謬存真。夫豈敢言著書哉，亦欲使前之作者不至於失傳，後之述者不至於無考。地雖二十一里，志仍五十四門……（同治十年冬）

吳鳴麒《印刷興安舊志緣起》乙卯夏，鳴麒奉省長咸公檄宰橫峰，即興安舊縣也……會內務、教育、外交各部令各縣呈送縣志，鳴麒遍搜無獲，猝無以應。幸版片雖經世變，尚無殘缺。刷訂既竣，復取勘之……（丁巳九月重陽後二日）

【按】《續修四庫全書總目提要》評曰：書凡十六卷，其大綱區分為地理、建置、食貨、學校、武備、職官、選舉、人物、藝文、雜志十類，蓋遵省憲所頒格式也。然對舊志，有因所當因者，有革所當革者，有增所當增者，有詳所當詳者，是皆此志之勝於前志者。其書於史籍，參考徵引甚多，其存疑亦頗合史法。惟各門文字過於簡略，蓋宗信康對山之失也。

▶ 鄱陽

鄱陽「郡開吳日，縣始秦年」，其為邑聚也甚古，其志乘亦可上溯至晉宋。今得著錄者，縣志十五種，郡志二十三種，而存志僅九種，不及總數之四分之一。又有餘干進士都頡所撰《鄱陽七談》一種，洪邁《容齋五筆》記其事，光緒《通志》藝文略附入「江西地志」；又萬年人王朝，清乾嘉間撰《番郡瑣錄》四卷，《聯合目錄》收歸郡志。以上二種，要非正志可比，其與《饒郡道古篇》《芝郡文獻錄》之類，宜視為雜錄，今不予闌之。

鄱陽縣，漢屬豫章郡。建安中，孫吳分豫章立鄱陽郡，領鄱陽、廣昌、樂安、餘汗、梟　陽、曆陵、葛陽、上饒、建平九縣，治鄱陽。晉移郡治於廣晉（廣昌改）。齊時還治鄱陽。梁改鄱陽郡為吳州。陳光大二年罷吳州，仍置鄱陽郡，太建十三年復改吳州。隋開皇九年改稱饒州，大業初復為鄱陽郡，領鄱陽、餘干、弋陽三縣。唐武德五年復置饒州，領縣九：鄱陽、新平、廣晉、餘干、樂平、長城、玉亭、弋陽、上饒，仍治鄱陽。乾元元年，割弋陽歸信州。宋饒州，元饒州路，明、清饒州府，俱治鄱陽。

〔南朝宋〕鄱陽記

劉澄之纂

劉宋朝修本　佚

《說郛》（百二十卷本）卷六十二望夫岡、蓮鑊、沙堆、清灣、白雲亭，錄晉劉澄之《鄱陽記》五條。

《中國古方志考》：《鄱陽記》宋，《說郛》本。宋劉澄之纂。按：是《記》《說郛》本題晉劉澄之，其清灣條有隋開皇中太守梁文謙，白雲亭條有隋州刺史題詩，當是後人續補。

《江西古志考》卷五：《鄱陽記》劉宋，劉澄之纂。按：劉宋劉澄之纂有《江州記》一種，既已著錄。其《鄱陽記》未見隋唐宋史志及諸家收錄，亦未見後書援引，唯《說郛》有之，題晉劉澄之。張氏《中國古方志考》著錄即本此，又曰此《記》「清灣」條、「白雲亭」條記有隋唐間事，「當是後人續補」。考《御覽》《寰宇記》等引有佚名《鄱陽記》，與《說郛》所錄略同。佚名《鄱陽記》可確考為唐人所撰，頗疑《說郛》乃雜采佚名《記》及他書為編，而題以澄之名氏。今姑依張氏錄之，附識於此。

〔唐〕鄱陽記[1]

佚名修纂

唐修本　佚

《元和郡縣志》卷二十八，饒州巳午之間，引《鄱陽記》一條。

《太平御覽》卷四十八，地部十三，山石虹山；卷五十二，地部十七，石下錢倉石；卷五十三，地部十八，岡大雷岡；卷五十四，地部十九，岩蓮鑊、香岩；卷六十五，地部三十，水鄱陽源水；卷六十六，地部三十一，潭孝經潭；卷六十九，地部三十四，洲蠙洲；卷七十四，地部三十九，沙一沙堆；卷七十五，地部四十，灣清灣；卷一七〇，州郡部十六，信州玉山；卷一九三，居處部二十一，城仙人城；卷一九四，居處部二十二，亭白雲亭；引《鄱陽記》十三條。

《太平寰宇記》卷一〇六，饒州，鄱陽縣堯山、閣山、大雷岡、清潔灣、蠙洲、螺洲、觀魚台、吳臣廟、廢鄡陽縣、族亭湖、安仁故城、越女墓；浮梁縣吳芮舊居、一沙堆、新昌廟；樂平縣樂平山、石虹山；信州，上饒縣界內之山；弋陽縣蓮鑊、葛仙觀、仙人石橋、隱士石室；玉山縣馨香岩；引《鄱陽記》二十三條。

《輿地紀勝》卷二十一，信州，景物上石橋、蓮鑊、鵝湖；景物下百丈嶺、馨香岩；仙釋葛元；卷二十三，饒州，景物下大雷岡、樂平山、族亭湖；引《鄱陽記》九條。卷二十三，饒州，州沿革巳午之間（《元和郡縣志》），引《鄱陽舊記》一條。

《永樂大典》卷二二六七，六模，湖鵝湖（《輿地紀勝》）；卷八〇九三，十九庚，城安仁故城（《太平寰宇記》）；引《鄱陽記》二條。

《江西考古錄》卷三，山阜望夫岡；引《鄱陽記》一條。

《豫章十代文獻略》卷一，吳芮鄱陽源水、觀魚台；卷二，張遐湖亭侯；卷四十四，寓賢望夫岡；引《鄱陽記》四條。

《輿地紀勝》卷二十三，碑記：舊鄱陽志。

《江西古志考》卷五：《鄱陽記》唐，佚。按：唐宋以來諸書所引《鄱陽記》，有王德璉修本、徐諶修本及此佚名修本。佚名《鄱陽記》，《御覽》引十三條，《寰宇記》引二十三條，其文字相同或字句稍異者凡九事。《紀勝》亦引九條，與《御覽》《寰宇記》相同者有六條。知諸書所引，當出自一書。張國淦氏得《紀勝》引佚名《記》四條，斷歸唐徐諶書，非是。今通檢佚名《鄱陽記》之佚文，頗異於徐諶《記》，亦大有別於王德璉《記》，必為徐、王兩本外另一種《鄱陽記》。考《御覽》、《寰宇記》「蓮鑊」條引是《記》有「弋陽嶺」；《寰宇記》「葛仙觀」條、《紀勝》「葛元」條引是《記》曰「弋陽縣北」。考諸沿革，弋陽縣，唐乾元元年以前屬饒州，此後歸屬信州。佚名《鄱陽記》數言弋陽事，當修於乾元之前無疑。又《御覽》「香岩」條引是《記》曰：「香岩在貴溪縣東五里，舊名腥腥岩」云云。據《唐書地理志》，貴溪自唐永泰元年置縣，即隸信州，此後該縣從未隸屬饒州，《御覽》此兩句，非原志之文明矣，《寰宇記》「馨香岩」條亦引此文，無「在貴溪縣」兩句即其證。又，《紀勝》卷二十三，饒州，州沿革，「巳午之間」，引《鄱陽舊記》一條（本卷「碑記」又作《舊鄱陽志》），張氏《中國古方志考》據以別作一種著錄，誤矣。覆按《紀勝》，該條乃轉引自《元和郡縣志》。《元和郡縣志》原引作《鄱陽記》，此即佚名《記》，王象之於題中增一「舊」字，蓋以明乃先唐舊乘耳。今並輯於此。

〔唐〕鄱陽記[2]一卷

王德槤纂

唐修本　佚

《輿地紀勝》卷二十三，饒州，風俗形勝人語有吳楚之音、鄱陽土廣人殷；引王德槤《鄱陽記》二條。又，碑記都頡《七談》，引王德槤《記》一條。又，景物下小雷岡、獨角山、鳳凰池；引王槤《記》三條。

《永樂大典》卷二二七〇，六模，湖族亭湖（《鄱陽志》）；卷八〇九三，十九庚，城饒州府城（《鄱陽志》）（三條）、古鄡陽縣城（《鄱陽志》）、吳芮觀獵城（《鄱陽志》）、英布城（《鄱陽志》）；引王《記》七條。

《明一統志》卷五十，饒州府，風俗忠臣孝子繼踵而出、語有吳楚之音，引唐王德璉《鄱陽記》二條。又，山川獨角山，引唐王璉《記》一條。

《江西考古錄》卷八，故事東野王，引王德璉《鄱陽記》一條。

王德槤饒州《記》序「地居澹浦，邑帶鄱州。」「縣始秦年，郡開吳日。」（《輿地紀勝》卷二十三，饒州，四六；又《明一統志》卷五十，饒州，郡名。）

《宋史藝文志》：王德槤《鄱陽縣記》一卷。

《宋秘書省續編到四庫闕書目》：王仲通《鄱陽記》一卷闕。

《通志藝文略》：王仲通《鄱陽記》一卷。

《遂初堂書目》地理類：唐王休槤《番陽志》。

光緒《江西通志》藝文略：《鄱陽記》《宋史藝文志》：王德連撰。謹按：《輿地紀勝》所引「連」作「 」。

《中國古方志考》。

《江西古志考》卷五：《鄱陽記》一卷唐。王德槤纂。按：《輿地碑目》引《容齋五筆》云：「鄱陽素無圖經，元祐六年餘干進士都頡作《七談》一篇，其敘風土人物云：張仁有篇，徐濯有說，顧雍有論，王德槤有記。其所引張、徐、顧、王所著，今不復存。」王德槤《翻陽記》，《紀勝》卷內引作王德槤《記》、王槤《記》，《大典》引作王《記》，《明一統志》引用唐王德璉《鄱陽記》或唐王璉《記》，當是一書。是書《宋志》錄作《鄱陽縣記》。考《大典》「族亭湖」條引其佚文言族亭湖之得名，此湖在餘干縣西北，非鄱陽縣乘所志範圍，王《記》應是郡志。又王氏有「饒州記序」，曰「縣始秦年，郡開吳日」，此文即其《鄱陽記》自序耳，《宋志》錄為縣志，疑不確。又紹興《秘書省續編到四庫闕書目》及《通志藝文略》並錄有王仲通《鄱陽記》一卷，《遂初堂書目》地理類有唐王休槤《番陽志》，張氏《中國古方志考》以為俱是王德槤《鄱陽記》，不知別有所據否。茲姑依張說，不另錄王仲通、王休樋二書。

【按】王謨《豫章十代文獻略》卷二十九文苑：「王德璉，著有《鄱陽記》一卷。見《宋史藝文志》。鄭《志》藝文略又有王德璉《番陽記》一卷。」「是書已亡於宋矣，然羅蘋《路史注》猶間引其說。若《說郛》所收《鄱陽記》，則又劉澄之所撰也。」光緒《通志》又有王仲通《鄱陽記》一卷，乃據鄭樵《通志》著錄，茲並錄於此。

〔唐〕鄱陽記[3]

徐諶纂

唐修本　佚

《太平御覽》卷一七〇，州郡部十六，饒州北有堯山，引徐諶《鄱陽記》一條。

《太平寰宇記》卷一〇六，饒州堯山，引徐諶《鄱陽記》一條；饒州，浮梁縣石藏山，引徐諶《鄱陽縣記》一條。

《輿地紀勝》卷二十三，饒州，風俗形勝舊以堯山為文；景物下棠陰山；引徐諶《鄱陽記》二條。又景物下石藏山；官吏王廙；引徐諶《記》二條。

《太平御覽經史圖書綱目》：徐諶《鄱陽記》。

光緒《江西通志》藝文略：《鄱陽記》《輿地紀勝》：徐諶撰。謹按：是書《寰宇記》引之，疑當在前宋也，姑置於此。

《中國古方志考》：《鄱陽記》唐，佚。唐徐諶纂。

《江西古志考》卷五：《鄱陽記》唐，徐諶撰。

【按】此《記》撰人徐諶，各書書錄之，而於徐諶無考。光緒《通志》置此書於宋，又曰「疑當在前宋也，姑置於此」。張國淦《中國古方志考》錄為「唐徐諶」，未詳所據。姑從之。又《寰宇記》經徐諶《鄱陽縣記》佚文「石藏山」一條，與《紀勝》所引徐諶《記》此條無異，疑並是徐諶《鄱陽記》一書，引錄時誤增一「縣」字耳。

〔唐〕（饒州）舊經

佚名修纂

唐修本　佚

《太平寰宇記》卷一〇六，饒州，餘干縣餘干山；樂平縣洪崖山；引《舊經》二條。

《輿地紀勝》卷二十一，信州，景物上鵝湖；卷二十三，饒州，景物下清灣水、博士山博士湖；官吏柳惲；引《舊經》四條。

《永樂大典》卷二二六七，六模，湖鵝湖（《輿地紀勝》），引《舊經》一條。

《中國古方志考》。

《江西古志考》卷五：《（饒州）舊經》唐，佚卷數、纂人。按：據《寰宇記》「餘干山」條曰「天寶六年敕改為餘干山」，則是年為此《舊經》成書上限。又《紀勝》「鵝湖」條引《舊經》，記鵝湖之得名，此乃鉛山之鵝湖。今考沿革，鉛山唐時為弋陽縣地，乾元元年以前屬饒州，此後屬信州。此《舊經》以饒州郡志記弋陽縣鉛山鵝湖，當修於唐乾元元年弋陽割隸信州之前。據上舉兩證，知此《舊經》為唐人所撰，成書在天寶末至至德年間。

（饒州）圖經

佚名修纂

修纂年不詳　佚

《太平御覽》卷一七〇，州郡部十六，饒州山川蘊物，引《圖經》一條。

《江西古志考》卷五：《（饒州）圖經》佚卷數、撰人。未見著錄。按：本《圖經》見引於《御覽》，知其成書在宋太平興國之前，撰年不可確考。

〔宋〕鄱陽圖經一卷

佚名修纂

宋修本　佚

《輿地紀勝》卷二十三，饒州，景物下鳳遊岩、樂安江；古跡故鄱陽縣；引《圖經》三條。

《永樂大典》卷二二七〇，六模，湖袁家湖，引《饒州舊經》一條。

《通志藝文略》：《鄱陽圖經》一卷

光緒《江西通志》藝文略：《鄱陽圖經》一卷《通志藝文略》，無撰人名氏。

《中國古方志考》：《（饒州）圖經》佚。

《江西古志考》卷五：《（饒州）圖經》宋，佚卷數、撰人。按《紀勝》「樂安江」引《圖經》曰：「發源徽之婺源」。徽，即徽州。據《宋史地理志》，「宣和三年，韓世忠平睦寇方臘，改歙州為徽州」，知是《圖經》修於宋宣和改徽州之後。《紀勝》同卷又引《（饒州）新圖經》，《新圖經》則又晚成於本書。

【按】此《圖經》光緒《通志》據《通志藝文略》著錄，置於宋志之列。《輿地紀勝》成書晚鄭氏《通志》六十餘年，所引《圖經》，或即鄭書所錄，《永樂大典》亦得稱為「舊經」。今並錄於此，似較《江西古志考》原錄為妥，其餘則未能考詳。

〔宋〕（饒州）新圖經

佚名修纂

宋修本　佚

《輿地紀勝》卷二十三，饒州，州沿革唐平江南復曰饒州；監司沿革舊置司在建康府、饒去帥漕；引《新圖經》三條。

《中國古方志考》：《（饒州）新圖經》佚。

《江西古志考》卷五：《（饒州）新圖經》宋，佚卷數、撰人。按：輯文「舊置司在建康府」條曰「皇祐三年」，知本志為宋修本。《紀勝》本卷引有《圖經》三條，係宣和以後修本。而引本志曰「新圖經」，此稱「新」，蓋以示同名兩志所出先後異也。據王象之引志例，大凡稱「新」志者，多去《紀勝》編撰時未遠。疑此《新圖經》為宋嘉定間所修。

鄱陽圖志

佚名修纂

修纂年不詳　佚

《永樂大典》卷七二三六，十八陽，堂思賢堂，引《鄱陽圖志》一條。

《江西古志考》卷五。

【按】《大典》引錄此志佚文，載宋朱倚元祐六年所撰《番易思賢堂記》，可知此《鄱陽圖志》修於是年之後，未可遽斷其是否宋籍，姑置於此。

〔宋〕鄱陽志十卷

洪邁纂洪邁，字景盧，號容齋，邑人，紹興十五年進士，授兩浙轉運司幹辦公事，遷吏部郎，知贛州、婺州，與修國史，淳熙二年以端明殿學士致仕，卒諡文敏，著有《容齋隨筆》《夷堅志》等行世。

宋紹興至乾道間修本　佚

同治《鄱陽縣志》卷二十四經籍書目：《鄱陽志》十卷洪邁著。

〔嘉定〕饒州志二卷

史定之修史定之，字子應，浙江四明人，以蔭補修職郎，授豫章丞，累遷知吉州，嘉定間改知饒州。

宋嘉定間修本　佚

光緒《江西通志》藝文略：《饒州志》二卷宋嘉定間知州事史定之修。

【按】光緒《江西通志》既錄史定之《饒州志》二卷，又錄史氏嘉定八年所修《鄱陽志》三十卷，序列為鄱陽縣乘之首，明、清邑志、郡志同《通志》說者甚眾，要非子虛之語（參見該志考識）。

番江志

佚名修纂

修纂年不詳　佚

《中國古方志考》:《番江志》佚。按:洪武《餘干縣志》林弼序:餘干縣其山川、疆域、人物、俗尚,固已附載《番江志》。又按:番江在饒州府南,此用水名。

《江西古志考》卷五:《番江志》佚卷數、撰人。按:據林弼序,《番江志》附載餘干縣山川疆域人物俗尚,知《番江志》為郡志,撰人撰年無考。

番陽志

佚名修纂

修纂年不詳　佚

《永樂大典》卷二五三六,七皆,齋無倦齋;卷三一四一,九真,陳陳系;卷三五二五,九真,門戟門儀門;卷七二四二,十八陽,堂三善堂;卷七五一〇,十八陽,倉社倉;卷一四三八〇,四霽,寄詩(十三);卷二二一八二,八陌,麥蕎麥;引《番陽志》七條。又,卷二二六二,六模,湖東湖,引《番昜志》一條。

《江西古志考》卷五:《番陽志》佚卷數、纂人。未見著錄。按:《大典》「三善堂」條引《番陽志》曰「宋紹興間沈度知縣事」,又曰「堂宋末廢」,非宋人語,是志當宋以後所修。元時吳存、楊端如有《鄱陽續志》《鄱陽新志》兩種,據章鳳應序景泰志,吳、楊《續志》記事自嘉定九年起始,《新志》乃志元時事,然此《番陽志》「陳系」條言及北宋嘉祐間人事，「社倉」條記有南宋乾道戊子，則又非吳、楊書明矣。

饒州志二冊

佚名修纂

修纂年不詳　佚

《永樂大典》卷二二六一，六模，湖青塘湖、青林湖；卷二二六二，六模，湖梅湖；卷二二七〇，六模，湖馮慶湖；引《饒州志》四條。

《文淵閣書目》卷四舊志：《饒州府志》二冊。

《江西古志考》卷五：《饒州志》二冊。

【按】《文淵閣書目》舊志所錄，俱明之前舊乘，饒州宋、元不稱府，是題中「府」字係衍文，當刪。又，光緒《江西通志》錄宋嘉定史定之修《饒州志》二卷，康熙二十二年《饒州府志》亦記史定之《饒州志》二卷，是否即此二冊，今未能考定，謹識之以存疑。

〔洪武〕饒州府圖經志

王哲修王哲，洪武八年知饒州府。

明洪武八年（1375）修本　佚

《永樂大典》卷七五一四，十八陽，倉大有倉，引《饒州府圖經志》一條。卷二二七〇，六模，湖腰子湖，引《饒州圖經志》一條。

《江西古志考》卷五：《饒州府圖經志》明，佚卷數、撰人。

按：輯文曰「洪武八年知府王哲」，知本志成書於洪武八年以後，《大典》

之前。

【按】洪武十二年《浮梁縣志》程勵序曰：「洪武八年，上命中書省集天下圖經志書……時兵燹余，文籍無取徵，有司爰集舊聞，事實簡略。越十年……中書省降下，以為前所上志書該載不盡，更加增輯……」據此，知洪武八年有圖經志之修，至十年，覆命增輯加詳，乃復有修志之舉。《大典》引錄《饒州府圖經志》、《饒州圖經志》各一條，殆即此志。《大典》又載《饒州府志》一百五十三條，是為洪武再修志，另錄。又據後志，饒州府知府王哲，洪武八年來任，里貫不詳。

〔洪武〕饒州府志五冊

王哲修

明洪武十一年（1378）修　佚

《永樂大典》卷二二五六，六模，壺提壺；卷二二六〇，六模，湖鄱陽湖；卷二二六一，六模，湖赤土湖、赤畈湖、黃名湖、白水湖、白腸湖、白洋湖；卷二二六二，六模，湖東湖；卷二二六五，六模，湖北湖；卷二二六六，六模，湖沙湖、坑湖、樹湖、櫪湖、柿湖、茶湖、蓮湖、官湖、婆湖、綽湖；卷二二六七，六模，湖鶩湖、鯉湖、湖、鹿湖、鵲湖、珠湖、門湖、紫湖、長湖；卷二二七〇，六模，湖散子湖、彭公湖韓公湖湛公湖、黃婆湖、孫槎湖曹家湖、周家湖、黃家湖、陶家湖、童家湖、史家湖、程家湖徐家湖嚴家湖、鵁鶄湖、蜂蛤湖、魚湖、鱖魚湖、團魚湖、子湖、烏兒湖、猴孫湖、馬腸湖、牛車湖、牛草湖、羊尿湖、蛇林湖、雞冠湖、口湖、尾鵝湖、舍背湖、羹飯湖、布袋湖、罾網湖、曲尺湖、車網湖、張金湖、珍珠湖、父肚湖、長腰湖、陀背湖、平頭湖、坦頭湖、順頭湖、五碧湖、東網湖、東索湖、東西湖、西洋湖、西宗湖、南汉湖、南葉湖、北水湖、北角湖、南北湖；卷二二七一，六模，湖上槽湖、下璫湖、下肖湖、大野湖、大漂湖、大畈湖、大貫湖、大迎湖、小沙湖、小場湖、小朝湖、小畈湖、小理湖小迎湖、淺樂湖、搭連湖、應照湖通開湖、遙貴湖、勒諸湖、漏漂湖、洸青湖、琅璫湖、清灣湖連理湖、長濠湖、池匠湖、理義湖神明湖、楓樹櫪湖、樹子濠湖、馮家子湖、牛草陽湖、大陂朗湖、大軍獺湖、大小茶湖、大小圓湖、大小洸湖、大小横湖、大小悉湖、大小南湖、大小菱湖、大小荻湖、大小鵲湖、小車網湖、上下塘湖、上下樹湖、上下白湖、南頭浪湖、三角坑湖、新塘外楓湖、山石塘小湖、原潭冷櫟湖、楊樹烏子湖、柘林牛欄湖、楊葉耕長湖、蓮河韓麼湖、籠斷大小湖、曹家張小湖、丁家後巴湖、扁子蝦埂湖、鴉鵲伴小湖、牛車牛欄湖、赤土雞腸湖、黄岭西萊湖、大小緣頭湖毬場拜池湖李欒後塘湖貪婪籠了湖裡長甲月湖、張連麻子雲湖、下箭岭劉枝湖；卷八〇九三，十九庚，城饒州府城、浮梁縣城；卷九七六三，二十二覃，岩天井岩、瑞雲岩、月岩；卷九七六四，二十二覃，岩密岩、石城岩、萬石岩；卷九七六六，二十二覃，岩洞靈岩；卷一九七八一，一屋，局軍器局；引《饒州府志》一百五十三條。

《文淵閣書目》卷四新志：《饒州府志》五冊。

《江西古志考》卷五：《饒州府志》五冊明，佚撰人。按：輯文「軍器局」條曰「洪武八年王哲於府治東偏空地鼎新創造」，「饒州府城」條曰「洪武十年鼎新改造」。知本志為明初人撰，修於洪武十年之後，《永樂大典》編纂之前。

【按】洪武十二年《浮梁縣志》程勵序：「洪武八年，上命中書省集天下圖經志書，……時兵燹余，文籍無取徵，有司爰集舊聞，事實簡略。越十年……中書省降下，以為前所上志書該載不盡，更加增輯……十一年夏四月，府檄……即會各縣學官，參互考訂，類次成帙，達於省司，進呈御覽……」依程式，洪武十一年饒州府及各屬縣志皆「類次成帙」，《浮梁縣志》刊行於十二年，餘干縣七年已有志，鄱陽、德興、安仁、樂平諸屬縣則未見他書記載。《文淵閣書目》卷四「新志」錄《饒州府志》五冊，《永樂大典》引《饒州府志》一百五十三條，據輯文「洪武十年鼎新改造」，知為此十一年所修志，今並錄於此。鄱陽等四縣雖亦當有志，以無其他確切佐證，姑不錄，謹識之以俟考。又據後志，王哲於洪武八年至任，其後任知府屈鏞以洪武十五年來任，知此志修者仍為王哲無疑。

〔永樂〕饒州府志

葉砥修葉砥，字周道，更字履道，號坦齋，又號尋樂，浙江上虞人，洪武四年進士，除定襄丞，建文間起為翰林院編修，升廣西按察僉事，永樂初坐靖難事多微辭，被逮籍其家，事白復官，為《永樂大典》副總裁，復官太子侍講，知饒州府，卒於官，著有《坦齋集》。

明永樂十七年（1419）修本　佚

【按】此志未見著錄。永樂《浮梁縣志》朱昭序：「永樂己亥，幸遭聖朝編集《大一統志》，條成凡例，頒佈中外，爰命儒臣駐節各郡，廣延儒士，諏詢典實……（《浮梁縣志》）書成，會本郡儒官校讎無謬，撮其樞要，類成郡志以進。」朱序明文「類成郡志以進」，可據以補錄。葉砥之饒州知府任期，歷修《饒州府志》及《上虞縣志》俱未詳，各志所載葉氏本傳亦未詳其修志事，然據其前後任知府任期及葉氏事履推之，永樂十七年葉氏在任，殆無疑問。府志、浮梁及德興之外，其餘各屬縣當時亦應有志，朱序未確指，又未見他書記載，故不錄。

〔正德〕饒州府志四卷

陳策修　劉錄纂陳策，字嘉言，無錫人，弘治六年進士，正德四年知饒州。　劉錄，字世臣，號亭湖，鄱陽人，嘉靖二年進士，任贛榆、平陽知縣，遷刑曹，著有《亭湖稿》《哲亭集》，又纂贛州、慶陽、萬年諸志。

明正德六年（1511）刻本　存

光緒《江西通志》藝文略：《饒州府志》四卷《天一閣書目》，正德六年知府陳策修。謹按：《世善堂書目》作二卷。

《中國地方志聯合目錄》。

陳策序予己巳出守是邦，大懼文獻湮沒，無從鑒古以詔後。值兵事方殷，舉廢未及此。及我民相孚，而任事又難其人，間嘗躬親檢閱，窮搜博訪，銳欲捃摭成書，竊愧才識膚淺，紀載失真，坐是因循。歲庚午，得鄱陽鄉進士劉錄世臣，禮聘就席，諭以編集，同寅張君禧、秦君碧、陳君達、劉君懋、顧君應祥、汪君文盛咸贊成之。帖下六屬邑，鄱陽陳良瑜、周震，餘干胡恩、徐冠、樂平龔淵，安仁薛球，浮梁陸隆恩，德興胡輔，共事惟謹，命六學師生具成章略，總歸世臣裁之。例遵本朝《一統志》，間類附以詳其略。書成，予在兵營復校正之，惜不得多載書以核實往事，姑刮木為史家張本……（正德辛未夏五月朔）

〔萬曆〕饒州府志[1]

林欲廈修林欲廈，晉江人，進士，萬曆二十二年知饒州府事，官至廣西巡撫。

明萬曆間修本　佚

【按】萬曆《樂平縣志》金忠士序：「今上允禮官之請，下詔修輯國朝正史，移文采寓內郡縣志載各地人物……用是郡伯林公仰承德意，取郡志而新之。」知林氏修有郡志，成書於萬曆二十二年至二十五年間。此志未見著錄，亦未見後志言及，茲據金序著錄，餘俟考。

〔萬曆〕饒州府志[2]四十五卷

侯加采修　陳大綬纂侯加采，解州人，萬曆十七年進士，四十一年知饒州府，升四川副使。　陳大綬，字長卿，浮梁人，萬曆二十三年進士，令涇縣，升工部主事、兵部職方司郎中，督學兩浙，卒官太僕卿。

明萬曆四十四年（1616）刻本　未見

《四庫全書存目提要》：《萬曆饒州府志》四十五卷兩淮鹽政采進本。

光緒《江西通志》藝文略：《饒州府志》四十卷《四庫全書存目提要》：萬曆中陳大綬撰。大綬，浮梁人。

陳于廷序陳大夫長卿之《饒志》有足述焉，志為目者八十，為卷者四十有五，詳而核，信而有征……（萬曆丙辰仲夏）

陳大綬序余庚戌入山時，與鄱陽陳彝仲言及饒志，詢正德辛未舊本，偶有藏者，若中郎之秘，不可竊窺。詢正德來舊事，近年先後各邑志頗有采摭，而一郡之綱紀要領，漫不可詰。兩人相視而笑，歎昔年幾成復罷，當史汝寧先生而失之……餘唯邑志，自宋史定之後無板本。至正德辛未，無錫陳公為政，屬鄱陽孝廉劉錄任編摩之責。及今乙卯，公為改屬不佞大綬任之……（萬曆乙卯九月）

【按】此志《四庫存目》作四十五卷，陳於廷（時為江西巡按監察御史）序亦曰「為卷者四十有五」，光緒《通志》作四十卷，誤，其時蓋此書已未可得見矣。《四庫存目提要》曰：「饒州自正德辛未劉錄撰志以後百有餘年，大綬始撰此志，分十三門，又分子目八十。書成於萬曆乙卯。其中如寺觀之建自唐宋者，應敘於古跡，乃歸於秩祀門，二氏非秩祀也。輿地志既分山水為二門，而古跡內又載石城山，殊無條理。沿革門載建安十五年孫權署鄱陽郡，治舊縣，不知初治在鄱陽，後徙治吳芮故城，亦考之未詳也。」《四庫提要》曰是書成於萬曆乙卯（四十三年），陳大綬序亦署為乙卯九月，然陳於廷序於丙辰（四十四年）仲夏，此當為是書梓行之日。又陳大綬序云「蓋先此甲戌（萬曆二年）、乙亥（三年）之間，亦嘗謀之而卒無一成者」，又曰「當史汝寧先生而失之」，知萬曆初有修纂郡志之舉而未果，事未見後志記載，今無以考知其詳焉。

〔康熙〕饒州府志[1] 四十卷

王澤洪修　史彪古等纂王澤洪，字郇雨，北直曲周人，官監，康熙七年知饒州府，康熙十四年復任，十五年卒於官。　史彪古，字煥章，號燮庵，鄱陽人，順治九年進士，入翰林，擢給事中，以京卿致仕，著有文集、《梧垣奏議》等行於世。

清康熙十一年（1672）刻本　存

《中國地方志聯合目錄》。

王澤洪序蒙上臺采志之檄日下，而茫無以應，尤司郡治者之責也。先是，止有樂平為范中堂桑梓，曾修一志，後則余因之，番亦因之，若各邑仍有待而不暇及。幸都諫史公在家讀《禮》。與郡丞三韓範君、郡倅嶽陽趙君志同謀協，造史公之堂而請教重修焉。史公曰：「修志，重典也。前任翟公祖來守是邦，馳札燕邸，屬余校讎。嗣公以觀察去，未竟乃志。今議重修，郡之幸也，敢不以修明自任。但各邑遼闊，見聞弗廣，未可以征實，七邑宿儒某某幸以禮進之。」隨致書敦請，諸君咸欣然而來，館於公署，番令鄧君慨任受飡筆札之需。於是史公董其事，諸君裒集成帙，兩閱月而告成……（康熙壬子中秋）

【按】王序述本志始末甚悉，並記前守翟公修志事。此志又有賈廷蘭、範文英及鄱陽賀登選序。賀序略曰：饒郡先茲太守河東惟公，創學宮，招流亡，辟田野，而謀修府志，三年未就，以晉秩去。惟公名鳳翥，字象陸，聞喜人，順治三年進士，十六年以秋漕郎出守饒州，擢本省興屯道，遷陜西按察使。康熙二十二年府志黃序曰「前守若翟、若王相繼修纂，刻於康熙之十一年」，本志兩閱月而告成，翟守其與有功焉。又據康熙二十二年黃家遴《重修府志詳文》及續修志序，王志修成不二載，遭甲寅之亂，書板盡付祖龍，購諸民間，已漶敝不完矣。

〔康熙〕饒州府志[2]四十卷

黃家遴修　王用佐等纂黃家遴，號咎庵，廣寧舉人，康熙十六年知饒州府。　王用佐，字左人，號恬庵，鄱陽人，揀選知縣。

清康熙二十二年（1683）刻本　存

光緒《江西通志》藝文略：《饒州府志》三十六卷康熙二十二年知府黃家遴修。

《清史稿藝文志》：《饒州府志》三十六卷黃家遴修。

朱士嘉《美國國會圖書館藏中國方志目錄》：《饒州府志》四十卷清黃家遴纂修，康熙二十二年增補十一年刻本。

《中國地方志聯合目錄》。

黃家遴序饒故有志，創自宋史定之。入國明，前守若翟、若王相繼修纂，刻於康熙之十一年。甲寅之亂，板毀於兵。家遴續事，購諸民間，漶敝不完。遂申請各台，秉憲指，倡僚屬，禮聘名儒偕鄉大夫士，蚤夜編摩，始克成帙。壬子以前事仍其舊，甲寅以後變故紛拏，搜稽實難。余簿書之暇，手自芟訂，必釐必核。捐俸授梓，各屬咸勸。凡三閱月書成，共四十卷……（康熙二十二年冬月）

【按】康熙十一年王志修成不二載，其板毀於甲寅兵火。「癸亥（二十二年）秋，奉部諭，督、撫兩院頒示，令各郡縣纂修志書」（本志謝楷序）。知府黃家遴偕僚屬並鄉士大夫從事修葺，其王志所載者仍其舊，僅增以十餘年新事，三閱月而書成。志凡四十卷，為綱十三，為目六十有七。光緒《通志》及《清史稿藝文志》作三十六卷，並誤。又據本志修志姓氏，「纂輯」者有鄱陽王用佐等三人、餘干張潔等二人、樂平王從先等二人、安仁吳士驌及德興葉友柏等二人，今不能俱錄之。此志之修乃迫於功令，且程期匆促，故後人嘗譏其陋，《續修四庫全書提要》評曰：全書不標出典，故不知某為新增，某為舊志，此志閱三月而工竣，其草率自不待言，其所以不注舊志、新增字樣者，蓋無新增之可言，不注殆藉以藏拙耳。

〔同治〕饒州府志三十二卷首一卷

錫德修　石景芬纂錫德，字樹滋，正藍旗滿洲人，監生，同治八年來任饒州知府。　石景芬，號芸齋，樂平人，道光三年進士，翰林院庶起士，歷任平涼、金華知府，四川鹽茶道，安徽皖南道加按察使銜。

清同治十二年（1873）刻本　存

《中國地方志聯合目錄》：《饒州府志》三十二卷首一卷錫德修，石景芬等纂。清同治十一年刻本。

石景芬序吾饒郡志肇端宋守史定之，明正德間陳守嘉言成辛未志，萬曆間侯守加采成乙卯志，國朝康熙王守郇雨成壬子志，黃守咎庵成癸亥志，凡四續修，而郡志之修久未舉行。同治辛未，芬由北直河間歸里，適議興修，太守錫樹滋公祖謀於郡，眾以重任相屬……約以壬申四月開局，十月定稿付梓，癸酉三月校對蕆事……

【按】據石序，此志「校對蕆事」在癸酉（同治十二年）三月，《中國地方志聯合目錄》及朱士嘉《美國國會圖書館藏中國方志目錄》均作同治十一年刻本，為其書初付刊梓之時，其竣工當在次年。又據凡例，本志遵省頒程式，為綱十，目六十三，卷三十二，而另繫之以卷首。又舊志古跡志今併入地輿，秩祀志之壇廟寺觀歸入建置，水利津梁改歸地輿，宮室併入古跡，陶政附諸物產，賦役志改為食貨志，其征派均徭統諸田賦漕運……以省門類之繁，俾各從其類。《續修四庫全書提要》謂其門類卷數皆省於前，而充實則增數倍也。

鄱陽縣圖經一卷

佚名修纂

修纂年不詳　佚

《宋秘書省續編到四庫闕書目》：《鄱陽圖經》一卷闕。

《通志藝文略》。

《中國古方志考》。

《江西古志考》卷五。

〔嘉定〕鄱陽志三十卷

史定之修

宋嘉定八年（1215）修本　佚

《輿地紀勝》卷二十一，信州，風俗形勝山鬱奇珍；卷二十三，饒州，人物文翁；仙釋張道陵、伏虎禪師；卷三十六，南安軍，官吏程博文；卷三十八，真州，詩白沙何必煩此翁；卷八十，信陽軍，風俗形勝欲復宛洛二都；卷一八〇，南平軍，風俗形勝四寨九堡建為南平；卷一八三，興元府，風俗形勝重蜀以興元為本；引《鄱陽志》九條。

《元一統志》饒州路，古跡二賢堂，引《舊志》四條。

《永樂大典》卷二二六〇，六模，湖鄱陽湖；卷二二七〇，六模，湖楮婆湖、烏冷湖、族亭湖；卷二二七一，六模，湖道汊湖、梯高湖；卷七二三八，十八陽，堂奉親堂、新民堂；卷七二四〇，十八陽，堂清心堂、得心堂；卷八〇九三，十九庚，城饒州府城、古浩州城、古順安郡城、古鄱陽縣城、古鄡陽縣城、古廣晉縣城、吳芮觀獵城、英布城、彭綺城、唐樂平故城、安仁故城、古城、仙人城、新平古城、新昌古城、南城；卷一〇四二二，四濟，李李奕；引《鄱陽志》二十七條。

《宋史藝文志》：史定之《番陽志》三十卷。

《輿地紀勝》卷二十三，饒州，碑記：《鄱陽志》史定之序。

光緒《江西通志》藝文略：《鄱陽志》三十卷《宋史藝文志》，嘉定八年郡守史定之修。

《中國古方志考》：《番陽志》三十卷宋，佚。宋史定之纂。

宋抱慈《兩浙著述考》：《番陽志》三十卷宋，鄞縣史定之撰。

《江西古志考》卷五：《鄱陽志》三十卷宋，史定之纂。

【按】本志宋史定之所修，《宋史》藝文志錄作《番陽志》，《輿地碑目》、光緒《江西通志》等作《鄱陽志》。《紀勝》卷內引《鄱陽志》九條，無《番陽志》。「番」、「鄱」古今字。《史記·伍子胥列傳》：「闔廬使太子夫差將兵伐楚，取番。」司馬貞索隱：「蓋鄱陽也」。「陽」或作「昜」，聲韻皆通。《永樂大典》引《鄱陽志》二十七條，「奉親堂」、「新民堂」、「得心堂」諸條俱曰「今史定之」，又「饒州府城」條曰「嘉定七年，今知州朝奉郎史定之申明修築」云，知所引《鄱陽志》即本志。准此，史定之嘉定所修志宜錄作《鄱陽志》，不作《番陽志》。《大典》另有《番陽志》七條，張國淦《大典輯本》改其題為《鄱陽志》，並歸史定之名下，非是，說詳《番陽志》考。又《大典》引《鄱陽志》佚文「古鄱陽縣城」條，張氏《大典輯本》誤作「古鄱陽縣志」，《中國古方志考》並據以著錄《古鄱陽縣志》一種，宜予刪削。光緒《通志》謂本志「嘉定八年郡守史定之修」，明景泰《鄱陽續志》章鳳應序亦曰「宋嘉定乙亥郡守史侯定之嘗輯舊聞，作《鄱陽志》三十卷」云，是其書修年殆無異說。又光緒《通志》序列鄱陽舊乘，置史定之所修三十卷為縣志，另錄「宋嘉定間知州事史定之修《饒州志》二卷」。今考《紀勝》《大典》諸書所引本志，所及凡鄱陽、餘干、安仁、浮梁等縣事，非一邑志所能包括，似當錄為郡志，然其《饒州志》二卷，亦非子虛之說，姑存疑以俟考。

〔至元〕鄱陽續志十五卷

狄師聖修　吳存　楊端如纂狄師聖，元後至元二年知饒州。　吳存，字仲退，鄱陽人，延祐初任本路學正，調寧國路學教授，七年聘主本省鄉試，後至元五年卒，著有《程朱易傳本義折衷》《月灣詩稿》等。　楊端如，吳存門弟子，仕履不詳。

元後至元末稿本　佚

錢大昕《補元史藝文志》：吳存《鄱陽續志》。

倪燦《補遼金元藝文志》。

《千頃堂書目》卷八：吳存《鄱陽續志》。

光緒《江西通志》藝文略：《鄱陽縣志》三十九卷後至元二年郡守狄師聖修。

《中國古方志考》：《鄱陽續志》十五卷新志二十四卷元狄師聖修，吳存、楊端如纂。

《江西古志考》卷五。

【按】明景泰《鄱陽續志》章鳳應序曰：「宋嘉定乙亥，郡守史侯定之嘗輯舊聞，作《鄱陽志》三十卷。元後至元丙子，郡守狄師聖復以此書屬鄉先生吳君存，年已八十，書未成而卒。其門人楊端如用其指授足成焉，總為卷三十有九。爰自宋季嘉定九年丙子，終德祐二年乙亥，凡六十年，曰《鄱陽續志》，為卷十有五。自元至元十三年丙子至後至元乙亥，又六十年，曰《鄱陽新志》，為卷二十有四。時方急邊務，未遑鋟梓。至正兵變，卒無全帙。」據此，知吳存、楊端如所纂實為兩種，其一接嘉定八年史志後，敘至南宋末德祐二年，故曰「續志」；其一自元至元十三年始，迄於後至元元年，名曰「新志」。宜分別著錄。又郡守狄師聖以志屬吳氏，時為後至元二年丙子，吳氏年已八秩。後志記吳氏卒於後至元五年，年八十三，其門人楊氏足成之，亦當在此後不久，其確年無以考稽。光緒《通志》但稱狄師聖修，不錄吳、楊名氏，又題之為「縣志」，與章序不合。

〔至元〕鄱陽新志二十四卷

狄師聖修　吳存　楊端如纂

元後至元末稿本　佚

光緒《江西通志》藝文略。

《中國古方志考》。

《江西古志考》卷五。

鄱陽縣志

佚名修纂

修纂年不詳　佚

《永樂大典》卷二二六六，六模，湖土湖；卷二二七〇，六模，湖孔目湖、潘家湖、上下湖、大風湖、大塘湖、大小湖；卷七五〇六，十八陽，倉常平倉；引《鄱陽縣志》八條。

《江西古志考》卷五：《鄱陽縣志》佚卷數、撰人。未見著錄。

〔永樂〕鄱陽新志

章孟宣等纂章孟宣，邑人，永樂間舉明經、聘教職，皆辭不就，杜門講學幾四十年，人稱藏拙先生。

明永樂十七年（1419）修本　佚

【按】此志光緒《江西通志》未著錄，今據景泰志章鳳應序補錄。章鳳應序曰：「國朝洪武二年己酉，詔天下郡邑編輯圖志，然事多疏略。迨永樂十六年戊戌，朝廷分遣儒臣遍詣郡縣，委督官儒採取古今事蹟纂輯。是時先君藏拙先生偕同儕許君安常、陶群若璠輩，晝夜效勤，據以舊志，集以故老相傳。明年書成，亦名《鄱陽新志》，以進。」據序文，與修者又有許安常、陶若璠，事蹟俱不得其詳。是志修訖進呈，孟宣又另有稿本藏於家，其子鳳應得據此家藏本重加纂輯，以成景泰志。又章序曰：「洪武二年己酉，詔天下郡邑編輯圖志，然事多疏略。」是洪武初嘗修有邑志，然記載疏略。其書今殊難考稽，或即以上所錄之佚名志中某種，今未能指辨，亦不予另錄焉。

〔景泰〕鄱陽續志二十卷

章鳳應纂章鳳應，字汝鳴，邑人，宣德八年辟舉賢良，官常山知縣。

明景泰元年（1450）修本　佚

光緒《江西通志》藝文略：《續鄱陽志》二十卷景泰元年邑人章鳳應修。

章鳳應序宋嘉定乙亥，郡守史侯定之嘗輯舊聞，作《鄱陽志》三十卷。元後至元丙子，郡守狄侯師聖復以此書屬鄉先生吳君存，年已八十，書未成而卒。其門人楊端如用其指授足成焉，總為卷三十有九。爰自宋季嘉定九年丙子，終德祐二年乙亥，凡六十年，曰《鄱陽續志》，為卷十有五。自元至元十三年丙子，至後至元乙亥，又六十年，曰《鄱陽新志》，為卷二十有四。時方急邊務，未遑鋟梓。至正兵變，卒無全帙。國朝洪武二年己酉，詔天下郡邑編輯圖志，然事多疏略。迨永樂十六年戊戌，朝廷分遣儒臣遍詣郡縣，委督官儒採取古今事蹟纂輯。是時先君藏拙先生偕同儕許君安常、陶君若璠輩，晝夜效勤，據以舊志，集以故老相傳。明年書成，亦名《鄱陽新志》，以進。先君嘗謂鳳應曰：是書雖成，第程期逼迫未備，爾宜成之。鳳應承命惟謹……壬戌，鳳應追憶先君遺教不可墜，乃於青燈永夜，本以先君所藏舊稿，重加詮次，復合前志，參以群書，及考索古今諸名集有足徵者，則採錄增入之，凡數年始克成書……凡三十五目，釐為二十卷，名曰《鄱陽續志》。曰續者何？蓋繼述前志而言，卷端則圖以歷代沿革……（景泰元年春正月上元日）

〔嘉靖〕鄱陽縣志

胡韶纂胡韶，字大聲，邑人，成化二十年進士，由工部都水主事出守嚴州，歷官刑部侍郎，嘉靖元年致政家居，年八十七卒，贈刑部尚書，謚康簡。

明嘉靖四年（1525）刻本　佚

光緒《江西通志》藝文略：《鄱陽縣志》嘉靖四年邑人胡韶修。

【按】萬曆《鄱陽縣志》劉應麒序曰：「鄱志自胡司寇修於嘉靖乙酉，迄今八十餘年，鍥板久毀，士人家僅有藏本，秘之若中郎《論衡》。」又曰：「余閱乙酉志，質而不繁，信者什九。」

〔萬曆〕鄱陽縣志十六卷

顧自植　潘禹謨修　劉應麒纂顧自植，吳江進士，萬曆二十六年知鄱陽縣事。　潘禹謨，增城進士，萬曆三十二年知鄱陽。　劉應麒，字道徵，邑人，隆慶二年進士，選庶起士，督學廣東、廣西，官應天巡撫、湖廣巡撫、工部侍郎等，著有《芝陽集》。

明萬曆三十七年（1609）刻本　佚

光緒《江西通志》藝文略：《鄱陽縣志》十六卷萬曆三十七年知縣潘禹謨修。

劉應麒序前令吳江顧君引為己責，屬余修之。余謝不敏，請益於同邑三四君子，分猷共念，酌故輯新，既就緒，稍加刪潤，籍手告成，共有十六卷。會顧君遷儀部去，未遑授梓。增城潘君繼之，無替前舉，捐貲付剞劂……

【按】此志為知縣顧自植創修，成稿十六卷，而以遷官去，未遑授梓。知縣潘禹謨繼任，重校定之，乃付剞劂。有潘跋，撰於萬曆己酉（三十七年）仲秋，其時刻工已竣。又據參政應汝化序，志凡為卷十六，為綱十，為目六十有三。後志宦業記劉應麒，謂萬曆己酉重修邑志，精核無匹云。

〔康熙〕鄱陽縣志[1]

盧元培修　史彪古等纂盧元培，字鵪颸，浙江仁和人，順治十五年進士，康熙七年知縣事。　史彪古，字煥章，號裻庵，邑人，順治九年進士，入翰林，擢給事中，以京卿致仕，著有文集、《梧垣奏議》等行於世。

清康熙八年（1669）刻本　佚

光緒《江西通志》藝文略：《鄱陽縣志》康熙七年知縣盧元培修。

盧元培序鄱之有志舊矣，培自去夏待罪茲土，爰求舊乘於故府而不可得。既乃得之民間，展卷讀之，至明萬曆中葉以來脫焉未輯。非闕文也，或亦前之令茲邑者有志而未逮乎，否則文獻之昭明固亦有其時耶。第培簿書鞅掌，日昃不遑，敢雲一夔而足哉。幸縉紳先生雅有同志，而三五耆宿又前令鄭君所與慮始之人，於是延之專局，分帙編摩，而培以奉公之暇時加裁正焉。始於戊申之重九，及己酉之初春，不五閱月而志告成矣……（康熙己酉仲春朔）

【按】據本志史彪古序，前令鄭君嘗謀葺邑志，未幾以量移滁州去，弗遑副墨。鄭君名邦相，字又僑，湖廣咸寧人，順治十五年進士，康熙二年知鄱陽縣事，六年升滁州知州。盧序亦記及此事，稱所延修志之三五耆宿，俱為鄭令志局中人。康熙二十二年王志黃家遴、王用佐諸序皆曰，盧志修成不久，遭滇閩藩變，圖籍府庫蕩焉一空，盧志亦盡付祖龍之炬矣。

〔康熙〕鄱陽縣志[2] 十六卷

王克生修　王用佐等纂王克生，字楨伯，山東掖縣舉人，康熙十六年知縣事。　王用佐，字左人，號恬庵，鄱陽人，揀選知縣。

清康熙二十三年（1684）刻本　存

光緒《江西通志》藝文略：《鄱陽縣志》康熙二十二年知縣王克生修。

《中國地方志聯合目錄》：《鄱陽縣志》十六卷王克生修，王用佐等纂。清康熙二十二年刻本。

王用佐序前父母盧侯懼其放失，以為再歷數年，欲問遺事則故老皆無在，於是采葺民間斷簡，延致縉紳耆舊，共修理以續舊觀。無何，滇閩竊發，鄱屬鄰境，狂弁效尤，甲乙之秋，烽火熸於城郭，圖籍府庫蕩焉一空，舉盧侯所編輯者盡付祖龍之炬。文獻無徵，梨棗為災，若斯之急也。今東海王君楨伯來宰斯土，數年於此矣……簿書之暇，詢前令盛舉不克永其傳，心焉惜之。況朝廷纂修通志……適邦伯黃公祖整綱飭紀，興廢舉墜，重修郡志，而予與宗弟絲如、雷君殷叔同參末席。於是令君亦毅然以縣志為己任，托以校閱，用嗣盧侯芳躅……（康熙二十二年季冬）

佟淮年序今楨柏王令不憚勤勞，敦禮名碩，捐資首創，開館裒輯，而於撫字之暇躬親校訂，殘者序，闕者補，不數月而告竣……（康熙二十二年冬）

【按】此志有江西按察副使查培繼、知府黃家遴府同知佟淮年、府通判謝楷、知縣王克生及邑人王用佐諸序，查序自署為康熙二十三年甲子嘉平月，其餘各序均撰於二十二年冬。是志刻工完竣，當為二十三年，《聯合目錄》等俱作二十二刊本，似不確。又據本書「續修姓氏」，鑒定者知縣王克生，同修者教諭黃國瑞及訓導、典史、縣丞共四人，校閱者為邑人王用佐、王言綸、雷聲亮三人。臺灣成文出版社影印本題本書王克生、黃國瑞修纂，亦不甚確。按王序，用佐等三人皆與修郡志，復任縣志校閱。王言綸，字絲如，邑人，順治八年舉人。雷聲亮亦邑人，字殷叔，歲貢生。此志十六卷，分輿地、建置、秩官、賦役、學校、選舉、人物、藝文、雜志、別志十類，而各繫以子目。每類之前有序。目之前有論，後有按。《續修四庫全書提要》譽為清初方志中之佳作。

〔乾隆〕鄱陽縣志二十四卷首一卷末一卷

黃登谷修　淩之調　熊兆飛等纂黃登谷，字春佘，號獲村，順天大興人，乾隆二年進士，十一年知鄱陽縣。　淩之調，字廣心，新建人，乾隆元年進士，官工部屯田司主事。　熊兆飛，字煥章，浮梁縣人，乾隆十二年舉人，截取知縣。

清乾隆十四年（1749）刻本　存

光緒《江西通志》藝文略：《鄱陽縣志》乾隆十四年知縣黃登谷修。

《中國地方志聯合目錄》。

黃登穀序戊辰初夏，亟進都人士而議所以修之，惟諸君子修廢舉墜咸有同心，遂集經始之謀，旋啟編摩之館，乃聘延予同年友新建淩工部廣心主持筆削，並延予門人浮梁熊生兆飛偕邑紳士之博雅者各任分纂校對之事。惜乎開局兩閱月，而淩工部遽以疾辭歸，待數月不至。適制憲黃公旌節南臨，百為振飭，通檄兩江郡縣各修志乘，而鄱志先已開局。予既承檄，亟促其成。諸君子知淩君之不可待也，乃謬推予為總其事。予雖譾陋，非能謝，因就其所分纂者於案牘餘暇親為裁正……是役也，匝一歲而事始竣……

【按】黃序又曰：「凡山川、土田、戶口、賦役、風俗、沿革、事蹟、人物、藝文、雜志等類，一宗劉司空之舊，而以六十餘年因革、損益、其事、其人、其文依類增入，且廣搜博采，間有前志遺佚今始補入者，要之商榷不厭其詳，折衷務求其當，而以忠孝節義有關世道人心者尤兢兢然慎之又慎。」此志大綱與前志無異，小目則稍有改易，《續修四庫全書提要》稱是志「搜集較前志為增無多，而考證精核，門類完備，已遠邁乎前志」。

〔道光〕鄱陽縣志三十二卷首一卷末一卷

霍樹清　陳驤修　張瓊英等纂霍樹清，字松軒，陝西朝邑人，嘉慶七年進士，授翰林院庶起士，道光三年知鄱陽縣事。　陳驤，浙江歸安人，嘉慶十九年進士，道光三年署縣事。　張瓊英，字鶴舫，永豐人，饒州府學教授。

清道光四年（1824）刻本　存

光緒《江西通志》藝文略：《鄱陽縣志》道光四年知縣陳驤修。

《中國地方志聯合目錄》。

張瓊英序道光三年九月，鄱陽明府陳公以助修志事請余，余以荒學且衰病不勝任重辭。去年亦既以是辭霍明府請矣。已而鄱紳耆之來請者日相踵，謂非余莫屬。未幾，陳公復以聘書至，余固辭弗獲。計修鄱志始事之期實在是年春，至聘余助修時已閱半年久矣，分修諸君亦已撰稿半，正勉為披訂，……一切由採訪呈掌修批送各分修處，撰稿成，余或略為商更字句一二，至閏七月修鄱志事蕆，通計得效閱訂勤者才五六月耳……（道光四年秋月）

【按】據張序，此志始事於道光三年春，蕆事於四年閏七月，張學博則受聘於三年九月，其時志稿已半。又曰，二年嘗辭霍明府修志之聘。而同治《縣志》秩官記霍樹清、陳驤俱為三年署任，與張序不甚相合。又同治《縣志》名宦，稱「甲申（道光四年）修志之舉，樹清實倡首焉」。霍、陳交接似在三年春至九月間，霍令實已開局，陳令繼之以成其事，故本志卷末「甲申重修姓氏」並舉霍、陳為掌修，光緒《通志》及《聯合目錄》舉陳而遺霍，《續修四庫全書提要》則僅錄霍而不及陳，似皆有未妥。又《續四庫》錄本志纂人程題雁，實為「重修姓氏」所列六分修之一，字賓秋，邑人，嘉慶十九年進士，官至內閣中書。此志三十二卷，亦三十二門，《續四庫全書提要》評曰：「此志一變前例，有目無綱，殊為散亂，不合縷析之旨」。又曰：人物志濫登他邑人物，雜志內又收書目，是皆此志之謬誤，「而其採取，確極豐富。上舉諸端，蓋亦責備賢者之意」。

〔同治〕鄱陽縣志二十四卷首一卷末一卷

陳志培修　王廷鑒　程迓衡纂陳志培，號遂生，安徽定遠舉人，同治二年知鄱陽縣。　王廷鑒，號蓉薌，邑人，咸豐十年進士，直隸即用知縣。　程迓衡，號穆堂，邑人，道光十二年舉人，即選教諭。

清同治十年（1871）刻本　存

《中國地方志聯合目錄》。

陳志培序歲己巳，予以卓薦入覲。其明年，上憲將修江西通志，檄各邑預修邑志，以備採錄。適予自都門回復履任，爰集諸紳籌辦經費，請邑進士王君蓉薌、孝廉程君穆堂董其事，而以諸孝廉、明經、茂才十三人任分修校焉。遵省頒條式，俾採訪者各鄉搜葺匯錄而登諸局，予亦以聽政之暇間為披閱……自五月杪開局，至十月而稿成，擇善書者繕本而呈諸省，而留其副本待鋟……（同治十年仲夏）

〔民國〕鄱陽縣志十二卷

曹錫福　江思清纂

民國三十八（1949）稿本　存

【按】此書十二卷，卷各一門，為輿地、建設、經濟、財政、教育、選舉、庶政、社會、大事、人物、藝文、志餘，又各繫以子目。書始事於民國三十四年，至三十八年僅成稿本。曹、江二纂人俱為縣教員。曹錫福又有《擬鄱陽縣志例目》一冊，分導言、釋名、釋例、結論四項，實即縣志之大綱說明，此書今亦存。

餘干

餘干舊乘，今錄得十種：明之前二種，明志三種，清四種，民國一種。民國志雖未成書，然屬稿大備，故並錄之。康熙八年志胡天祐序曰，其族祖賓嘗輯縣乘；又史大成序云，縣訓導唐鍾星曾葺若干卷，為江志所取資：凡此二種，未有成書，故不予收入，僅識此以備考。又同治縣志卷十二文苑、卷十六藝文，並載邑人周適莘著有《邑志軼事錄》，以補邑乘之闕云。適莘字聖任，號北野。其書雖未梓行，亦志書之流亞，得附記於此。

秦置餘汗縣，屬豫章郡。西漢末王莽改稱為治干，東漢複名餘汗。劉宋時，去水曰餘幹。宋屬饒州。元升為州，屬饒州路。明復降為縣，屬饒州府。清仍之。同治《縣志》馮蘭森序辨餘干之名稱數易，可備一說。

〔宋〕餘干縣志

楊元鑒纂

宋修本　佚

《永樂大典》卷二二六六，六模，湖茶湖；卷二二七〇，六模，湖康郎湖、謝婆湖；卷二二七一，六模，湖大沙湖、小白湖；引《餘干縣志》五條。

光緒《江西通志》藝文略：《餘干縣志》楊元鑒修。

《中國古方志考》：《餘干縣志》宋，佚。宋楊元鑒纂。按：嘉靖《餘干縣志》石簡序，縣舊無志，宋楊元鑒始為志云。

《江西古志考》卷五：《餘干縣志》宋，楊元鑒纂。按：輯文「康郎湖」條「其水自南雄、吉、贛、臨、瑞、撫、建、信等州」雲，為宋時建制，且修於寶慶元年高安郡改瑞州之後。其餘各條，亦暫厝於此。

干越志一冊

佚名修纂

修纂年不詳　佚

《文淵閣書目》卷四舊志：《干越志》一冊。

《中國古方志考》。

《江西古志考》卷五：《干越志》一冊佚撰人。按：明洪武《餘干縣志》林弼序曰：「餘干縣其山川、疆域、人物、俗尚，固已附載《番江志》中，又別為志曰《干越》，顓記一縣之事，蓋視附載為加詳也。屬兵燹，餘本無復存，前郡守陶公安極購之不得。」據林氏序，則此《干越志》當修於《番江志》之後，洪武陶志之前，撰人不詳。又餘干縣東羊角峰有干越亭，唐初張延俊建，韋昭以邑名之。

〔洪武〕干越志十六卷

陶安　畢福修　章綸纂陶安，字主敬，當塗人。元至正初舉浙東鄉試。太祖渡江，留參幕府，知黃州。洪武元年四月任江西參政，九月卒於官。　畢福，洪武初知餘干縣。　章綸，字子漁，邑人，明太祖甲辰年辟權州學教授，嘗攝州事，著有《灌園集》。

明洪武七年（1374）刻本　佚

《永樂大典》卷二二六七，六模，湖珠湖；卷二五三九，七皆，齋雲峰齋；卷二五四〇，七皆，齋聽竹齋；卷二七五五，八灰，陂雜陂名；卷八〇九三，十九庚，城白雲城；卷八八四一，二十尤，油柏油；卷一一三一三，十罕，館詩文；引《餘干志》七條。卷七五〇七，十八陽，倉常平倉，引《餘干縣志》一條。

《明一統志》卷五十，饒州府，形勝吳楚冠冕，引《餘干志》一條。

光緒《江西通志》藝文略：《干越志》十六卷洪武七年知府陶安修。

《江西古志考》卷五：《干越志》十六卷明，陶安、畢福修、章綸纂。按：陶安創修是志，在洪武元年四月調任江西參知政事之前；章綸纂成其書，邑令畢福具傭付梓，林弼為之序，時在洪武七年甲寅，林序記之甚詳。又張國淦《中國古方志考》據《明一統志》引「吳楚冠冕」一條，錄《餘干志》一種，未辨其年代。依張氏書例。蓋以為元以前志，故錄之。今又從《大典》輯得七條，亦題作《餘干志》，其「詩文」條錄章綸詩一首，此《餘干志》當即洪武志。頗疑《明一統志》所引一條即是志，張氏別無所據，今不從。

林弼序餘干置縣自秦，屬於饒，其山川、疆域、人物、俗尚固已附載《番江志》中，又別為志曰《干越》，顓記一縣之事，蓋視附載為加詳也。屬兵燹，餘本無復存，前郡守陶公安極購之不得，懼其愈遠而愈忘失也，以命邑士章君綸，旁求曲采，訂以舊聞前載，類粹成書，凡為卷十有六篇，目三十有六。先是，書未脫稿而陶公去為西省參知政事，卒於官。綸再以書白知縣事唐君志大、李君謙則，既而繼以事去。將鋟諸梓，無所

具備，又謀諸新尹畢君福洎邑之士友，而竣其事焉。其用心亦勤矣……（洪武甲寅）

【按】康熙及同治縣志中，尚存章綸撰（學校、災害、古跡）《干越志小序三則》（康熙二十三年志題曰「六則」，實存三則）茲略。又林序中言及修者尚有唐、李二人。唐志大，一名鞏，河東人，洪武時任知州。李謙則，洪武餘干知縣。

〔嘉靖〕餘干縣志十六卷

石簡　周振　葛豫修　鄧秀纂石簡，字廉伯，浙江臨海人，進士，嘉靖三年知餘干縣，後升主事，官至副都御使。　周振，字仲玉，號蓮渠，江蘇武進人，舉人，嘉靖七年任餘干知縣。　葛豫，字志行，無錫舉人，嘉靖十一年知餘干縣。　鄧秀，字子仁，邑人，嘉靖七年舉人，授武昌通判，升鹽課提舉，卒於官，著有《玉亭文集》。

明嘉靖十二年（1533）刻本　佚

《千頃堂書目》卷七：鄧秀《餘干縣志》十六卷。

光緒《江西通志》藝文略：《餘干縣志》嘉靖中知縣石簡、周振、葛豫先後修。

石簡序嘉靖甲申，鄧知餘干縣事，公暇進諸生而詢之曰：茲縣之設厥惟舊哉，歷千餘年之事實，寧無傳信這典乎？諸生合辭以進曰：宋楊元鑒始為志，國初章綸續之，顧紀載龐雜，考據失精，吾懼其無以傳信也，搜廢核實，舉往以示來，今日事也，惟先生圖之。則以命諸鄧子仁氏。予尋以考績升留都。今年夏，予自留都出守高州，道出餘干，子仁迓予於通津，謂予曰：自先生去任，蓮渠周子繼之，嘗與覺齋劉子撫歎舊志之訛謬，而亟以命予。歲辛卯秋八月，予取舊志並考子史諸集，芟繁擷精，正訛補缺，閱數月而成書，古今文翰無甚紕繆者不敢輒去，懼其傳久而無征也。蓮渠方圖入梓，而以朝覲去。今水峰葛侯繼之，捐俸付梓。工將告成而先生適來茲，固有數哉，先生可無言以紀二侯之績乎……（嘉靖癸巳）

葛豫序嘉靖辛卯，覺齋劉侍御謫典餘干，白諸令長周蓮渠，始圖再修，重厥事也，慎斯選也，乃訪鄧氏子仁之賢而請焉。子仁毅然秉筆，亦以是自任，援舊志而參酌之，採擇以求實，去取以求公。方匯次就緒而二君繼去，稿遂散佚，迄今無成。癸巳春，豫承乏至是，竊有志焉，首取而閱之……亟校正之，鋟梓以廣其傳……（嘉靖癸巳）

〔萬曆〕餘干縣志二十七篇

劉諧修　章世禎　揭思孔等纂劉諧，麻城人，進士，萬曆間以兵部給諫左遷餘干知縣。　章世禎，字克昌，邑人，嘉靖二十二年舉人，知武陵，擢知德州、徐州。　揭思孔，字希之，邑人，嘉靖二十二年舉人，官潛江知縣。

明萬曆九年（1581）刻本　佚

光緒《江西通志》藝文略：《餘干縣志》萬曆九年知縣劉諧修。

李中序麻城劉公諧兵垣給諫，移外令餘干……於是徵其鄉大夫先生弟子七八人共纂輯事，又以不佞中亦廁館末。自維譾陋，不足肩巨當大，竊念諸賢宣力，樂睹厥成……是以不佞承命弗辭。其為書，紀一，志十一，表二，傳十三，凡二十有七篇……若董事則縣丞章君邦治，力贊則教諭劉君逵、訓導周君彤、主簿朱君選、典史謝君天然，例得並書云。（萬曆辛巳）

章世禎序萬曆庚辰，楚黃劉公諧以名進士讀中秘書，歷司諫憲僉而復令於茲……諸士以志請，遂委諸世禎輩編摩。禎豈其人哉，顧命出於賢俟，不可以虛辱也，矧今日之事重以李邑博、揭使君，而南宮之俊、歲選之英、膠庠之彥相與協恭一堂……玆志也，稿再易乃授諸梓人……（萬曆辛巳）

〔康熙〕餘干縣志[1] 十二卷首一卷

江南齡修江南齡，字度遠，浙江開化人，順治十五年進士，康熙二年知餘干，後升山西太原府同知。

清康熙八年（1669）刻本　闕

光緒《江西通志》藝文略：《餘干縣志》十卷康熙八年知縣江南齡修。

《中國地方志聯合目錄》：《餘干縣志》十卷首一卷清江南齡修，康熙八年刻本。

江南齡序三餘成書，昉宋楊元鑒，明章綸、鄧秀、章世禎嗣之，蓋八十有八載曠弗編輯……核往志，征近聞，定為圖四、志八、表二、列傳十一，紀載附之，凡二十有六篇，典章備矣……書成，釐十有二卷……（康熙己酉）

史大成序江子曰：嘻，兵火仍，載籍毀，毀不惟志，志不惟餘。某下車輒傷之，廣搜博訪，力圖修復，殘編斷簡頗得之瓿壁間，其缺失者如山川有名可問也，賦稅有冊可稽也，人物、文章或載在國史，或著於家乘，可采也。幸其鄉葉竇持先生同志、相與校訂，草創漸成，願就正焉……江子又曰：學博唐鍾星曾葺若干卷，雖未成書，心亦勤矣，善不可掩，宜並書之。（康熙甲辰）

洪業序江老父台……遂慨然以纂修釐定為己任，乃始其事於康熙己酉仲春之初，越九月而其書遂成……

胡天祐序宋楊元鑒始志之，其後章綸、鄧秀、族祖賓及章世禎、揭思孔諸君子各有輯，曠今八十餘年，事將湮沒，我侯江公度遠采而續之，匯而新之，從而論斷之……

【按】此志尚有李用先、史彪古、李日曜、章惺、羅宗彝諸序，茲從略。光緒《通志》及《聯合目錄》錄本志並作十卷，而原書實為十二卷，末二卷「紀載」，光緒修《江西通志》時已未獲見，故有此參差。又據胡天祐序，萬曆劉志前似有其「族祖賓」所輯志乘，今無以考詳。史大成序又云「學博唐鍾星曾葺若干卷，雖未成書，心亦勤矣」。考唐鍾星廣昌人，順治十四年任餘干縣學訓導，其所葺若干卷，時當在此年之後、史氏作序（康熙三年甲辰）之前。陳光貽《稀見地方志提要》曰：「此志創修於康熙元年，知縣史大成纂成志稿，南齡繼為之考核，征近聞，重輯成書。」然按諸史籍，史大成，浙江寧波人，順治十二年狀元，以道經餘干，瞻拜東山書院，而為是志作序。謂其康熙元年知餘干，又纂成志稿云，誠屬子虛矣。

〔康熙〕餘干縣志[2] 十二卷首一卷

呂瑋修　張潔　胡思藻纂呂瑋，字藩青，山東文登人，舉人，康熙二十二年知餘干縣。　張潔，號狷庵，邑人，康熙十七年舉人。　胡思藻，號毅庵，邑人，康熙十八年歲貢，任臨江府學訓導。

清康熙二十三年（1684）刻本　存

光緒《江西通志》藝文略：《餘干縣志》康熙二十三年知縣呂瑋修。

《中國地方志聯合目錄》。

呂瑋序今上御極之八年，經邑令江公諱南齡鑒訂重輯，了若列眉。無何，寅卯寇警，一炬烏有，而志又不可問矣……會巡憲查、郡侯黃大人皆留心經濟，毅然以風教為己任者，嚴檄所屬慎襄厥事。不佞自愧謭陋，兼冗案牘，爰請鄉進士張狷庵潔、歲進士胡毅庵思藻公同較訂，付之梓人。從前所已志者寧刪勿增，示簡重也；近今所續志者入美不入惡，錄真不錄偽，示勸也，示公也……（康熙甲子季春）

胡思藻序先是，壬子歲，前郡侯曲周王公捧檄，集七邑縉紳纂訂郡乘，藻亦廁館末，與史都諫諸先生舉六十年曠典，矢公矢慎，以成書。無何，版帙旋帙，適郡大夫三韓黃公下車輒念之，迄癸亥，部下諸首修志，乃設專館，仍召藻輩襄厥事，三閱月而複告竣。頃之，邑侯呂父母以縣志屬藻與張君狷庵編葺……（康熙甲子春三月）

【按】此志尚有黃家遴、張潔、蔡毓志三序，以無關志書原季，茲從略。《續修四庫全書提要》曰：「是志內容極為簡略，而人物脫落尤甚。又全書無選舉志，考其人物表，有王侯、征辟、科貢、武仕、武科、封蔭、匯仕之類，蓋即選舉表也。按名宦、儒林、文苑、孝義、篤行、列女莫非人物，今人物表惟載選舉，一若其他非人物也。命名之不當有如是者。又其藝文，與建置、學校、秩祀、災祥合為一卷，考其內容僅有二頁。蓋為學校中之藏書，並非邑人之著述，若是於學校志附曰藏書可已，而大書特書曰藝文，何其荒謬之甚……卷十一、十二之紀載，分記、奏疏、序跋、議論、雜記、箴銘、歌詩諸子目，是則世俗所謂藝文，而又名之紀載。總之此書不惟不足登大雅之堂，廝與庸俗亦有漸焉。唯賦役一類所載尚詳，官師表亦有可取，得之亦聊勝於無耳。」

〔道光〕餘干縣志二十三卷首一卷

李暕修　洪錫光等纂李暕，字勝穀，直隸景州人，舉人，道光二年知餘干縣事。　洪錫光，原名永錫，字瑤圃，邑人，嘉慶二十四年進士，知浙江遂安縣，調任余姚，著有《企鶴軒詩抄》。

清道光三年（1823）刻本　存

光緒《江西通志》藝文略：《餘干縣志》三十卷道光三年知縣李暕修。

《中國地方志聯合目錄》。

李暕序余以鄉舉，試春闈不第，叨房薦校錄史館，計功議敘來宰三餘……壬午冬，奉憲檄修志，遂集邑紳而詢之……閱數月而功竣，示余稿而求序焉……（道光三年）

【按】是志凡例曰：「餘邑自宋楊元鑒始為志。前明四修，今僅存萬曆遺本。國朝兩修，一係康熙八年前令江度遠先生所鑒定，尚見典型。此次刪節，大率本此。至分門別類，悉以省發採訪章程格式為准，故分合多與康熙二十三年所修現存舊志不同。」所謂明四修者，今僅錄得洪武、嘉靖、萬曆三種，其餘別無紀載，無以考詳。

〔同治〕餘干縣志二十卷首一卷末一卷

區作霖　馮蘭森修　曾福善纂區作霖，字雲甫，順德人，舉人，同治八年任餘干知縣。　馮蘭森，字筱帆，歸安人，監生，同治十一年知餘干縣。　曾福善，字備卿，邑人，同治七年進士。

清同治十一年（1872）刻本　存

《中國地方志聯合目錄》。

馮蘭森序餘干為邑最古，春秋時屬越邊境，秦始置邑，以其為於越之餘，因名餘於，古字於作於，又轉於為干。漢初嘗名餘汗，後去水旁為餘干……邑有志，肇於宋楊西元鑒，前明及國朝屢經增輯，至道光甲申重修，博考旁參，宏規巨制，燦然大備。咸豐癸丑後迭經後燹，典籍蕩然無餘。前歲，上憲以重修江西通志檄各屬預修邑志，以備採錄。時粵東區君蒞治，奉檄，集邑紳籌辦經費，延學邃品端之士，相與祓飾前聞，網羅散佚，潤古酌今，銜華佩實，洵恢恢乎遊刃有餘也。逾歲始成，稿未及鋟而區君以今歲二月調任上饒去。適余來承乏是邑，見志稿……宜壽諸棗梨。因復請諸紳重為校訂，付諸剞劂，以成區君未竟之余功。爰郵書區君，用丐弁言，以光雅制。乃區君抑抑彌謙，閟音金玉。諸君子以志成不可無序，再三向余敦請……（同治十一年季夏月）

【按】本志凡例曰：「癸未志分門別類，有目無綱。今遵省發程式，分為十綱，目次第類編，歸於劃一。」《續修四庫全書提要》評曰：「考卷十一至卷十五之人物志，原皆列傳，今藝文志中又有列傳，且所收甚多，殊覺不合志法。又卷二輿地志之古跡中……皆注某人有記有詩見藝文，是古跡中已定為不載詩文矣，而裴尚東齋、羊角山、斛峰別墅諸則，又皆備載詩文，究其與古跡有關之詩文，宜入某類，殊無定制也。」

〔民國〕餘干縣志

吳曰熊纂吳曰熊，號侖光，邑人，前清拔貢，任餘干縣修志館館長、文獻委員會主任等職。

民國三十六年（1947）稿本　闕

【按】是志凡例曰：「此次重修，遵照內政部所頒修志事例概要，兼江西通志館編定體例，參以地方情俗，力求完善。」列為紀、考、表、略、錄、傳、征、志餘凡八門；門下設綱，綱下設目，各若干。其中水道考、財政略未成稿，又地質考、畢業表、仕秩表、列女表、宗教略、宦績錄、文征、詩征諸綱今缺。志稿用「餘干縣修志館稿紙」毛筆手書，單魚尾，白口，單邊欄，有行界，半頁十行，行二十四字。

▶ 德興

德邑舊乘，其可考者，最先為《銀峰志》，見引於宋王象之《輿地紀勝》。其後又有《（德興縣）圖》，見錄於《永樂大典》，其撰人及成書年代無考。至明，有永樂、景泰、嘉靖、萬曆四本，今俱不可得見。清有康熙毛志、康熙吳志、道光蔣志、宋志及同治志，除蔣志未見、毛志殘闕外，餘皆存完帙。民國八年復加纂輯，有刻本行世，又有縣志辦點注本，廣陵刊印社刊行。

德興，原為饒州樂平縣地，唐總章二年置監場，名鄧公場。南唐升元二年，改鄧公場置德興縣，義取唯德乃興，屬饒州。宋仍之。元屬饒州路。明、清屬饒州府。

〔宋〕銀峰志

佚名修纂

宋修本　佚

《輿地紀勝》卷二十三，饒州，縣沿革德興縣，引《銀峰志》一條。

《中國古方志考》：《銀峰志》佚。

《江西古志考》卷五：《銀峰志》宋，佚卷數、撰人。按：《紀勝》引《銀峰志》僅一處，曰：「至今德興志尚曰《銀峰志》，則唐之銀山即今之德興也。」審其語，知《銀峰志》當為宋人所修，撰人不詳，成書當在《紀勝》之前。又德興縣有銀山，出銅與銀，此以山名志也。

（德興縣）圖

佚名修纂

修纂年不詳　佚

《永樂大典》卷三五八七，九真，屯銀城屯（《饒州德興縣志》），引《圖》一條。

《江西古志考》卷五：《（德興縣）圖》佚卷數、撰人。未見著錄。按：《大典》錄《饒州德興縣志》引《圖》一條曰：「（銀城屯）在縣東一百二十里，《圖》云：陳於此立屯。」考樂平沿革，南朝陳時改樂安（今樂平）為銀城，隋省入鄱陽。唐武德四年，即銀城故地置樂平縣。南唐升元二年，析銀山、樂平南部三鄉置德安縣。據吳宗慈、辛際周《江西八十三縣沿革考略》，「銀城廢縣在今德興縣東一百二十里」，則《圖》雲銀城屯，即銀城廢縣地。

德興縣志

佚名修纂

修纂年不詳　佚

《永樂大典》卷三五八七，九真，屯銀城屯，引《饒州德興縣志》一條；卷七五一六，十八陽，倉白沙倉、興利場倉，引《德興縣志》兩條。

《江西古志考》卷五：《德興縣志》佚卷數、撰人。未見著錄。按：明萬曆丁酉《德興縣志》祝世祿序云：「父老相傳，故有宋志，予不及見，第見永樂、景泰二志，傳寫民間，不隸官府。」清康熙癸丑《饒州府德興縣志》史彪古序云：「邑有宋志，及明之泰、嘉本，俱放佚無可考。」祝、史二氏序，俱言宋、明有志而不及元朝，蓋元時舊乘絕無考稽。宋《銀峰志》《德興志》既已著錄，今輯《大典》引《德興縣志》兩條、《饒州德興縣志》一條，張氏《中國古方志考》及《大典輯本》闕如。依祝世祿序，明永樂間修德興縣志及景泰志且又「傳寫民間，不隸官府」，《大典》所引非永樂志甚明。是志無以考其撰年。又《大典》引《饒州德興縣志》，疑與所引《德興縣志》為一書，今並輯於此。

〔永樂〕德興縣志

佚名修纂

明永樂十七年（1419）修本　佚

【按】永樂《浮梁縣志》朱昭序：「永樂己亥（十七年），幸遭聖朝編集《大一統志》，條成凡例，頒佈中外，爰命儒臣駐節各郡，廣延儒士，諏詢典實……（《浮梁縣志》）書成，會本郡儒官校讎無謬，撮其樞要，類成郡志以進……」知當時饒州諸縣皆各有志修成，並「類成郡志以進」。《明太宗文皇帝實錄》卷二百一記其事：「永樂十六年六月庚辰朔乙酉，詔纂修天下郡縣志書，命行在戶部尚書夏原吉、翰林院翰林學士兼右春坊右庶子楊榮、翰林院學士兼右春坊右諭德金幼孜總之，仍命禮部遣官，遍詣郡縣，博求事蹟及舊志書。」又據明萬曆丁酉《德興縣志》

祝世祿序：「父老相傳，故有宋志，予不及見，第見永樂、景泰二志，傳寫民間，不隸官府。」知此永樂所修，至萬曆時尚有傳本流於民間。此書類例當不違《永樂十六年頒降纂修志書凡例》。凡例共二十一則，所分類目為：建置沿革、分野、疆域、城池、山川、坊郭鎮市、土產貢賦、風俗、戶口、學校、軍衛、郡縣廨舍、寺觀、祠廟、橋樑、古跡、宦跡、人物、仙釋、雜誌、詩文。（見正德《莘縣志》卷首，一九六五年上海古籍書店影印《天一閣藏明代方志選刊》。）

〔景泰〕德興縣志

佚名修纂

明景泰間修本　佚

【按】此志未見著錄，第再見於後志序文。前引萬曆祝序，云嘗見景泰志，「傳寫民間，不隸官府」。康熙癸丑史彪古序縣志云：「邑有宋志及明之泰、嘉本，俱放失無可考。」

〔嘉靖〕德興縣志

許公高修　舒西麓　笪近山纂許公高，四川保寧府南部人，嘉靖三十三年知德興縣，升南京大理寺評點。

明嘉靖三十六年（1557）刻本　佚

光緒《江西通志》藝文略：《德興縣志》嘉靖三十六年知縣許公高修。

洪垣序德興鄰於婺，為饒郡劇邑……東水許君來宰，廉能公慎，率先以正，士民翕然並就軌道。方時同官競以保薦升召相報慶，而君且恬然，以邑志缺謬，請諸督學敬所王公，聘取春元西麓舒子、近山笪子，重訂而更修之……今侯以易直之心，慎明公議於上，而西麓、近山探求正學，確持清議於下，上下交相有成。吾知後之君子，其必有知是志者矣……（嘉靖丁巳）

【按】許公高視纂德興，道光、同治邑乘之秩官志俱作嘉靖三十三年，而名宦志記作三十一年。西麓、近山，似皆別號，二人名爵不詳。萬曆邑令何評是志曰：「迨世廟時始一纂修，付之剞劂氏，然亦略而未詳，觀者病之。迄今數十年來，尤多殘缺。」萬曆縣志祝序亦曰：「嘉靖之季，西蜀許侯始一修而刻之。於時載籍寥寥，多屬草創。甫及脫稿，侯且報遷，當事不戒，邑人士好張家世，不無竄而入之者；而其亥豕舛駁，篇帙錯落，更復不少，觀者病焉。」

〔萬曆〕德興縣志十四卷

何鏷修　俞廷佐　余言卿纂何鏷，揚州泰興人，舉人，萬曆二十一年知德興縣事。　俞廷佐，字良仲，婺源人，舉人，萬曆二十四年任德興縣教諭。　余言卿，邑舉人。

明萬曆二十五年（1597）刻本　未見

光緒《江西通志》藝文略：《德興縣志》十四卷萬曆二十四年知縣何修。

何鏷序願志永樂年間僅傳抄本。迨世廟時始一纂修，付之剞劂氏，然亦略而未詳，觀者病之。迄今數十年來，尤多殘缺，不及今更為修輯，無論晚近無稽，即往哲芳規、名區古跡，其不至泯滅者幾希矣。不佞癸巳冬承乏蒞茲邑，慨志久湮弗修，竊欲圖之，而未逮也。頃者郡伯林公拊循全鐃……暇之日注意郡志，博采七屬邑而纂輯且垂成，為不朽盛事。不佞因有感焉，乃敦請廣文沖台俞君、孝廉南華余君特秉椽筆，而又延邑庠譽髦士如余生柔、張生德篆、王生國用、孫生士觀等，相與訪求父老，參酌古今，搜剔岩藪，凡舊志所未及者增益補葺之，克期已成編。余詳閱之，大都義例精確，體裁簡古，文而核，直而不阿，其有裨於文獻者非渺小也……余樂觀梓人之告成，故撮其大略而敘之如此，以驗來者。（萬曆丙申）

祝世祿序父老相傳，故有宋志，予不及見，第見永樂、景泰二志，傳寫民間，不隸官府。嘉靖之季，西蜀許侯始一修而刻之，於時載籍寥寥，多屬草創，甫及脫稿，侯且報遷，當事不戒，邑人士好張家世，不無竄而入之者，而其亥豕舛駁，篇帙錯落，更複不少，觀者病焉。越四十年，廣陵何侯來令吾邑，政尚廉平。自公多暇，慨前志之久茀，懼來茲之無稽，雅有意乎邑之文物。會郡伯林公下檄諸邑，於是諮諏遺逸，商訂義例。以孝廉署廣文事俞良仲、邑孝廉余言卿二君素以耿介聞，屬之秉筆，而佐之以余、張、王、孫諸生，相與進退今昔，校讎同異，芟繁撮要，釐訛補遺，歷期月而始成書，為卷十四，為綱十二，為目七十三。志山川以表形勝；志建置以表經制；物力纖嗇而竭澤反裘之是虞，則食貨次之；世變江河而起敝維風之是急，則風俗次之；官為民設，故次職官；人以地傑，故次人物。以至仙釋、祲祥、藝文、方伎，以博家所不吐棄者，附以志焉。璧聯珠貫，縷析條分，雖大端一稟於君侯，而二三君子殫力紬繹以維洛乎其間，亦勤矣……（萬曆丁酉）

【按】此志康熙二十三年修縣志時尚存，縣丞範琮序曰：「僅得萬曆丁酉志及前毛君癸丑志。」然道光蔣啟敭序縣志則曰：「明時舊本已散佚不可考。」又據祝序，是志槧版蕆事為萬曆二十五年丁酉，光緒《江西通志》所錄，當係脫稿成書之年。

〔康熙〕德興縣志[1] 十卷首一卷

毛九瑞修　嚴濟明纂毛九瑞，字魯河，河南鄭州人，順治十六年進士，康熙十一年任德興知縣。　嚴濟明，字盧庵，興安人，任德興縣訓導。

清康熙十二年（1673）刻本　闕

光緒《江西通志》藝文略：《德興縣志》康熙十二年知縣毛九瑞修。

《中國地方志聯合目錄》。

王澤洪序舊志成於明之萬曆，今時移代易矣，湮沒者數十載矣，板亦殘落，不能成帙，文獻無徵，非大舉而重刻之不可……會壬子歲上俞輔臣請有事於一統志之修，諮行各督撫，轉行藩台，檄諸郡邑修輯典故，以備採擇。而饒屬諸邑次第告成書矣。德興毛令亦乘時會而舉行之，總匯諸目，先期呈閱……（康熙癸丑）

毛九瑞序九瑞來令德邑，詢問舊章，闕如者八十餘年，欲為勒成一書，而日不暇給……我皇上方崇文治，允閣臣之請，徵文考獻，以志一統，爰命省府州縣皆事纂修，以備採擇……進諸父老及士大夫，與之動色相戒，懷鉛握槧而從事焉。志輿地，縣所由設也；志建置，民所由安也；禮制，治之本也；食貨，政之經也；秩官職守，不可不敬也；選舉用舍，不可不當也；風俗，上行而下效者也；災祥，盡人以待天者也；人物，彰進德也；藝文，重修詞也。釐訂舊文，諮詢近事，去取視乎民情，論說出乎愚見，荒唐之說不敢登，塵土之言不敢錄，要之以鄭重，揆之以時宜，為綱者十，為目六十有七……（康熙癸丑）

【按】此志又有史彪古、範文英、趙、嚴濟明序各一篇，茲從略。道光《德興縣志·例言》曰：「毛志以此（按指萬曆志）為藍本，編次論列，匝一月而書成，此康熙癸丑事也。越甲寅，逆寇肆掠，邑遭蹂躪，書缺有間矣。綏靖後，詔修一統志，吳君啟新署篆茲邑，職膺纂修，稱毛志詳妥確當，讚語尤多風諭，似歐公史筆之遺，吳志不過略為訂定，遂以成書。」嘗有譏毛志「編次多無倫次，敘事發論迭見錯出」者，陳光貽《稀見地方志提要》辨正曰：「但審此志，記載事物則以輕重以定詳簡，如選舉、人物諸門，則細密詳慎，頗具稽考。紀歷代大事，省郡志書已記之者從簡。輿地志沿革篇，頗多考訂……食貨所述物產，皆為今所有焉；古有今無之物，又不可不載，故入之於山川古跡，則符編者之法，後修縣志者譏其編次無倫，殊若不當」。

〔康熙〕德興縣志[2] 十卷首一卷

吳啟新修　葉友柏等纂吳啟新，字佑生，直隸河間人，署德興縣事。　　葉友柏，邑人，順治十四年舉人，康熙九年揀選考授知縣。

清康熙二十三年（1684）刻本　存

光緒《江西通志》藝文略：《德興縣志》十卷康熙二十二年知縣吳啟新修。

《中國地方志聯合目錄》。

吳啟新序新荷各上憲委署茲邑，方以民社弗勝是懼，適捧修志之檄，益增惶悚。隨會邑中紳士商榷。竊謂：壬子舊志頗詳密，姑仍舊可乎？紳士咸曰：志雖記事，亦以垂戒也，前代之志略而未詳，毛公之志詳而未確，必搜遺編，稽輿論，合從前邑志參互而訂正之，庶與郡志符合而進獻朝廷。紳士咸以其責歸予。予不敢專厥任，於是敦請廣文先生李君大生、李君自夔、孝廉葉君友柏、明經葉君啟忠、笪君必光、蔣君毓英、庠生張澗等共秉筆以襄乃事。大約分條別類，一以毛君所訂為准，其間事實有缺略者補之，品置有弗確者芟之，求其無憾而後即安。至於人物一志，諸紳士咸謂前此事多簡棄，今旁采眾論，尚有未錄者若而人；又自壬子以來，其間孝節義行多有可錄，使缺落弗彰，非所以光志乘也。於是合諸人事實嚴加考核，參酌可否，匯錄成帙，呈請批評，庶幾不循不偏，毋漏毋濫。不匝月而書告成，披閱之餘，殊覺井然有條，燦然可觀，庶可稱為實錄乎……（康熙二十二年仲冬）

韓世俊序俊於癸亥仲秋銓授德興，掛帆南下，河冰既合，至甲子春仲抵邑，而志已告成矣。余雖未獲與諸君子共相考訂，而開卷犁然……（康熙二十三年孟夏）

【按】此志修成於康熙二十二年，刻板印行其告竣則在次年，故繼令韓世俊得序其書首。據吳序，茲志綱目悉仍毛志。又志首另有知府黃家遴、縣丞範琮、訓導李自夔序各一，茲不錄。

〔道光〕德興縣志[1]

江志鵬　蔣啟敭修　余廷愷等纂江志鵬，福建侯官人，進士，道光元年任德興知縣。　蔣啟敭，廣西全州人，道光三年署德興縣事。　余廷愷，原名廷球，字允裘，呈東序，又號西坪，邑人，乾隆四十六年進士，官兵部車駕司郎中、山西平陽府知府、主講芝陽書院，著有《遂初堂稿》。

清道光三年（1823）刻本　未見

光緒《江西通志》藝文略：《德興縣志》十二卷道光三年署知

縣蔣啟勷修。

《中國地方志聯合目錄》:《德興縣志》十二卷首一卷末一卷道光三年刻本。

蔣啟勷序皇上龍飛御極之三年…… 以仲秋來權縣事……亟搜閱邑乘,明時舊本已散軼不可考,康熙癸亥吳君啟新重修後,閱今百四十年,紀載缺如。頃者故令江君倡議續修,設法勸輸,醵金得若干,延邑之賢士大夫分董其事,率皆毅然奉行而無所苟。惟歷年既久,網羅散失未易奏功。 初涖茲土,鞅掌簿書,恒以不勝是懼。續奉檄催,不辭固陋,輒於公餘偕邑中知名士懷鉛握槧,釐訂纂輯,存舊文,遵新式,繁者汰之,略者詳之,譾陋者文之,體例未協者正之,而於教養勸懲所系之事尤致意焉。四閱月而書成……(道光三年仲冬月下浣)

【按】據蔣序,道光三年夏五月,大中丞程公撫豫章,舉修通志,檄各郡縣咸事纂修。郡守焦景新復以修志轉飭屬邑。於是乃有江令之倡議續修,及蔣署令之纂輯,閱四月而書成,且已「鋟鍥告備」、「分藏四鄉」矣。及道光四年,宋大寅氏涖任,乃重加披繹,梓為新本,此三年刻本乃「舉為廢帙」。宋大寅序記之甚詳。今見江西省圖書館藏本及臺灣成文出版社影印日本國會圖書館藏本,皆為四年刊本,《聯合目錄》錄歸三年本,且不錄四年宋氏刊本,蓋察之未審。此兩種所見本有撰於「道光四年秋九月」之宋序,志中又記有四年事(如卷五秩官:宋大寅,道光四年現任)。朱士嘉《美國國會圖書館藏中國方志目錄》亦錄作道光四年刻本。《聯合目錄》載三年刻本除江西外,又北圖、北大、武大、廣東圖書館等有藏,江西外諸藏本今未見,究否三年本,亦頗可致疑焉。

〔道光〕德興縣志[2] 十二卷首一卷末一卷

江志鵬 蔣啟敭 宋大寅修 余廷愷 程步矩等纂宋大寅，雲南江川人，進士，道光四年知德興縣。 程步矩，字星拱，號敬軒，邑人，嘉慶九年舉人，任南昌縣學教諭。

清道光四年（1824）刻本 存

朱士嘉《美國國會圖書館藏中國方志目錄》：《德興縣志》十二卷首末各一卷清蔣啟 纂修，道光四年刻本。

宋大寅序重修之議，倡於程大中丞，檄於郡伯焦公……於時故令江君建義籌資，力克舉矣，攝縣事蔣君乃得萃邑之知名士而謀旃，博訪以闕榠，精裁以據實，憲古以程軌，式今以秉度，令以筆舌先之，群才桴應，積月四彀，鋟鏤告備，俾大寅綰銅戾止，拱手而觀厥成，嘻其幸已。既諸紳請上呈，屬更釐定……因重加披繹，間有詞駁理鬱、句鉤字棘、脫訛不治者，證以足之所及，耳目之所涉，並延孝廉程步矩、余道傑、明經程步瀛、茂才余廷琳，相與刮磨爬剔，求衷至是；其義例事實毫不塗綴。斯本既出，而前所印若干部分藏四鄉者，不便尋覽，舉為廢帙……（道光四年秋九月）

【按】道光三年志既已刊行，上司屬更釐定。宋氏於四年蒞事，乃重加披繹，並延邑紳程步矩等相與刮磨爬剔，梓為新本。斯本既出，而前所印若干部之分藏四鄉者，舉為廢帙。此本牌記：道光癸未（三年）重修德興縣志。故錄者以為三年刻本，實誤，參見三年本縣志考按。卷首續修姓氏，仍題有三年原修江志鵬、蔣啟敭諸人名氏。本志《例言》曰：「舊志十綱七十餘目……今遵新式，但立三十二門，以相連屬者附於其下。」其卷目為：卷首圖，卷一星野、沿革、形勢、城池、山川、水利，卷二學校、公署、書院，卷三田賦、風俗、土產，卷四兵衛、武事、關津、鹽驛、古跡，卷五秩官、名宦、封爵，卷六選舉，卷七人物，卷八寓賢、列女、仙釋、方伎，卷九祥異、祠廟、塋墓、寺觀，卷十至卷十二藝文，卷末雜記、原序、原修姓名。本志卷五秩官記曰：「江志鵬……倡修邑志，未蕆事而沒，士民惜之。」今並記於此，以嘉其行。又本志凡例二十則，列本志全體各目與舊志異者甚詳，可據以考知舊志原貌。

〔同治〕德興縣志十卷首一卷末一卷

孟慶雲修　楊重雅等纂孟慶雲，字子卿，浙江會稽人，同治八年知德興縣。　楊重雅，原名元白，邑人，道光二十一年進士，授檢討，總纂《宣宗實錄》，歷官河南道御史、甘肅按察使、廣西巡撫。

清同治十一年（1872）刻本　存

《中國地方志聯合目錄》。

孟慶雲序德興縣志，明以前均無可考。自康熙癸丑、癸亥兩修之後，至道光癸未始復修之，嗣經兵災摧殘，亦無完帙。余於同治戊辰秋序補斯缺，就章門書肆中購得舊志一帙，即道光癸未年修本也……庚午春，奉撫憲劉大中丞通飭興修，檄送舊本，並頒發局議凡例、總目，俾各郡邑有所欽式。因以所購舊志送呈，比延邑中賢士大夫商榷壹是，請舊太史楊廉訪總輯。時廉訪自蜀臬奉諱在籍，服既闋，行且入都，業備大綱，出所撰各門小引五十餘首並總序一篇見示。因與在局諸君子釐訂舊章，編輯近事，懷鉛握槧，早夜孜孜，今春始獲脫稿，蓋由閱歲既久，匯事較繁，未敢掉以輕心也……（同治十一年孟夏）

楊重雅序雅不文，既已招邀來局，從諸君子相劘切。所不敢略者忠節；所必欲詳者經學；星野謹仍其舊，不敢強不知以為知也；田賦恪遵官書；漕運聿昭時政；風俗則汰其鄙俚；物產則去其繁蕪；儒林、善士諸門，謹守生不立傳之義，以昭核實；民祠之載，於體有乖，惟舊志既詳，今仍附於各廟之後，用以慰孝子慈孫之意焉；金石亦考據家事，惟邑當徽浙之交，青犢赤眉，揭來數數，舊家間有收藏，多毀於火，尤不欲以質淆真似，僅以石刻碑碣文字當之……（同治庚午六月既望）

【按】本志凡例曰：「門類遵照省局通行條目，以歸劃一。」其卷目為：卷首上諭、圖，卷一地理志（星野、疆域、沿革、山川、水利、津梁、古跡、風俗、物產），卷二建置志（城池、壇廟、公廨、寺觀），卷三食貨志（戶口、田賦、倉儲、漕運、驛鹽、關榷），卷四學校志（學宮、學制、書院），卷五武備志（兵制、武事），卷六職官志（文職、武職、名宦），卷七選舉志（薦辟、進士、鄉舉、仕籍），卷八人物志（名臣、宦業、理學、儒林、文苑、忠義、孝友、善士、隱逸、方伎、列女、寓賢），卷九藝文志（文征、經、史、子、別集、金石），卷十雜類志（仙釋、塋墓、祥異、軼事），卷末原序、原修姓氏。《續修四庫全書提要》評曰：「其門類大抵為遵照省局通行條目略加變更，較道光舊志頗覺精核。」又曰：「惟地理沿革言之太簡，且不列表，而又置於疆域之後，職官志載有陰陽學、醫學、僧道之類，皆為此志之謬。」

〔民國〕德興縣志十卷首一卷末一卷

何振瀾　沈良弼　盧文煥修　董鳳笙等纂何振瀾，福建閩侯人，民國八年二月署德興縣知事，卒於官。　沈良弼，浙江人，民國八年九月任德興知事。　盧文煥，安徽貴池縣拔貢，民國八年十月署德興知事。　董鳳笙，號少峰，邑人，增生，清宣統元年舉孝廉方正。

民國八年（1919）刻本　存

沈良弼序中華民國之八年……大總統方有事於格心之政，胥安中外之民。乃命教育、內務部通諮省長，指令各縣續修縣志，具國史之資材，備觀省而垂勸戒……今年春秋之交，正值開會提議修志之期，弼與何故知事適至，見乎三十八都之紳耆七十餘名之票數，竟無一人一票不投董總纂其人者，推之四鄉各公舉一人，九區各公舉一人，而皆名之以纂修，他如經理、校閱、繕寫、文牘、書記、技士、庶務、會計、採訪，公舉若而人，不旬日而畢乃事……既而採訪畢，搜討詳，參互考訂，時或諮諏疑難，時或磋商義例。何前知事多在病中，弼又勞形案牘，每以不克答覆為歉。自夏徂秋，將五閱月，何右事乃捐館舍，奉電令以弼代理斯篆，是書也幾告竣焉……（民國八年九月）

【按】是志卷首又有盧文煥、董鳳笙序各一篇，盧序撰於八年十二月，其時書將刊竣。又本志凡例稱「舊志卷首上諭及藝文門單抬、雙抬、三抬頭，尊王也，現今國體變更，共和肇造，不敢以無謂崇拜踵事增華，概從刪削」云云，他如學制、祀典、憲政、職官、孝友等類，大率皆存古而錄新。

萬年

萬年建縣之初，鄱陽進士劉錄即為纂邑乘。嗣後有正德白志、萬曆蔡志、康熙王志、康熙張志、雍正劉志、乾隆李志、道光張志、同治項志。凡九種，今存者僅康熙王志及乾隆以下三種。又乾嘉間邑人王朝撰有《萬年備征錄》一書，嘗為後志所取資，光緒《江西通志》錄於地理類雜記之屬，今按其體例，要非正志，故不錄，僅識於此。朝字揆方，號達洤，乾隆四十四年舉人，官直隸寧河知縣，著有《十三經拾遺》《唐石經考正》《江西通志南唐前人物補遺》《義寧備征錄》《寓潯稽古錄》《番郡瑣錄》《饒郡道古篇》等。

正德白志舒清序曰：「正德初，歲饑，（餘干姚源）遂烏合弄兵，四出焚戮，勢張甚。上聞，遣總制陳公金出師剿之，逾年始平。爰與方伯任公漢議必置邑，束以官法，庶無後虞。」於是割餘干之萬年、政新二鄉，貴溪之歸桂鄉，鄱陽之文南、文北鄉及樂平之新進、豐樂鄉置縣，「開治所於萬年峰之陽」，故名萬年，屬饒州府。清仍之。

〔正德〕萬年縣志[1]

林城修　劉錄纂林城，泉州人，明正德初知饒州府。　劉錄，字世臣，鄱陽人，嘉靖二年進士，知贛榆、平陽，遷部曹，著有《亭湖稿》《哲亭集》。

明正德初年刻本　佚

【按】是志未見著錄。光緒《江西通志・藝文略》：「正德間設縣之初，郡守林誠屬鄱陽劉錄編纂成帙，是為專志之始，尋毀於逆藩之亂。」正德十五年《萬年縣志》舒清序：「邑嘗有志，作於鄱陽鄉進士劉錄，校正於郡守劉公城。既精且確，顧其時更始未久，庶事草創，卒難搜羅，事多闕以待後者。」又葉如欒序亦曰：「前志輯於鄱陽鄉進士劉君世臣，校正於郡守清源林公，既詳且善矣。無何，版因藩寇散失。」知此志嘗付槧刻，書版毀於正德十五年以前。林城，舒序作誠，葉序作城，此從康熙二十二年府志。

〔正德〕萬年縣志[2]

白繡修　葉如欒纂白繡，字文仲，廣西臨桂縣人，弘治十一年舉人，知德安縣，正德十四年知萬年縣。　葉如欒，字大林，江都人，正德十一年任樂平縣學訓導。

明正德十五年（1520）刻本　佚

光緒《江西通志》藝文略：《萬年縣志》正德十五年知縣白繡修。謹按：正德間設縣之初，郡守林誠屬鄱陽劉錄編纂成帙，是為專志之始，尋毀於逆藩之亂。厥後萬曆四十三年邑人蔡毅中著續稿，不傳。

舒清序邑令白繡由吾邑著能聲，調是邑……謀與同寅縣丞高君惟廣、主簿吳君元著、典史湯君宏暨儒學教諭王君鑾、訓導周君爵等，禮致樂邑司鐸葉君裁葺編摩，而王覆核正焉……

葉如欒序邑令桂林是齋白侯深懼泯滅，為邑治羞，爰即舊本屬予修而續之……予異邦人，郢書燕說，矛盾抵牾，安敢漫操觚管。然賴有舊刻在參，以各邑志乘補綴釐正，且經白侯之指授，王學博之校讎，乃敢登載，蓋其慎也……予故漫應其請，與泓穎諸君子考訂共成之，而序其續修之意於簡末。

〔萬曆〕萬年縣志

蔡毅中纂蔡毅中，字宏甫，邑人，萬曆二十九年進士，改庶起士，授檢討，屢遷國子監祭酒，領禮部右侍郎，卒謚文莊。著有《隨槎小錄》。

明萬曆四十三年（1615）修本　佚

【按】康熙十二年《萬年縣志》王萬鑒序曰：「萬曆乙卯，

邑紳蔡毅中成續志，因兵燹無存。」又康熙張志胡世琦跋：「萬曆間蔡公毅中嘗修之，其書散佚不傳。」光緒《江西通志》藝文略：「萬曆四十三年，邑人蔡毅中著續稿，不傳。」一曰「成續志」，一曰「著續稿」，二說不一。此書是否刻行，今未敢遽斷焉。

〔康熙〕萬年縣志[1] 十卷

王萬鑒修　江九逵等纂王萬鑒，字人玉，浙江臨海（或作錢塘）人，順治五年貢監，授福建布政司都事，康熙七年升萬年縣知縣。　江九逵，字儀甫，邑人，崇禎八年府學拔貢，授宜興教諭，升陝西秦安知縣。

清康熙十二年（1673）刻本　存

光緒《江西通志》藝文略。

《中國地方志聯合目錄》。

王萬鑒序查舊志修於明正德十五年，距今一百五十餘歲。萬曆乙卯，邑紳蔡毅中成續志，因兵燹無存。年湮事遠，文獻莫考，修較他邑為難。爰請篤學好古之紳士，相與徵文考獻，博采野乘，搜遺闡隱，芟繁去偽，輯成新志凡十卷，其款目悉遵成格……

江九逵跋自王邑侯受事六載於茲……修志之役，因文獻無徵，廢墜日久，強以屬逵。逵自慚難副，然惟舊志是遵，慎加採擇……

【按】此志又有知府王澤洪序，茲從略。同治《萬年縣志》卷六宦業有江九逵傳，云：「（逵）康熙時退居林下，癸丑（十二年）、癸亥（二十二年）兩修邑志，操觚纂輯，饒有史筆。」據康熙二十二年志王飛熊、胡世琦二跋，是志版毀於甲寅（康熙十三年）。又王序、江跋俱云「其款目悉遵成格」、「惟舊志是遵」，此志今存，由是可推知前志概要。

〔康熙〕萬年縣志[2]

張勷知修　胡世琦等纂張勷知，字碧鏊，山凱撒州人，貢監，康熙二十一年任萬年知縣。　胡世琦，字又韓，邑人，康熙十九年歲貢，授弋陽縣教諭，著有《理學正宗》《艾軒文集》等。

清康熙二十二年（1683）刻本　佚

光緒《江西通志》藝文略。

張勷知序癸丑歲，奉詔博采天下郡縣志書，時饒郡尊曲安王公、萬令武林王君曾為修輯梓板，嗣經寅卯寇毀，余下車購得殘編。旋奉憲諭重纂，爰請通邑紳儒諮訪確議……於是特開志局，網羅故實，以信見聞，刻日鳩工，用光梨棗，三閱月而告成……

胡世琦跋余邑建自先明正德初，迨十五年庚辰，邑侯白公繡始修縣志，幣致樂平教諭葉如欒典其事，而邑乘始著，所記甚略，歷久益殘。萬曆間，蔡公毅中嘗修之，其書散軼不傳。至國朝康熙壬子冬，部檄各省修通志，余與邑紳江九逵、廩生曹允諧奉邑侯王公萬鑒征赴志局，時距正德庚辰百五十三年矣。歲時既久，文獻無征，以故事多缺略。且甲寅之變，梨棗悉為寇毀。癸亥春，邑侯張公蒞任……概思重輯，以光邑治，不以琦為譾劣，辱委命焉……因與江君等矢公矢慎，廣詢博訪，逾月告成……

王飛熊跋康熙癸丑，邑侯王公與紳士江九逵、胡世琦等重修鐫版。明年，閩寇作祟，延及信、饒，地方之典籍散失殆盡。其後馬公蒞任，無暇及此。柯公治萬數載，百務俱舉，半從事於志，又以超擢去。壬戌秋，邑侯張公以英銳之姿，治彈丸之地……奉上憲檄修縣志，公毅然起而任之，致邑之紳士共襄厥事……

〔雍正〕萬年縣志

劉鎬修劉鎬，字京周，號容齋，山東汶上人，監生，康熙六十年知萬年縣。

清雍正三年（1725）修本　未見

光緒《江西通志》藝文略。

劉鎬序余自辛丑握篆萬邑，五載於茲……城遭回祿，雖學官、倉庫、公廳俱幸無恙，而邑志板藏紙肆，悉成灰燼。余甚悼之。歲乙巳，捐俸翻刻，悉仍舊本，自春徂夏，用觀厥成，此可以告無罪於前人矣……茲因舊志重新，慨然動續貂之念，爰請邑紳，廣詢博訪，有善必彰，無微不闡，昔隱今顯者則議補，昔無今有者則議增，搜之必力期無漏也，采之必真期無舛也……謹據前志所未備，續纂成帙……

【按】乾隆《萬年志縣》李繼聖序云：「取舊志而修飾之，不獨為六十餘年補闕輝新」，以年歲推之，此「舊志」蓋指康熙張志。道光志周序曆述舊志存佚，然於此志亦不置一言。由此可知，乾隆時此志已不可得見。劉鎬自序記翻刻舊志，然不知所刻為何種；所修新志，則僅稱「續纂成帙」而已，是否梓行，今未能考詳。

〔乾隆〕萬年縣志二十四卷

李繼聖修　劉文表等纂李繼聖，字希天，號振南，湖南常寧人，雍正二年舉人，乾隆十二年知萬年縣。　劉文表，邑庠生。

清乾隆十六年（1751）刻本　存

光緒《江西通志》藝文略：《萬年縣志》二十二卷乾隆十六年知縣李繼聖修。

《中國地方志聯合目錄》。

李繼聖序予既作《萬年志繇》，於是每夜剪燭，乘簿書之暇，按凡起例，取舊志而修飾之，不獨為六十餘年補闕輝新，抑且為分縣後拾遺補綴故也。蓋於殘帙刪十之七，亦增十之七……余始受邑篆，輒欲網羅纂組，未遑及此。今各憲檄飭修，又得舍任啟晨及邑人士佽予旁披遠討，提綱列目，遂成若干卷……

【按】光緒《通志》錄作二十二卷，蓋卷一序文、目錄及卷二十四別志未計入。此志又有邑人聶位中、祝啟元二序。聶序稱乾隆元年邑令陳岱「將欲」修志，旋去任未果。祝序記李志之纂集，不期月而告成。又李繼聖嘗作《萬年縣志繇》一篇，備述萬邑曆修志書門目異同及續作之難。同治縣志錄其全文。

〔道光〕萬年縣志二十二卷首一卷末一卷

周履詳　張宗裕等修　彭世瑛等纂周履詳，號鸝洲，廣西臨桂縣人，乾隆四十八年舉人，嘉慶十三年任萬年知縣。　張宗裕，號問樵，廣東南海縣人，附監生，道光三年八月知萬年縣事。　彭世瑛，號渭南，邑人，乾隆五十三年舉人，主講姚西書院，後任安義、建昌兩縣教諭。

清道光四年（1824）刻本　存

光緒《江西通志》藝文略：《萬年縣志》二十二卷道光四年知縣張宗裕修。

《中國地方志聯合目錄》：《萬年縣志》二十二卷首一卷末一

卷清道光七年刻本。

周履詳序昔鄉貢劉君世臣原本既因藩寇散佚，而邑紳蔡君毅中續稿又因兵燹無存，即正德庚辰暨康熙癸亥等年前令白公繡、王公萬鎰、張公勱知所修各志亦湮沒不傳。其幸而傳者惟前令李公繼聖續修之志，迄今七十餘年，篇殘簡蠹，安得不早為之計乎。余於嘉慶戊辰來蒞斯土……道光二年，大憲議修通志，檄各屬修志送省。謀之邑人士，咸欣然樂從。爰切搜羅，互相考訂，方幸得遂初心。乃甫開局，而余已謝事。幸接任張公家栻及張公宗裕……正訛補缺，越歲而告成……（道光四年甲申）

【按】是志之修，經周履詳、張家栻、張宗裕三任知縣。周始修於道光二年，甫開局，即離任去。宗裕於三年八月到職，志成於四年。志首又有張宗裕序，亦作於四年，序文茲從略。《聯合目錄》及朱士嘉《美國國會圖書館藏中國方志目錄》俱作七年刻本，或誤。《續修四庫全書提要》錄為四年刻本，作「邑附貢生胡大鏞等纂」。《提要》又云：「全書無武備志，惟職官志中有營汛一目，略言兵制，而兵事則付闕如，不免為一巨漏。輿地志中，沿革、疆域之間，有事考一目，似亦附非其類。又藝文志列有誥數，考其內容，皆關於封蔭之作，而其選舉志中，本有封蔭一目，則此類誥敕，似亦以移入選舉志為宜也。藝文志所附子目二十餘類，居全書八卷之多，其濫可謂已甚。」

〔同治〕萬年縣志十二卷首一卷

項珂修　劉馥桂等纂項珂，號笙伯，浙江錢塘縣附生，同治四年任萬年知縣，八年調署鄱陽，九年五月復任萬年。　劉馥桂，號昆岩，邑人，道光二十年恩科舉人。

清同治十年（1871）刻本　存

《中國地方志聯合目錄》。

項珂序萬年縣建於前明，邑居鄱、餘、樂、貴四邑之徼。道光初南海張宗裕纂輯以後，迄今四十餘年……同治四年乙丑臘月，珂來治斯土，與邑人士采續遺聞，每思補訂釐正，有志未逮。八年己巳春調署鄱陽。九年五月重履萬年任，奉大憲議修通志，檄各屬增修，以資采定。六月稟報設局……延邑紳士劉馥桂等博訪廣詢，分纂匯輯，各董其事，閱十月書成……（同治十年八月）

【按】本志凡例云：「前次所修張志，分門別類大率皆仍李志。此次奉省志局憲頒發十門五十四目，與前志門類有分合增減改換之不同，理應遵照編排。但關榷、土貢、陶廠本邑所無，驛站久經裁汰，則此數目似不必空存，其餘俱按目臚陳，凡舊目所不可廢者分列各新目之後。」「前志分八門，每門無總論，各目冠以小引。今遵新例分為十門，每門俱立總論；各小目舊有引者仍之，無者擬補；惟小目下有分注附錄，俱不用引，以昭劃一。」《續修四庫全書提要》謂「此志頗嫻考證」，「皆旁搜博采，以求事實」，且「遇兩說莫衷一是者，則並錄之」，又於不知者注曰「未詳」，「極合不知蓋闕之旨」。

▶ 婺源

今錄得婺邑舊乘凡十九種，計有宋以前二種，元志二種，明志四種，清志十種，民國志一種。宋、元志俱佚。明志僅嘉靖本今存殘帙。清志中，除順治志、乾隆洪騰蛟《婺源埤乘》及同治志稿亡佚外，今皆有完本存世。民國志亦存。《婺源埠乘》係洪氏私錄，成書約在乾隆彭志前後，書公一卷，是否為彭志補遺，今不能遽斷。又有光緒三十二年刊吳昌國等撰《婺源地理教科書》一種、光緒三十四年刊董鐘琪等編《婺源鄉土志》七章、民國志纂人江峰青編《婺源縣以妥堂征信錄》一冊，並有存本行業，雖俱有地方志書性質，但與所謂「正志」區別甚彰，今不專為著錄。

據《唐書·地理志》，開元二十八年，因休寧之回玉鄉及浙源、來蘇二鄉，並樂平之懷金鄉，立婺源縣，屬歙州。宋宣和三年，改歙州為徽州，婺源屬焉。元貞元元年升婺源州。明復降為縣，屬徽州府。清仍之。民國二十三年由安徽劃歸江西。

婺源縣古縣記

佚名修纂

修纂年不詳　佚

淳熙《新安志》卷五，婺源沿革、鎮寨，引《古縣記》二條。

《輿地紀勝》卷二十，徽州，縣沿革婺源縣，引《古縣記》一條。

《輿地紀勝》卷二十，徽州，碑記：《婺源縣古縣記》見新安志本縣沿革下。

《中國古方志考》。

《江西古志考》卷五。

〔咸淳〕星源圖志

洪從龍修　胡升纂洪從龍，桐廬人，咸淳二年知婺源縣。　胡升，字潛夫，邑人，淳祐十年進士，授國史編校，著有《四書增釋》《丁巳雜稿》。

宋咸淳五年（1269）刻本　佚

《永樂大典》卷九七六六，二十二覃，岩靈岩；卷一三〇七四，一送，洞青蘿洞；引《星源志》三條。

《中國古方志考》：《星源圖志》宋，佚。按：《寰宇記》云，縣為婺女之津，故名。

《江西古志考》卷五。

洪從龍序婺源為邑，由唐迄今五百有餘年矣，因革廢置，不知其幾，未有筆之書以傳遠者，邑一大缺典也。某承乏來此首尾四載，間嘗摭一二叩左右，率莫能對，益知是書不可不作。久欲作而未暇，行將代歸，慮復因循，亟奉書國史胡公升，屬為之志。公許焉，不兩月而書成，門分匯別，井井有條。蓋公以史館名筆，志一邑餘事爾。況公生長於斯，耳目所睹記，胸中有全書久矣。至若紫陽先生，集諸儒之大成，公之搜纂特加詳焉，是又大有功於名教也。志云志云，記錄云乎哉。（咸淳五年四月望日）

〔至正〕星源續志

汪幼鳳纂汪幼鳳，字子翼，邑人，至正元年舉人，除衢州學正，轉採石長，後為州照磨。

元至正間修本　佚

《永樂大典》卷七二三九，十八陽，堂思政堂，引《星源志》一條。

錢大昕《補元史藝文志》：汪幼鳳《星源續志》婺源人。

《中國古方志考》：《星源續志》元，佚。元汪幼鳳纂。按：正德

《婺源縣志》傅鼎序：婺源當宋咸淳，胡太史升嘗志之。元至正汪路教幼鳳續之。

《江西古志考》卷五。

【按】《江西古志考》輯得《永樂大典》引《星源志》佚文「思政堂」一條，載嘉定十七年袁甫《思政堂記》，文首云「宋袁甫」。此佚文《江西古志考》原歸為咸淳胡升志，似有不妥，今改歸本志。

〔至正〕婺源州志

俞元膺纂俞元膺，字元應，邑人，至正十三年舉人，授翰林學正。

元至正末年修本　佚

光緒《安徽通志》：《婺源縣志》俞元膺修。

《中國古方志考》：《婺源州志》俞元膺纂。按：乾隆《婺源縣志》卷十六經濟：俞元膺嘗編邑志。

《江西古志考》卷五：《婺源州志》俞元膺纂。按：光緒《安徽通志》錄俞元膺志為《婺源縣志》。元貞元元年婺源升州，張國淦氏曰俞志「當作《婺源州志》」，是。

〔明〕星源志十二卷

程質纂程質，字文夫，邑人，弘治初與修《憲宗實錄》，著有《南峰小稿》《文獻錄》。

明修本　佚

光緒《安徽通志》卷三三九，藝文志，史部：《星源志》十二卷程質著。

〔正德〕婺源縣志六卷

劉司直修　傅鼎纂劉司直，字守忠，河南汝陽人，進士，正德五年知婺源縣。　傅鼎，福建閩縣舉人，正德五年任婺源縣教諭。

明正德八年（1513）修本　佚

傅鼎序婺源之為邑，由唐迄今六百餘年。當宋咸淳，胡太史升嘗志之。元至正，汪路教幼鳳續之。自是而入我國朝，又二百年，葺編猶缺。正德壬申，汝陽劉君守忠來知縣事之明年，欲修舉之，乃辱見委於鼎……於是簡諸生之材識者任以采摭裒集，載參郡乘而訂定焉，總為卷者有六，而其為目者十有五，凡三閱月始克成書。若夫立義著例，悉因乎《一統志》……

【按】後志記知縣劉司直，均作正德五年任，而傅序曰「正德壬申，汝陽劉君守忠來知縣事之明年」，壬申為正德七年，與五年說不合。

〔嘉靖〕婺源縣志六卷

馮炫修馮炫，廣東南海人，進士，嘉靖十八年知婺源縣。

明嘉靖十九年（1540）刻本　闕

《中國地方志聯合目錄》。

汪思序嶺南馮侯治婺源既期，作婺源志，三月而志成……

【按】後志稱此志，均為己亥（嘉靖十八年）志。民國邑志卷一修志源流，曰嘉靖十八年己亥知縣馮炫修，邑人汪思序其端。駱兆平《天一閣藏明代地方志考錄》作嘉靖刻本，《聯合目錄》作嘉靖十九年刻本。此志北京圖書館存卷四、五、六，書末有胡叔度後敘，撰於嘉靖庚子（十九年）春。又據汪思序「馮侯治婺源既期，作婺源志」，馮炫到任於十八年，修志當在十九年，《聯合目錄》不誤。

〔天啟〕婺源縣志

趙昌期　黃世臣　盧化鼇修　葉茂震等纂趙昌期，字當世，號青岩，浙江慈溪進士，萬曆三十八年知婺源縣。　黃世臣，字藎臣，廣東羅定州歲貢，以縣丞天啟元年署知婺源縣。　盧化鼇，字雲際，福建漳浦人，萬曆四十四年舉人，天啟二年由旌德令調任婺源知縣。　葉茂震，字德複，邑人，歲貢生，任德安縣教諭。

明天啟二年（1622）修本　佚

盧化鼇序天啟二年夏，黃子陽和以丞視婺篆，乃敦聚群賢，重修婺邑志。訖至未繘，會化鼇調自旌陽，躬逢其盛，董四朔望，紹續厥美，爰授殺青……茲志之始創也，則慈溪趙先生，為政東度十載。復舉於黃羅定……志肇于辛亥、壬子之交，成於是歲夏秋之際……

〔順治〕婺源縣志

張宏美修張宏美，字含貞，遼東海州衛人，由生員順治十年知婺源縣。

清順治十二年（1655）刻本　佚

【按】此志未見著錄。康熙八年《婺源縣志》詹養沉序：「自入國朝以來，前邑侯三韓張公奉憲檄重修縣志，維時我婺亦既與歙、休諸邑同修之矣。乃今各邑有志，而我婺獨無，則以前志之修也，功已垂成，其板與朱子《綱目》等書同災於戊戌年秋，故曰無志。」知張志已付剞劂，書板毀於順治十五年戊戌秋。又江藩序康熙八年縣志曰：「星源故有志，修於壬戌（天啟二年），燬於戊戌，中間乙未（順治十二年）雖有續本，未及殺青，猶璞耳，總歸一炬。」稱乙未張志未及殺青，說與詹序有異。

〔康熙〕婺源縣志[1] 十二卷

劉光宿修　詹養沉等纂劉光宿，字燦垣，奉天遼陽人，由哈番康熙五年知婺源縣。　詹養沉，字無幾，號心淵，邑人，順治十六年進士，授內秘書院檢討。

清康熙八年（1669）刻本　存

《中國地方志聯合目錄》。

劉光宿序康熙四年夏，山左徐君來宰是邦，議欲修之，事已見諸設施，適以升遷中止，余惜焉……於是從鄉大夫詹、游諸子之後，參酌今昔，互訂一書，閱十月而告成矣……

詹養沉序婺邑舊有志乘，蓋編於明天啟壬戌之歲云。自入國朝以來，前邑侯三韓張公奉憲檄重修縣志。維時我婺亦既與歙、休諸邑同修之矣，乃今各邑有志，而我婺獨無，則以前志之修也，功已垂成，其板與朱子《綱目》等書同災於戊戌年秋，故曰無志。又閱十年，是為今康熙七年戊申，郡侯漁陽曹公欲修郡志，征志於婺。於是邑侯三韓劉公毅然身任其事，徵集諸生，授簡纂輯。不佞養沉從諸鄉先生之末，得一寓目焉。越明年秋而書報竣……

【按】陳光貽《稀見地方志提要》論此志，曰：「分疆域、選舉、建置、官師、食貨、兵防、人物、藝文、通考、外志十類，各繫子目。列選舉於建置之前，殊失編次。又通考附寺觀、仙釋、古跡、丘墓、方伎、祥、佚事六條，尤非體例。考乃書志之遺，為考詳缺誤耳，其六條所敘，非考之體也。觀其書，體裁之錯亂若是者甚多。」又劉序記前令徐君嘗修邑志而以升遷中止。徐君名鳴佩，山東單縣人，康熙四年知縣事。又參與劉志修纂者，尚有教諭曹開顯、御史遊有倫、給諫曹鳴遠、進士江藩等。曹開顯字世昌，無為州人，由舉人康熙七年任婺源縣學教諭。游、曹、江俱邑名士，江藩事蹟具後志文苑傳。

〔康熙〕婺源縣志[2]十二卷

蔣燦修　戴本長　余杲纂蔣燦，浙江仁和人，徽州府通判，康熙三十一年、三十二年兩署婺源知縣。　戴本長，字道昌，邑人，康熙十四年舉人，授昭陽教諭。　余杲，字漢泉，號鐵庵，邑貢生，兩為邑乘珥筆，又著有《水竹居文集》《看山閣詩稿》等。

清康熙三十三年（1694）刻本　存

《美國國會圖書館藏中國方志目錄》。

《中國地方志聯合目錄》：《婺源縣志》十二卷蔣燦修纂。

蔣燦序癸酉冬始……郡伯朱公將有府志之役，征掌故於屬邑。余不敏，不敢以代庖謝責，乃捐俸開局，敦請紳士名儒，取舊志重續之，仍其部署，益以新事，寧核無疏，寧苛無濫，不數月而二十餘年之文獻了然如指掌……（康熙癸酉嘉平月）

張綬序暮春之吉，紳士以邑乘纂輯告竣，緘稿屬序於余。余披閱之，其間為綱者十，為條目者六十，以卷計者十二，以頁計者幾及千……（康熙甲戌暮春）

【按】乾隆俞志例言：「前甲戌志五月成書，第增二十餘年之事耳，余皆用己酉志舊板。」是此志之修，體例一仍前志，前志已錄者用其舊板，增纂新事按類以續之。《續修四庫全書提要》評曰：「其十類，悉有前引後跋，引必冠以『蔣燦曰』，跋必冠以『張綬曰』，各目前既有序，後又必有『贊曰』，詞意繁複，半屬可刪。十二卷之通考，所繫細目曰寺觀，曰仙釋，曰丘墓，蓋其內容實即普通方之雜誌，今以通考命名，吾見尚罕。建置志之學校目，內收有名宦祠、鄉賢祠，而祠典目內亦皆收入，究應誰屬，殊無決斷。人物志儒林、文苑外又有學林，地產不入食貨而入疆域，皆體例之至乖者。」又張綬者，字紫佩，寧遠人，由貢監康熙三十二年知縣事。此志之刻印，在張綬任上，故書中各門得綴以《張綬曰》之跋語。

〔乾隆〕婺源縣志[1] 三十九卷首一卷

俞雲耕　陳士元修　潘繼善　江永　余煉金纂俞雲耕，字耕服，號依齋，江蘇新陽人，舉人，乾隆十八年知縣事。　陳士元，字愧長，號仁庵，福建惠安舉人，乾隆二十一年來任婺源知縣。　潘繼善，字取大，號本庵，又號鳳麓居士，邑人，雍正四年副貢，著有《讀經史筆記》等。　江永，字慎修，邑人，著述宏富，為一代名儒。　余煉金，字粵望，邑人，康熙六十一年拔貢，乾隆二十四年授舒城教諭。

清乾隆二十二年（1757）刻本　存

《美國國會圖書館藏中國方志目錄》。

《中國地方志聯合目錄》。

俞雲耕序前上臺屢次檄令纂修，茲紳士咸以請余，遂諾之，詳請開局，經始於甲戌之孟夏，歷一期又三月始克觀成……

陳士元序歲癸酉，鹿城俞公涖茲土，延士設局，修纂志書，自康熙甲戌至乾隆乙亥凡六十餘年，合前志都為一集，用昭盛烈，以垂久遠。迄乙亥冬，志成，欲進之大憲頒行，適因汪姓與江姓爭祖名，吳姓與洪姓爭古壙，疑案未決，是以中止……志竣於乙亥。予於沿革條內商諸志局諸紳士，增載乾隆二十一年丙子江南鄉試廣額十人士子預備召試，又於乾隆二十二年丁丑增載上再巡江南數事。而張公《三賢祠記》，有關於風教之大者，則采入藝文。間有人名、位置及字語差訛，亦更正刻補。洪、吳所爭，汪、江所控，悉照憲釐定。蓋志成未頒，余適逢其會，因得訂正以傳信也……（乾隆二十二年冬至後十日）

【按】此志修輯，知縣俞雲耕經始於乾隆十九年甲戌孟夏，歷一年又三月，至二十年書竣，以族姓之紛爭，未予頒行。繼令陳士元為之增訂釐定，蕆事於二十二年冬。本志例言曰：「今志門目仍舊，人物稍移其前後，方技依府志移入人物，兵防立一目為防守，合之凡九門六十一目。」此志又有知府何達善序、邑人王應瑜序，茲略。

〔乾隆〕婺源縣志[2] 三十九卷首一卷

彭家桂修　張圖南　洪騰蛟等纂彭家桂，字蘭庭，號馨山，江西盧陵人，由貢生乾隆四十五年選授婺源知縣，五十四年回任，五十六年復任，卒於官。　張圖南，字博萬，號培風，邑人，乾隆九年舉人，官至杭州府東海防同知，四十四年休致，林居二十年，著有《愛吾雜著》《蟲鳴草稿》等。　洪騰蛟，字鱗雨，號壽山，邑人，乾隆十五年舉人，著有《思問錄》《婺源埤乘》《壽山叢錄》等。

清乾隆五十二年（1787）刻本　存

《中國地方志聯合目錄》。

彭家桂序余自庚子夏履任星源，甫下車，詢志乘於典守吏，吏白鋟木斷爛，篇番殘缺無完書。索諸士大夫之家，始得其完善舊本……至丙午之春，適奉郡伯江公檄，征掌故於婺，以其時則可矣，爰集邑紳士議之，眾皆響然。甲戌以前板缺者補之，後者續之，體例相沿，州居部分悉仍其舊……開局於丙午，蕆事於兹，舉三十餘年之曠典，炳然大備……

〔乾隆〕婺源埤乘一卷

洪騰蛟纂

清乾隆間修本　未見

光緒《安徽通志》卷三三九，藝文志，史部：《婺源埤乘》一卷洪騰蛟著。

【按】後志洪騰蛟本傳中均記載洪氏此書。自題為「埤乘」，其為私錄甚明。然此書與乾隆彭志孰為先後，今不能考詳，不能遽斷為彭志之補遺也。

〔嘉慶〕婺源縣志三十九卷首一卷

趙汝為修趙汝為，直隸易州人，由舉人嘉慶十一年知縣事。

清嘉慶十二年（1807）刻本　存

《中國地方志聯合目錄》。

趙汝為序余自嘉慶丙寅夏承乏兹邑，下車以來，即聞制府鐵公有特修江南通志之舉，甚盛典也，嗣是屢奉憲檄，飭令纂修……因擇邑之縉紳先生十餘人，商計去取，矢公矢慎，同事斯役……志既成，視丁未所修第增二冊……

【按】是志體例，據凡例，仍前志無所改易，凡增入者只加

「丁卯續編」四字以別之。又本志纂人，趙序曰「邑之縉紳先生十余人」，名氏今無可考。協修者有教諭路景舒（宜興人）、署教諭鄭玿（懷寧人）。

〔道光〕婺源縣志三十九卷首一卷

黃應昀　朱元理修　董桂科纂黃應昀，南豐人，由監生道光五年委署婺源縣事。　朱元理，廣西柳州人，由舉人道光六年選授婺源知縣。　董桂科，字蔚雲，號恒軒，邑人，道光三年進士，著有《石經考》《說文考》等。

清道光六年（1826）刻本　存

朱士嘉《美國國會圖書館藏中國方志目錄》：《婺源縣志》三十九卷首一卷清黃應昀修，董桂科纂。

《中國地方志聯合目錄》。

黃應昀序乙酉秋，余攝篆茲土，奉上臺檄飭通省勸捐興修志書……余商之邑紳，設局纂輯，諸紳士踴躍從事，秉公矢慎，閱兩月，校核竣事……（道光六年仲春）

【按】《續修四庫全書提要》曰：「考卷首各序，但言諸紳踴躍從事，未言專囑何人為總纂，而修志名籍中亦未標出，故為某人所纂，實無可考。」又曰：「與康熙舊志，不惟宏綱悉同，即其六十條目亦無纖異。據朱元理序云：因憶丁卯後，荏苒者十數年，則所益亦不下數十事。是較前志非獨體例無殊，所增事蹟實亦無多。竣事之速，可以無怪。」據本志凡例，此志為奉檄修纂，上憲所頒門類雖善，但因開局已遲，期限較促，故嘉慶丁卯以前內容仍用舊板，只依其門類續編新事云。

〔同治〕婺源縣志

佚名修纂

清同治八年（1869）稿本　佚

【按】此志未見著錄。光緒《婺源縣志》凡例曰：「自道光乙酉迄今五十八年，中經兵燹，徵文考獻，摭拾為難。同治己巳以省修通志，檄縣採訪，爾時為期較促，第臚列大略，由縣呈稿，未及付剞劂氏。」今據以補錄。

〔光緒〕婺源縣志六十四卷首一卷

吳鶚修　汪正元　李昭煒　張貴良纂吳鶚，號秋圃，廣東高要人，由監生光緒七年知婺源縣事。　汪正元，字展奇，號少霞，邑人，同治元年進士，翰林庶起士改刑部主事，升郎中、浙江監察御史。　李昭煒，號蠡蓴，邑進士，官至戶部右侍郎。　張貴良，字敬之，號次侯，邑人，光緒三年進士，授工部主事，任湖南瀘溪、常寧、湖陰知縣。

清光緒九年（1883）刻本　存

《中國地方志聯合目錄》。

吳鶚序婺志之興，續修凡九，自道光乙酉以迄今，又將五紀矣，中更兵燹，所宜添紀者實繁，此而不修，後將何及。幸詢謀僉同，即於壬午興修，至癸未秋而厥事乃蕆，其中紀載，朗若星羅，較舊志而更明備也，邑士大夫兩載修纂之力也……（光緒九年仲秋）

【按】據本志例言，婺志向分八門，曰疆域，曰選舉，曰建置，曰官師，曰食貨，曰兵防，曰人物，曰藝文，殿以通考，謂之外志，標子目六十有一。此志分類仍之，凡為綱者九，增一目為六十二目。又《續修四庫全書提要》曰：「（此志）各條目中多考訂之處，是其勝於舊志者。如舊志疆域沿革中雜采諸事，於沿革無涉者概行闌之，此則悉心考訂，有門類可附者各從其類……學校志中增入學制條目，亦屬有見。但各門之前引後跋，與夫贊詞之屬，不惟不刪，其時事更改者日且皆繫以新作，是誠無謂之舉也。」

〔民國〕婺源縣志七十卷末一卷

葛韻芬等修　江峰青纂葛韻芬，字馨齋，江西豐城人，廩生，民國六年任婺源縣知事。　江峰青，字湘嵐，號襄栩，邑人，光緒十二年進士，由嘉善知縣累官至道員，宣統間任江西全省審判廳丞，辛亥後被舉為省議員。

民國十四年（1925）刻本　存

朱士嘉《美國國會圖書館藏中國方志目錄》：《婺源縣志》七十卷修思永修，江峰青纂。

江峰青序乃分區各舉分纂，屬峰青總其成。經始于庚申之春……至甲子冬才脫稿，今春開始校勘付梓……前邑侯金溪修公時相考訂……今蕭山樓侯甫下車，即詳詢地方利弊，披覽是編，將必有大造於吾邑者……（乙丑秋九月）

【按】本志「修志名籍」中，列「總理」志事者葛韻芬、修思永、樓之東三人，皆婺源縣知事。江序中亦謂「修公時相考訂」，「樓侯披覽是編」云。本志卷十三官師：修思永，字辛齋，金溪舉人，民國十年六月任。又樓之東，字卓夫，蕭山舉人，民國十四年秋任。又本志《例言》曰：舊志於八門之後殿以通考，於史例無征，今仿他志例，易名雜志，餘悉仍舊；子目中舊序等類向列卷首，亦與篇中卷一抵觸，今開篇增紀述一門，從前序、例皆編入紀敘，合後雜志，為十大綱，其原列八門，先後間有移易，子目亦略為增損，古跡附在山川之後，物產移入食貨，建置增寺觀、塚墓，均以類從。以上所舉，並皆本志異於舊志者。本志七十卷後，有「卷末」一卷，錄捐貲梓刻本志者名氏。又本志纂人江峰青，嘗另著有《婺源縣以妥堂征信錄》一冊，於民國十八年印行，亦記縣事以傳信者，此書不宜專錄，僅識於此。

下編

宜春地區

宜春

宜春郡乘，今可考最早者為《太平御覽》等書所引《宜春記》，疑為隋唐間修本。又有《宜春圖經》《（袁）州圖》《（袁州）舊圖經》《（袁州）古圖經》，撰年撰人皆失考，俱似宋之前舊籍。宋修郡志可確考者，有祥符《袁州圖經》、紹興《宜春志》、嘉定《袁州新編圖經》、嘉定《宜春志》、嘉熙《續修宜春志》五種。又《永樂大典》引《（袁州）圖志》，亦宋志，成書年代不明。上述唐宋故乘，皆已亡佚。元修郡志，放失無可考稽。明朝郡志先後凡九修。明初有《袁州府志》，見引於《永樂大典》，其後又有《續志》，高琬正德府志序曾言及。此兩志成書時間難以確考。又成化、正德、嘉靖、萬曆相繼有纂續。其中嘉靖二十二年，嚴嵩委陳德文纂成府志十卷；二十五年嚴嵩又屬郡守范欽輯成府志二十卷，嘉靖四十年郡守季德甫又有增續。故嘉靖間郡乘先後有三本。萬曆間有佚名府志一編，撰年不詳，知府黃鳴喬獲見之。其後黃氏主修府志二十卷，成於泰昌元年。崇禎十七年有廖文英補刻本。明修府志今存者，有正德及嘉靖三志。清朝袁州府志先後六修，即順治吳南岱本、康熙施閏章本、乾隆陳廷枚本、乾隆黃河清本、咸豐陳喬樅輯本、同治駱敏修本。除順治吳志、乾隆黃志未得獲見，存亡不知外，其他四志原刻俱存。此外，宋時邑人羅誘撰《宜春傳信錄》三卷，「述其地古今人物及牧守政跡、山川靈異」（《郡齋讀書志》）；明袁錫光有《袁志備考》；清辛炳喬有《府志參考》《袁州舊聞》；徐曰都有《袁州雜誌》，雖與郡乘有關，究非正志，故俱不著錄，略述於茲。

袁州郡治宜春縣，清以前未聞有邑志，「志即附於府乘後」。自康熙二十二年，縣令王光烈始纂邑志；康熙四十七年縣令江為龍續之；乾隆、道光皆有編纂，咸豐間陳喬樅輯舊邑乘為一編；同治間縣令路青雲重修一帙。至民國二十九年，又修成縣志二十四卷。以上宜春縣乘七種，順治王志有缺佚，乾隆黃河清志未見，另五種今存全帙。又清道光間有佚名《宜春郡圖冊》，亦非正志，本書不予著錄。

漢高祖六年，置宜春縣，以縣側有暖泉，清澄若鏡，瑩媚如春，飲之宜人，故名。屬豫章郡。新莽時改曰曉修。東漢建武初復名宜春。三國吳寶鼎二年，改屬安城郡。晉孝武寧康元年，改名宜陽縣，以避太后諱春故。隋開皇十一年，復名宜春。是年置袁州，治宜春。大業初，改袁州為宜春郡，領宜春，萍鄉、新喻三縣，治宜春縣。唐復為袁州（天寶元年曾改為宜春郡，乾元元年復為袁州），仍治宜春縣。宋袁州宜春郡，領宜春、分宜、萍鄉、萬載四縣，治宜春縣。元袁州路，領宜春、分宜、萬載三縣及萍鄉州，治宜春。明袁州府，領宜春、分宜、萬載、萍鄉四縣，治宜春。清仍明制。

宜春記

佚名修纂

修纂年不詳　佚

《太平御覽》卷四十八，地部十三，山石室山，引《宜春記》

一條。

《太平寰宇記》卷一〇八，袁州，宜春縣石室，引《宜春記》一條。

《輿地紀勝》卷二十八，袁州，景物上石室山，引《宜春記》一條。

《太平御覽經史圖書綱目》:《宜春記》。

《中國古方志考》。

《江西古志考》卷六。

清王謨《宜春記輯本》。

【按】本志已見《太平御覽經史圖書綱目》著錄。《太平御覽》存其佚文「石室山」一條，曰「郡有石室山」。考諸《隋書》《唐書》之《地理志》，隋開皇間置袁州，大業初改宜春郡；唐武德四年復置袁州，天寶元年改宜春郡，乾元元年又復袁州。清王謨有《宜春記輯本》，據佚文稱「郡」，推斷「此《宜春記》當屬隋唐間人撰」，疑近是。

〔唐〕宜春圖經

佚名修纂

唐修本　佚

《太平御覽》卷四十八，地部十三，山昌山、望鳳山；引《宜春圖經》兩條。

《江西古志考》卷六:《宜春圖經》佚卷數、撰人，未見著錄。

【按】《禦覽》引《宜春圖經》兩條，「昌山」條曰「在州東六十裡」，「望鳳山」條曰「在州西北七十里」。此稱「州」，當指袁州，知本書係州（郡）志，且又以「宜春」名志，則其書應修於隋大業間袁州改宜春郡之後，頗疑是唐時修本。其成書年代難以確考，或在唐武德四年至天寶置袁州以前，或在乾元復置袁州以後，俱未可知也。

（袁）州圖

佚名修纂

修纂年不詳 佚

《太平寰宇記》卷一〇八，袁州，宜春溫泉，引《州圖》一條。

《輿地紀勝》卷二十八，袁州，景物上溫泉，引《州圖》一條。

《中國古方志考》：《（袁）州圖》佚。

《江西古志考》卷六。

【按】《寰宇記》《紀勝》俱引《（袁）州圖》，所記為宜春溫泉事，一曰「去州南三十五里，」一曰「州南三十里有溫泉」，引文頗異。疑各有出處。因所稱「州圖」非其原書名，又無旁證可據以考斷《寰宇記》《紀勝》所引《州圖》實出兩書，姑依張國淦氏並錄於此。

（袁州）舊圖經

佚名修纂

修纂年不詳 佚

《輿地紀勝》卷二十八，袁州，州沿革春秋時為吳地，引《舊圖經》一條。又古跡楚王台，引《舊經》三條。

《中國古方志考》:《(袁州) 舊圖經》佚。

《江西古志考》卷六。

【按】《紀勝》卷二十八引有袁州圖經多條，引稱書名有不同。一稱《袁州新編圖經》，一稱《袁州圖經》，一稱《袁州舊經》。今已考定《袁州圖經》係宋太中祥符年間所修，《舊圖經》則應早於祥符《圖經》;而《新編袁州圖經》成書當更在祥符《圖經》之後，故王象之引時特標明「舊」「新」，以示其書所出先後之別也。張國淦氏已將《紀勝》所引圖經分別三種著錄，可從。又《紀勝》卷二十八，袁州，古跡，「楚王台」引《舊經》三條，張國淦氏以為即是《舊圖經》。考州沿革，「春秋時為吳地」條，王象之引《舊圖經》曰:「《舊圖經》以為春秋時(袁州)為百越之地」，又古跡「楚王台」條引《舊經》曰:「《舊經》以為(春秋時袁州)屬越」，俱引以駁《寰宇記》袁州「春秋時為吳地」之說。可知《紀勝》所引《舊圖經》《舊經》實為一書。張說是也。此書撰年無考，疑其成書在《寰宇記》之前，似宋之前舊乘。

(袁州) 古圖經

佚名修纂

修纂年不詳　佚

《永樂大典》卷八〇九二，十九庚，城袁州府城(《宜春志》)，引《古圖經》一條。

《中國古方志考》:《(袁州) 古圖經》佚。

《江西古志考》卷六。

【按】此《古圖經》見《大典》所引《宜春志》轉引。此《宜春志》今考為宋修本。其先引《古圖經》，復引「國朝（按指宋朝）大中祥符四年修《袁州圖經》」。據此推知，《古圖經》與祥符《圖經》為兩書，且前者早出。又《古圖經》佚文曰：「大業末蕭銑陷城」。其書蓋撰於隋大業以後，疑亦唐人所修，故宋《宜春志》稱之曰「古」也。本書已著錄有《宜春圖經》、《（袁）州圖》，不知此《古圖經》是否係其中之一種，茲依《中國古方志考》另錄作一種。

〔祥符〕袁州圖經

李宗諤等修李宗諤，字昌武，饒陽人，由鄉舉第進士，累官右諫議大夫，修《文宗實錄》，有《文集》六十卷等行世。

宋大中祥符三年（1010）修本　佚

《輿地紀勝》卷二十七，瑞州，人物鄧播，引《袁州圖經》一條。

《元一統志》卷九五六，瑞州路，人物鄧播，引《袁州圖經》一條。

《永樂大典》卷八〇九二，十九庚，城袁州府城（《宜春志》），引《袁州圖經》一條。

《中國古方志考》：《袁州圖經》佚。

《江西古志考》：《袁州圖經》宋，李宗諤等纂。按：《大典》「袁州府城」條載《宜春志》引《袁州圖經》，曰「國朝太中祥符四年修」。是《圖經》當係宋祥符間李宗諤、王曾等奉詔修纂《州縣圖經》之一種。參見《祥符（洪州）圖經》考。

〔紹興〕宜春志十卷

李觀民修　童宗說纂李觀民，紹興三十一年任袁州知州。　童宗說，南城人，袁州教授。

宋紹興三十一年（1161）刻本　佚

《直齋書錄解題》卷八：《宜春志》十卷袁州教授南城童宗說修，太守李觀民也。

《輿地紀勝》卷二十八，袁州，碑記：《舊宜春志》童宗說編。

《文獻通考經籍考》。

《國史經籍志》。

光緒《江西通志》藝文略：《宜春志》十卷《書錄解題》：教授童宗說修。謹按：《輿地碑記》稱《舊宜春志》，童宗說編，無卷數。又張嗣古州志序云：郡舊有志，距今六十年，則是志當修於紹興末年。

《中國古方志考》。

《江西古志考》卷六。

【按】宋嘉定《宜春志》張嗣古序稱：「郡舊有志」，「距今六十年」。考張序撰於嘉定十三年十一月，上推六十年，即紹興三十一年，即本志成書之年。張氏謂是志「往往考訂之不精，詳而或失之煩，簡而或失之略，抵牾重複，覽者病焉」。又，《永樂大典》卷八〇九二，十九庚，「袁州府城」，引《宜春志》言及「舊志」一種。張國淦氏別錄作一志，謂：「此條阮閱《重修郡城記》，作於建炎三年，曰『舊志』，當是建炎三年以前」。其說殊誤。今檢《大典》，知此舊志實出《宜春志》所錄建炎三年阮閎《重修郡城記》之「西北士大夫千里流寓，殆踵接而輻輳」句「踵」字下注語：「舊志有『相』字」。此注分明係《宜春志》撰者所加，非阮《記》本文自注，否則，豈非阮氏自引舊志校勘其文？張氏未審注文非自阮《記》所出，遂誤斷舊志成於建炎三年阮閎撰《記》之前。今考阮《記》實亦見錄於舊志，《宜春記》援舊志引文的校勘。則舊志之修，必在建炎三年之後明矣。又此《宜春志》係宋嘉定十三年滕強恕修本。張嗣古序既稱紹興三十一年童宗說所撰《宜春志》為「郡舊有志」者，而王象之《輿地碑目》徑錄童志為「舊宜春志」。則滕志注所引「舊志」，應是紹興三十一年童宗說志。

〔宋〕（袁州）圖志

佚名修纂

宋修本　佚

《永樂大典》卷八〇九二，十九庚，城袁州府城（《宜春志》），引《圖志》一條。

《江西古志考》卷六：《（袁州）圖志》佚卷數、撰人，未見著錄。

【按】《大典》所錄《宜春志》載張嗣古《修城記》云：「然《圖志》謂黃巢、蕭銑寇江南不能入，馬希范據長沙不敢東窺。」張氏《修城記》一文撰於宋開禧丁卯（三年），《圖志》成書必早於是年。又宋建炎三年阮閎有《重修郡城記》，其中「黃巢、蕭銑寇江南」數語，與本《圖記》文字略同，顯有因襲。若《圖記》因襲阮文，則其成書當在紹興至開禧間；若阮文襲用《圖記》，其成書則在建炎之前矣。凡此無由考斷，姑置於此，以待賢哲論之。

〔嘉定〕袁州新編圖經

佚名修纂

宋嘉定間修本　佚

《輿地紀勝》卷二十九，撫州，州沿革春秋時為吳境，引《袁州新編圖經》一條。

《永樂大典》卷一〇九四九，六姥，撫撫州府（《輿地紀勝》注），引《袁州新編圖經》一條。

《中國古方志考》:《袁州新編圖經》佚。

《江西古志考》卷六。

【按】王象之《紀勝》引稱志乘，往往於原書題中增「新」「舊」等字樣，以示其書所出之先後。如《宜春志》，宋有李觀民、童宗說紹興修本，又有嘉定滕強恕修本，前者《直齋書錄解題》錄作《宜春志》，王象之《輿地碑目》則作《舊宜春志》；後者《郡齋讀書附志》亦錄作《宜春志》，而《紀勝》卷內引作《宜春新志》。志題中「新」「舊」二字均係王氏引時所增。其稱「新志」者，蓋以明滕強恕志新近出也。《紀勝》所引本《圖經》，原書應題作「袁州圖經」，王象之增以「新編」兩字，亦以示有別於祥符《袁州圖經》之舊編。若以嘉定滕強恕《宜春志》為王氏引稱「新志」例推，則本《圖經》成書當在《紀勝》編撰前不久，計不出宋嘉定年間。

〔嘉定〕宜春志十卷集八卷

滕強恕修　林護新纂滕強恕，字伯仁，金華人，嘉定十二年以宗正少卿知袁州。　林護新，郡學教諭。

宋嘉定十三年（1220）刻本　佚。

《輿地紀勝》卷二十五，南康軍，仙釋子舜禪師，引《袁州新志》一條；卷二十八，袁州，州沿革戰國屬楚、後漢因之、五代楊氏；縣沿革分宜縣；景物下洪陽洞，引《宜春志》五條，又官吏王師直，引《郡志》一條；又人物黃綰、廖洪以孝行著，引《宜春志序》一條。

《永樂大典》卷二二六二，六模，湖東湖（二條）；卷二五三五，七皆，齋盤齋；卷二五三六，六皆，齋言是齋，毋自斯齋；卷二六〇三，七皆，台仙女台；卷六七〇〇，十八陽，江九江府（《江州志》注）；卷七二三九，十八陽，堂志隱堂；卷七五〇七，十八陽，倉常平倉；卷七五一〇，十八陽，倉社倉；卷七五一五，十八陽，倉上供倉、支移倉、轉般倉、州濟倉、州儲倉（二條）；卷七五一六，十八陽，倉米倉、鹽倉；卷八〇九二，十九庚，城康樂故城、袁州府城；卷八七八二，十九庚，僧集錄僧（光湧）；卷一一三一三，十罕，館詩文；卷一九四二六，二十二勘，湛湛陁，引《宜春志》二十四條。又卷六八五一，十八陽王轂；卷八二六九，十九庚，銘鞠城等銘；卷一四三八〇，四霽，寄詩（十三）；引《袁州府宜春志》三條。又卷七二三七，十八陽，堂景賢堂；引《袁州宜春志》一條。

《輿地紀勝》卷二十八，袁州，碑記：《宜春新志》郡守滕強恕序。

《郡齋讀書附志》:《宜春志》十卷集八卷右嘉定中守滕強恕修,郡人張嗣古序。

《文淵閣書目》舊志:《宜春志》六冊,又十三冊,又十三冊。

光緒《江西通志》藝文略。

《中國古方志考》。

《江西古志考》卷六。

張嗣古序郡舊有志,往往考訂之不精,詳而或失之煩,簡而或失之略,抵牾重複,覽者病焉。而況距今六十年間,事多興廢沿革,則大書特書,以貽悠遠,誠當不一書而遂止也。宗卿滕侯撫藩逾年,一新簡陋,典章文物,尤所經意。乃命郡博士林君護新,醴陵大夫張君耕,博訪舊聞,搜輯放佚,隨事編摩,臚分匯列,釐為若干卷,於是一郡四邑之事蹟,燦然如指諸掌,將鋟木以永其傳,乃屬予為之序……(嘉定十三年十一月)

【按】本志係嘉定十三年郡守滕強恕主修,是年末志成鋟版。《輿地碑記》《郡齋讀書附志》等俱有著錄。其書至明嘉靖間仍存,嚴嵩自中秘得見之,謂「其言唐宋之間詳矣」。今已不存,亡佚何時不詳。據光緒《通志》,清人袁錫光有《永樂大典》輯本,亦佚。《輿地紀勝》內引《宜春志》六條,張國淦斷為本志,是也。又引《袁州新志》一條。按《輿地碑記》著錄本志為《宜春新志》,即《袁州新志》,稱名略異耳。又《永樂大典》引《宜春志》多條,張國淦《大典輯本》錄得《宜春志》佚文十四條(按今輯得二十四條,張氏漏收十條),悉歸滕志名下,曰:「宋有紹興、嘉定、嘉熙《宜春志》,此東湖條,嘉定十三年郡守滕強恕;州儲倉條,嘉定十四年郡守滕強恕,知是嘉定滕強恕志。」本志張嗣古有序，張序撰於嘉定十三年十一月。其時滕志業已殺青，將付梓刊行。則滕志記事下限當不超出嘉定十三年。《大典》「州儲倉」條引《宜春志》有嘉定十四年事，不知出之滕志，還是嘉熙郭正已續志。其餘二十餘條佚文，所記之事或早於嘉定十三年，或事年無考，今不遑一一考辨其所從出，姑依張國淦氏繫於滕志名下。又《紀勝》卷二十八，袁州，官吏，「王師直」，引《郡志》一條，張國淦氏謂「此條云紹興末年，即為童宗說志」，誤。考佚文曰：「紹興末年先君子為宜春簿，嘗作文志月椿之苦，今減二萬五千餘貫，自先君子啟之。」細審其語，曰「今減」云云，其時去「紹興末先君子」有年，此條斷不能為紹興末童宗說志所容，應出自童氏之後另一種郡志。且《紀勝》引稱「郡志」，亦非原書名，今難考定該佚文之所從出，暫繫於此。又《大典》引《袁州府宜春志》三條；引《袁州宜春志》一條。「鞠城等銘」引《袁州府宜春志》載李沖元銘文。沖元，字元中，廬州舒城人，宋紹聖中任袁州司理（見明正德《袁州府志》卷六，名宦），該志係宋紹聖之後修纂。志題「袁州府」，係明朝建置，或《大典》引時所增，故不敢輕斷為明志。《袁州宜春志》撰年不可考。今姑依張國淦《大典輯本》收歸此處。

〔嘉熙〕續修宜春志十卷

郭正己修　陳哲夫纂郭正己，嘉熙初任袁州太守。　陳哲夫，福州人，寶慶中任袁州教授。

宋嘉熙年間刻本佚

《宋史》藝文志：陳哲夫《續修宜春志》十卷。

《郡齋讀書附志》：《宜春續修志》四卷集六卷嘉熙初守郭正己也。

光緒《江西通志》藝文略：《續修宜春志》十卷《宋史藝文志》：陳哲夫撰。謹按：哲夫，福州人，寶慶中任袁州教授。

《中國古方志考》。

《江西古志考》卷六。

【按】宋寶慶間，郡教授陳哲夫有《續修宜春志》十卷，已見《宋史．藝文志》著錄，其所續者，仍續嘉定滕強恕《宜春志》也。趙希弁《郡齋讀書附志》又著錄《宜春續修志》四卷集六卷，亦指為嘉定滕志續本。寶慶至嘉熙初僅十餘年，且同為嘉定《宜春志》續本，不可能有兩種。蓋陳氏有續纂在先，至郭氏任內修竣，兩者所纂實一書也。本志《郡齋讀書附志》錄作「續志四卷集六卷」，合為十卷，與《宋志》著錄卷數正同，亦是陳、郭所修本為一志之證也。

〔明〕袁州府志三冊

佚名修纂

明初修本　佚

《永樂大典》卷九七六三，二十二覃，岩風子岩；卷九七六四，二十二覃，岩震山岩；卷九七六五，二十二覃，岩讀書岩；卷一四六〇九，六暮，簿縣主簿；卷一九四二六，二十二勘，湛湛貪；引《袁州府志》五條。

《文淵閣書目》新志：《袁州府志》三冊。

《江西古志考》卷六。

【按】明正德甲戌《袁州府志》高琬序云：「袁舊有志，亦有續編，舊志失之繁，續編失之略。」正德《府志》凡例亦曰：「國初有舊志，又有續編，然求之民間，惟成化間訓導陳定所修志僅存。」據此，明初袁州有郡志之修，此即《文淵閣書目》新志所錄之《袁州府志》。又《永樂大典》引《袁州府志》五條，「縣主簿」條曰「元朝治書經鄉貢進士」，是明人語，其志題「袁州府」，亦明制，此即明初修本，《文淵閣書目》新志所錄者也。成書在《大典》編定之前。

〔明〕袁州府續志

佚名修纂

明修本　佚

【按】高琬序正德府志云：「袁舊有志，亦有續編，舊志失之繁，續編失之略，況歷年既久。其間不免有脫誤殘闕之弊，讀者病焉。成化郡守永平劉君懋銳意修述……」今按；高序所謂「舊志」「續編」，俱明修本（參見正德府志凡例）。此「舊志」今已考定為明初所修，又為《大典》所引錄，成書於永樂之前，「續編」必在此後，而先於成化郡守劉懋修本。成書之年今難確考，姑以「袁州府續志」著錄於茲。本志係明初「舊志」之「續編」，其體裁、內容俱不詳，今所知者，前志所失為繁，本志所失為簡，且皆「有脫誤殘闕之弊」。

〔成化〕袁州府志九卷

劉懋修　陳定纂劉懋，永平舉人，由南京刑部員外郎升袁州知府，天順七年任。　陳定，府學訓導。

明成化間刻本　佚

《明史》藝文志：陳定《袁州府志》九卷。

光緒《江西通志》藝文略。

【按】明正德府志高琬序云：「成化郡守永平劉君懋銳意修述，爰命文學司訓陳定損益成集刊存，迨今餘四十年矣，而弊復如舊」。知明成化間郡守李懋委府學司訓陳定編輯郡志，此志係據明初「舊志」及「續編」損益而成，分九卷。正德府志凡例稱：「其事多訛舛，缺弗備。」其後嚴嵩據之芟補訂輯，纂為正德府志十四卷。

〔正德〕袁州府志十四卷

徐璉修　嚴嵩纂徐璉，字宗獻，武邑進士，正德八年由戶部郎中出知袁州府。　嚴嵩，字惟中，號介溪，分宜人，進士，自翰林院編修曆官至柱國太子大師，著有《鈐山堂集》。

明正德九年（1514）刻本　存

《千頃堂書目》卷七：嚴嵩《袁州府志》十四卷。

光緒《江西通志》藝文略。

《中國地方志聯合目錄》。

高琬序袁舊有志，亦有續編，舊志失之繁，續編失之略，況歷年既久，其間不免有脫誤殘闕之弊，讀者病焉。成化郡守永平劉君懋銳意修述，爰命文學司訓陳定損益成集刊成，迨今餘四十年矣，而弊復如昔。弘治末，郡守川東朱君華以重修為己任。今朱以憂去，繼朱而守者乃慈溪姚君汀，適太史君嵩在告家居，姚乃走書鈐岡以志事為請。未幾，姚君又以事去，亦弗克就緒。嗚呼，事成之難如此，其亦有待也哉。至正德癸酉冬，武邑徐璉守於茲……仍走書詣太史促其成。凡館穀筆札詒書鋟梓之費，皆君自區畫而民無所與……

【按】弘治末，郡守朱氏擬重修府志，未及舉事即以憂去。繼有郡守姚氏請罷歸鈐山之嚴嵩主纂事，姚氏旋以事去，弗克就緒。正德癸酉（八年冬），郡守徐璉促成其事，次年秋八月志書告竣。嚴嵩、高琬等俱有序記是役顛末。本志修纂，以成化府志為底本，成化志「事多訛舛，缺弗備，今芟補訂輯為斯志」（本志凡例）。其書十四卷，分四十一目：卷一建置沿革、郡邑名、分野、形勢、疆域、風俗、山川，卷二戶口、土產、貢賦、傜役，卷三城池、坊巷、廂隅、橋樑，卷四公署、學校、兵衛、郵傳、儲恤，卷五壇壝、祠廟、寺觀、丘墓、宮室、古跡，卷六職官、名宦、武勳、流寓，卷七科第、歲貢、辟舉、吏員，卷八人物、節貞、科贈、仙釋，卷九祥異、遺事，卷十至十四藝文。纂修者搜稽舊乘，捃摭子史傳記，網羅金石之文，聽取山民故老之談，采輯較豐，考據亦見功力。本志有明正德九年刻本，存。上海古籍書店《天一閣明代地方志選刊》有影印本（1963年出版）。

〔嘉靖〕袁州府志[1] 十卷

陳德文纂陳德文，泰和人，嘉靖四年舉人，官至工部員外郎，著有《建州集》等。

明嘉靖二十二年（1543）刻本　存

《中國地方志聯合目錄》：《〔嘉靖〕袁州府志》十卷（清）陳德文纂修。

【按】嘉靖間，嚴嵩於內閣中秘得宋嘉定滕強恕《宜春志》，欲以此書與其正德甲戌所纂《袁州府志》綜合訂核之，因有是編。原書藏寧波天一閣。駱兆平氏《天一閣藏明代地方志考錄》錄有本志，云：「明嘉靖二十二年（1543）陳德文纂修。卷首陳德文序，附嚴嵩正德舊志序，卷一郡縣表、封域志，卷二建置志，卷三至四官師表，卷五渠塘志、田賦志，卷六秩祀志，封爵志、武衛志，卷七選舉志，卷八至九人物志，卷十雜志。卷末陳德文題跋。明嘉靖刻本，國內僅見此帙。」

〔嘉靖〕袁州府志[2] 二十卷

嚴嵩　范欽等修范欽，字堯卿，鄞縣進士，由工部郎中嘉靖十九年任袁州府知府。

明嘉靖二十五年（1546）刻本　闕

光緒《江西通志》藝文略：《袁州府志》嘉靖二十五年知府范欽修。

《中國地方志聯合目錄》：《〔嘉靖〕袁州府志》二十卷（明）嚴嵩纂修，明嘉靖二十五年刻本。

嚴嵩序一日閱中秘笈，得宋嘉定間滕守強恕所修《宜春志》在焉，亟覽之，則其言唐宋之間詳矣……因於內直之暇，取嘉定、甲戌二志而通訂之，綜之，使會核之，使數約之，使切以就斯編……舊志十四卷，今為卷二十。始托政和令陳德文纂輯，既而陳以補令建安去，卒相予以成者通參趙文化、編修董份、高拱……郡前守範欽首任增輯，以升憲臬去。今守徐侯楨實募匠梓刻之以成事，告云……（嘉靖二十五年）

【按】本志係嚴嵩主修。嚴氏於正德間修纂《袁州府志》，又於嘉靖間得中秘書宋嘉定滕強恕《宜春志》，擬將宋嘉定志及其所纂正德志參互考訂重加增輯，「始托政和令陳德文纂輯，既而陳以補令建安去」。（按：陳氏已纂為府志十卷，見本書上文著錄。）而袁州「郡前守範欽首任增輯，以升憲臬去；今守徐侯楨實募匠梓刻之。」據本志凡例：「今志義便一遵（正德）甲戌之舊，甲戌以後制度之釐正，廨宇之增建，坊巷之表立，宮室之創暨，守令之氏名，科貢之年次，悉依例增書之。」又「（宋）嘉定志所載唐宋以前事為詳，今悉須增於篇」。全書二十卷，卷前有府境、府城、四縣圖，郡縣表一。卷一創郡始末，屬縣始末，分野、形勝、疆域、風俗；卷二山川；卷三公署、學校、兵衛、郵傳、儲郵；卷四城池、坊巷、廂隅、橋樑、陂渠、李渠事本末；卷五戶口、賦稅、課程、土貢、徭役、民兵、物產；卷六壇土遺、祠廟、寺觀、宮室、古跡、丘墓；卷七郡官、縣官、學官；卷八賢郡守事蹟、賢郡官事蹟、賢縣官事蹟、武勳、流寓；卷九科第、歲貢、蔭敘、援例、辟舉、貝也封；卷十人物傳；卷十一隱逸、貴後、列女、仙釋、仰山事實；卷十二祥異、遺事；卷十三至二十藝文。有嘉靖二十五年刻本，原刻本存天一閣、上海圖書館，均有殘缺。

〔嘉靖〕袁州府志[3] 二十卷

季德甫修季德甫，字仲修，大倉人，嘉靖三十七年任袁州知府。

明嘉靖四十年（1561）刻本　存

季德甫跋《袁州府志》初修於正德甲戌春，維少師介翁嚴公以史官養屙鈐麓，念一郡文獻莫徵，爰載筆焉。迄嘉靖丙午翁已台衡，復念甲戌以後三十年郡之制度增易，官政代更，賢才嗣起，不可或遺也，於機政之暇，取宋嘉定間所修宜春志合甲戌志而通訂之，於是往跡愈彰，近事咸備，卷帙燦然，文獻蓋足徵矣……自丙午距今又十五年，其間典章文物釐革品裁獨無紀乎，或宜及時存之以示來軌。乃請於翁。翁命德甫執役，遂求丙午以後事蹟並載於篇，曰續增者，於是例不敢僭有所更，惟以類增入焉耳……（嘉靖四十年）

【按】嘉靖四十年，郡守季德甫有增續府志之請，獲允於嚴嵩。於是乃接嘉靖丙午（二十五年）府志續修，僅增益丙午以後事蹟，記至嘉靖四十年而止。體例一仍前書之舊，惟以類增入。其事略見季氏跋文。有嘉靖四十年刻本，今存。《中國地方志聯合目錄》失收。又據萬曆四十八年府志黃鳴喬序：自嘉靖丙午後，「郡乘之失於補輯，已七十餘祀，前此因採訪弗詳，間有遺缺；此後因緘藏弗嚴，每以臆入」。黃氏所謂「前此」云云，殆指季德甫續本耳。若是，則今書多有後人「臆入」處。

〔萬曆〕袁州府志

佚名修纂

明萬曆間修本　佚

【按】萬曆庚申（四十八年）府志黃鳴喬序云：「丁巳秋，予從白門渡江來袁，適役人迎者投郡乘一帙，予乘舟中清暇，得卒業焉。」此志纂者何人，修於何時，黃氏語焉未詳，唯其序提及該志於「隆、萬間所頒一條鞭之成法」「亦淆而弗協」，則書中當記有萬曆間之事。其成書當在萬曆年間，且不得晚於萬曆丁巳（四十五年）。疑是志係私家纂輯。又黃序稱該志「所記形勝、習尚等頗悉心」，又多有疏漏處，如「讀藝文，則盧學士《海潮》一賦，古今稱絕筆者，竟漏弗取；閱田賦，則隆、萬間所頒一條鞭之成法，海內共遵，亦淆而弗協；檢人物則國朝黃太常，當時孤忠奇節，千載無兩者，亦略而弗盡……」茲謹據黃序著錄。

〔泰昌〕袁州府志二十卷

黃鳴喬修　袁業泗等纂黃鳴喬，字啟融，莆田人，進士，萬曆四十五年任袁州知府。　袁業泗，字時道，號景源，宜春人，進士，官至廣東參政分守嶺東。

明泰昌元年（1620）刻本　佚

明崇禎十七年（1644）補刻本　佚

《千頃堂書目》卷七：黃鳴喬《袁州府志》萬曆間修。

光緒《江西通志》藝文略。

黃鳴喬序丁巳秋，予從白門渡江來袁，適役人迎者投郡乘一帙，予舟中暇得卒業焉，見所紀形勝習尚等頗悉心，甚快之。徐而讀藝文，則盧學士《海潮》一賦，古今稱絕筆者，竟漏而弗取；閱田賦，則隆萬間所頒一條鞭之成法，海內共遵守者，亦淆而弗協；檢人物，則國朝黃大常，當時孤忠奇節，千載無兩者，亦略而弗盡……入袁詢諸士紳云：郡乘之失於補輯，已七十餘祀，前此因採訪弗詳，間有遺缺，此後因緘藏弗嚴，每以臆入……己未夏，予逐隊北旋，鄉先生袁公景源、吳公受元、朱公省行，咸枉顧而隨以志事告……因卜庚申孟春，掃昌黎書院延而請之，三閱月而纂修成帙……（泰昌元年）

【按】據本志主修知府黃鳴喬序稱：「因卜庚申孟春，掃昌黎書院延而請之，三閱月而纂修成帙」。按庚申年（1260）改元泰昌，本志成書即在是年。其修纂始末見黃序。此志大抵原本嘉靖丙午府志續修，「於前志稍有刪潤，義例未改也」。（崇禎十七年補刻本鐘炌序）有泰昌元年刻本。崇禎十七年廖文英有補刻本，鐘炌序補刻本云：「崇禎癸未弗於寇，並舊志多殘缺焉。甲申，東粵廖公以星都司李來視郡事，惕然懼文獻無徵，……取庚申舊志補綴缺漏，其續而編者以俟也」。廖氏亦云：「止接舊本以傳信，未敢續修以失真」。本志原刻、補刻本俱佚。

〔順治〕袁州府志十卷

吳南岱修　陳之龍　袁繼梓纂吳南岱，字泰岩，武進人，進士，順治十年任袁州知府。　陳之龍，號去亢，宜春人，天啟元年舉人，官乾州知州，巡撫廬鳳淮揚。　袁繼梓，字勝之，宜春人，康熙三年進士。

清順治十三年（1657）刻本　未見

光緒《江西通志》藝文略：《袁州府志》順治十三年知府吳南岱修。

吳南岱序袁志自庚申修輯以來凡三十餘年，問民風土俗沿革者幾何事乎，問學校選舉興行者幾何典乎，問忠孝節義與夫名山石室之藏幾何表章，而搜緝也，爰謀之同寅廷玉弋公、青岩鐘公，延鄉先生退庵陳公輩，微顯闡幽，謹嚴筆削……凡若干卷，三月而告闕成……（順治十三年十二月）

【按】本志係入清以來袁州府志之首次纂修，知府吳南岱主修，鄉紳陳之龍及萬曆庚申志之纂者袁業泗之子繼梓受命纂輯。

吳南岱有序言此役顛末。是志已佚，其內容吳序略云：「首之以輿圖，次之以賦稅戶口，次之以創建儲備，次之以名宦人物軼文藝志」，凡二十卷。其後施閏章謂「前守吳泰岩補刻新志一冊，文采斐然，患其析未合，軼未全也」。李春芳亦謂吳氏「補刻新志，另為一集，於全書弗當也」。（康熙九年府志序）

〔康熙〕袁州府志二十卷首一卷

施閏章　李春芳修　袁繼梓等纂施閏章，字尚白，號愚山，江南宣城人，進士，時任江西參議分守湖西。　李春芳，奉天舉人，康熙二年任袁州知府。

清康熙九年（1670）刻本　存

光緒《江西通志》藝文略：《袁州府志》康熙六年分守施閏章修。

《中國地方志聯合目錄》。

施閏章序郡故有志，殘缺漶漫。順治丙申，前守吳泰岩補刻新志一冊，文采斐然，患其析未合，軼未全也。告郡大夫李煥章率其邑長搜集，屬友人博洽者合校為是編……書凡若干卷，自康熙甲辰迄丁未秋乃成。（康熙六年）

【按】康熙初，施閏章分守湖西，欲修袁州郡導，屬袁州知府李春芳董其役，鄉賢袁繼梓曾纂修過順治府志，亦與此事。此修經始於康熙三年甲辰，迄六年丁未告成。志稿由施閏章「手自裁定」。施、李俱有序志其事。李春芳序撰於康熙九年，當是本志刻成之年。

〔乾隆〕袁州府志[1] 三十八卷首一卷

陳廷枚修　熊曰華　魯鴻纂陳廷枚，字瓚揆，浙江蕭山人，監生，乾隆二十二年知袁州府事。熊曰華，南昌府新建人，乾隆七年進士，袁州府學教授。　魯鴻，建昌府新成縣舉人，萬載縣教諭。

清乾隆二十五年（1760）刻本　存

清嘉慶八年（1803）改刻本　存

光緒《江西通志》藝文略：《袁州府志》三十八卷乾隆二十五年知府陳廷枚修。

《中國地方志聯合目錄》。

陳廷枚序袁郡之有志也，自宋嘉定始也，其前不可得聞矣。嘉定原本則又明嘉靖丙午間嚴少師兼政時得諸秘閣，與二三太史合前後志而纂輯成書者也。厥後黃公鳴喬之重修，廖公文英之續刻，吳公泰岩之補刊，今概無傳焉。迨我朝康熙丁未，前守李公芳春睹舊志殘缺，於是采摭遺文，旁收廣攬，與湖西監司施愚山先生手自裁定，頗稱完備，迄今已九十餘年矣。歲乙亥，予奉命來守是邦……是舉也，始事於秋八月，竣事於冬十二月，中間五閱月。凡一帙成，予翻閱再四，闕者補之，訛者正之，續增者釐定之，而人物一志尤絲毫不敢假借，務期懸諸國門俾無遺議。稿成凡若干卷，繕正呈大憲鑒定，荷蒙獎借，命付剞劂……（乾隆二十五年）

【按】本志之修，「始事於（乾隆二十四年）秋八月，竣事於冬十二月，中間五閱月，凡一帙成」。其事略見主修知府陳廷枚序。全書三十八卷，首一卷。卷首序文、凡例、目錄、繪圖，卷一沿革，卷二星紀，卷三疆域，卷四山川，卷五營建，卷六戶口，卷七物產，卷八、九田賦，卷十屯運，卷十一恤政，卷十二風俗，卷十三學校，卷十四祀典，卷十五武備，卷十六封爵，卷十七至二十秩官，卷二十一至二十三選舉，卷二十四名宦，卷二十五、二十六人物，卷二十七列女，卷二十八古跡，卷二十九方外，卷三十至三十七藝文，卷三十八軼事、志跋。下設子目凡七十有二。又，嘉慶八年，袁州府知府王朝揚委宜春教諭茅連如刪訂本志。王氏有題識，云：「袁州郡志重修於乾隆二十五年，編輯甚為明備。經曩歲江右禁書案起，當事者於書中失檢字句倉卒割毀，至文義多未連貫。今春奉方伯檄取各郡志送部，余深懼簡編缺略，不足備大廷採擇，爰督宜春教諭茅君連如悉心校訂，或篇易其句，句易其字，務令與原書不少失實而讀之仍歸貫通，其一切應抬字、避寫之處一一釐正，以昭恪敬，越數旬而成功。因俸捐金付梓，並附志顛末以示徵信之意云。」本志乾隆二十五年原刻本及嘉慶八年刪訂本，今存。

〔乾隆〕袁州府志[2]

黃河清修黃河清，號潤川，臨海人，進士，乾隆五十七年任宜春知縣，著有《樸學堂稿》《四書制藝》。

清乾隆五十七年（1792）修本　未見

《兩浙著述考》：《袁州府志》臨海黃河清撰。

【按】本志僅見《兩浙著述考》著錄，所據不明。按黃河清，乾隆五十七年任宜春縣令，後志「名宦」有傳，未言修纂府、縣志，後之志乘家亦未見有人言及此事。且黃氏以縣令修撰府志，原由亦不詳。該志內容，卷帙及存佚均無考。茲謹據《兩浙著述考》著錄。

〔咸豐〕袁州府志十五卷首一卷

陳喬樅修陳喬樅，字樸園，一字樹滋，號禮堂，福建侯官人，道光二十四年舉人，咸豐九年知袁州府，著有《禮堂經說考》等。

清咸豐十年（1860）刻本　存

《清史稿》藝文志：《袁州府志》十五卷陳喬樅修。

《中國地方志聯合目錄》。

陳喬樅序鹹咸九年冬，喬樅奉憲檄權篆茲郡，下車之始，循故事索取郡志，板毀於寇，不可復得，繼徵諸邑志，皆以被寇之後扳籍亡失，深用盡然於心，數月以來接見郡人士，每從搜訪遺編，遂輾轉覓得府縣各舊志，公餘之暇，手披目覽，思與鄉人謀重加采摭增修新志，只以屬多事困敝之日，力固未逮也，顧念郡邑志實有關於政治，新志縱未能續修，而並此舊志亦聽其就湮，毋乃守土者之過歟……喬樅爰取諸志，撮其沿革疆域都裡城池山川水利關隘形勢田賦戶口學校公署兵衛武事津梁驛遞諸切治要者先付剞劂，按之舊本，以傳信之徵，俟諸將來以為續修之地。閱者尚鑒其苦心，而勿以不全不備為責焉，則余之厚幸云爾。（咸豐六年）

【按】本書係咸豐十年知府陳喬樅取舊郡乘之材料輯集而成，如陳氏所言「按之舊本，以傳信之征，俟諸將來以為續修之地」。又，陳氏除輯成府志一編外，於屬縣舊乘亦有輯集成書。

〔同治〕袁州府志十卷首一卷

駱敏修　黃恩浩等修　蕭玉銓等纂駱敏修，湖北蘄州人，進士，同治六年任袁州府知府。　黃恩浩，字玉波，福建駐防人，舉人，同治十一年任袁州知府。　蕭玉銓，字庚笙，萍鄉人，進士，翰林編修，候選知府。

清同治十三年（1874）刻本　存

清光緒二十二年（1896）補刻本　存

《中國地方志聯合目錄》

黃恩誥序我大中丞峴莊劉公撫巡江右，政治人和，往歲糾官紳議輯通志，並檄各郡縣分纂，以為採擇資。由是前守駱公敏修、榮公綬相繼集士紳開局興修，均未蕆事，瓜代去。予踵其後，因所訂稿校付剞劂而是書以成……舉凡疆域之辨，風土之宜，與夫官師政教諸大端所記述，悉准省志例為權衡，而詳與略各得其當……（同治十二年）

【按】同治十年，袁州知府駱敏修奉檄修府志，事始舉而駱氏離任。繼任榮綬始設局纂修，未蕆事而瓜代去。黃恩浩接任知府，踵修竟成，付之剞劂。黃氏有序述此役始末。此修「立綱分目，悉遵頒發程式，間有出入，亦以陳志（即康熙二十五年陳廷枚志）為據，其為陳志所無應增補者，參以各邑新志細加斟酌，以求其確當」。（本志凡例）該志十卷首一卷，卷首序文、凡例、目錄、姓氏、輿圖、原序、聖諭，卷一地理，卷二建置，卷三食貨，卷四學校，卷五武備，卷六秩官，卷七選舉，卷八人物，卷九藝文，卷十雜類。有同治十三年刻本，又光緒二十二年有補刻本，兩種本子今俱存。

〔康熙〕宜春縣志[1] 二十卷首一卷末一卷

王光烈修　周家楨等纂王光烈，字允文，奉天監生，康熙十八年任宜春知縣。　周家楨，本郡貢生。

清康熙二十二年（1683）刻本　闕

光緒《江西通志》藝文略：《宜春縣志》二十卷康熙二十二年

知縣王光烈修。

《中國地方志聯合目錄》。

王光烈序今聖天子右文翊運，屬天下郡邑無論新舊乘書咸彙編上聞，以昭大一統之盛治……於是謀諸邑紳士，蠲吉設局，銳意創修，稽郡帙以知所從來，訪獻老以采所未備……自輿地迄篇末，為卷二十，九月授梓，凡三閱月而成。邑之縉紳先生與廣文先生暨兩庠英彥咸有成勞……

【按】康熙間，清廷詔修一統志，命天下郡縣編纂志乘，宜春知縣王光烈奉命纂輯本志。全書二十卷，首末各一卷，於康熙二十二年告竣。後志載：「邑舊無志，（王光烈）捐俸創修，自董厥成。」（同治縣志卷六，秩官，名宦）本志有康熙二十二年刻本，今存，有缺帙。

〔康熙〕宜春縣志[2] 二十卷首一卷末一卷

江為龍修　李紹蓮等纂江為龍，號硯崖，桐城人，進士，康熙四十三年任宜春知縣。　李紹蓮，本邑廩生。

清康熙四十七年（1708）刻本　存

光緒《江西通志》藝文略：《宜春縣志》康熙四十七年知縣江為龍修。

《中國地方志聯合目錄》。

李振裕序袁之宜春舊無專志，志即附於府乘後。康熙癸亥，前邑侯王公始另輯之，今已越二紀……（江侯）公事之餘，進邑之紳士取舊志而重訂之，殘者補，闕者增，不雷同，不剿襲，事必闡幽，無虛譽也；文必徵實，無溢類也……（康熙四十七年）

【按】本志係康熙四十七年知縣江為龍所修，此距前縣令王光烈修本二十四年。江志大抵沿用前志體裁而重訂之，「殘者補，闕者增」。全志二十卷，首、末各一卷，正文分輿地、官師、科第、人物列傳、賦役、建置、藝文、兵衛諸門，下隸子目若干。該志門目分劃較為混亂，卷帙亦淆雜不清。例如卷二卓循列傳，雜以流寓、武秩、山川，不倫不類；又如卷十一至十三，敘建置而闌入風俗、釋仙、物產諸目，顯見不當。後人譏其「舛錯遺誤甚多」。（道光縣志凡例）本志有康熙四十七年刻本，存。又《聯合目錄》作「首二卷」，誤。

〔乾隆〕宜春縣志

黃河清修

清乾隆五十七年(1792)修本　未見

《兩浙著述考》：《宜春縣志》臨海黃河清撰。

【按】本志僅見《兩浙著述考》著錄，修纂情況及內容、卷帙俱不詳。據《兩浙著述考》，黃河清又撰有府志，已著錄，可參。

〔道光〕宜春縣志三十二卷首一卷末一卷

程國觀修程國觀，號六皆，宛平人，監生，道光六年任宜春知縣。

清道光三年（1823）刻本　存

光緒《江西通志》藝文略：《宜春縣志》道光三年知縣程國光修。

《清史稿藝文志補編》。

《中國地方志聯合目錄》。

程國觀履任之初，即求得康熙年間江志讀之，歷年既運，缺略為多，不自揆度輒興續纂之思。適值府憲以大憲將修省志，檄飭纂修，並頒章程格式。既課諸合邑之仁賢，而參以四方之民物，乃屬筆焉。於是依據舊志，博采新呈，閱十月而志以成……（道光三年仲冬）

【按】知縣程國觀奉憲檄修纂邑志，至道光三年志成，前後閱十月。程氏有序述其役始末。其凡例云：「前志始於康熙癸亥，越二十三年乙酉續修後，今隔一百一十九年。即府志自乾隆二十四年重修後，亦隔六十五年。其間續增人物事實，自宜徵文考獻，毋濫毋遺，第前志舛錯遺誤甚多，若再沿訛襲誤，差忒不可勝言，今據諸書悉為考定」。本志體例，「一遵憲發格式，分列三十二卷，凡本府文武、秩官、公廨、學租、藝文等項緣歸附郭首縣代為詳敘」。本志卷首原序、凡例、目錄、姓氏、繪圖；卷末跋文。正文卷一星野，卷二沿革，卷三形勢，卷四城池，卷五山川，卷六水利，卷七學校，卷八公署，卷九書院，卷十田賦，卷十一風俗，卷十二土產，卷十三兵衛，卷十四武事，卷十五關津，卷十六驛鹽，卷十七古跡，卷十八封爵，卷十九秩官，卷二十選舉，卷二十一名宦，卷二十二人物，卷二十三寓賢，卷二十四列女，卷二十五仙釋，卷二十六方技，卷二十七祥異，卷二十八祠廟，卷二十九塋墓，卷三十寺觀，卷三十一藝文，卷三十二雜記。

〔咸豐〕宜春縣志十五卷首一卷

陳喬樅修

清咸豐十年（1860）刻本　存

【按】咸豐十年，袁州知府陳喬樅取舊郡、邑志乘材料輯集為府、縣志，所輯府志本書已有著錄，此《宜春縣志》係陳氏所輯屬縣志之一種。參咸豐《袁州府志》考說。

〔同治〕宜春縣志十卷首一卷

路青雲修　李佩琳　陳瑜纂路青雲，字子霖，順天大興進士，同治八年任宜春知縣。　李佩琳，字碧珊，邑人，翰林院庶起士，以同知銜知福建上杭縣事。　陳瑜，邑人，翰林院庶起士。

清同治十年（1871）刻本　存

《中國地方志聯合目錄》。

李佩琳跋同治己巳冬，中丞劉公將有續修通志之舉，先飭各州縣編輯成帙，以備採擇。時路公子霖來篆茲土，下車之始，即殷殷以此事見屬。琳惟宜志之修，自道光癸未後，距今垂五十載矣……爰是商之同事，配其體裁，仿史家八書十志之例，以綱繫目，分門十，其目五十有四，各以類從。藝文一志除經史子集外，俱散見於各條之下，惟無所附麗者，另附錄於後，謂之文徵，皆恪守通志凡例、採訪章程，而互參以前三志之式……（同治九年）

【按】同治八年己巳冬，知縣路青雲奉檄修志，委邑紳李佩琳、陳瑜等纂輯。是修乃合康熙癸亥王志、乙酉江志及道光癸未程志，「悉心參酌，或增或刪」。其於體例乃遵憲頒格式，「以綱繫目，分十門，其目則各以類從」。（本志凡例）卷目如下：卷首上諭；卷一地理志（星野、疆域、沿革、山川、津梁、古跡、風俗、物產）；卷二建置志（城池、壇廟、公廨、寺觀）；卷三食貨志（戶口、田賦、倉儲、漕運、驛鹽）；卷四學校志（學官、學制、書院、鄉飲）；卷五武備志（兵制、武事）；卷六職官志（文職、武職、名宦）；卷七選舉志（薦辟、進士、舉人、貢生、仕籍、封贈、蔭襲）；卷八人物志（名官、宦業、理學、儒林、文苑、忠義、孝友、善士、隱逸、列女、耆壽、方伎、寓賢）；卷九藝文志（經部、史部、子部、集部、文徵、金石）；卷十雜類志（仙釋、塋墓、祥異、軼事、跋）。

〔民國〕宜春縣志二十四卷首一卷

漆能廉　謝祖安等修　蘇玉賢纂漆能廉，民國二十四年知宜春縣。　謝祖安，字晉卿，邑人，民國二十七年知宜春縣。　蘇玉賢，字蘊珊，邑人，清末舉人，民國初任省議員。

民國二十八年（1939）鉛印本　存

《中國地方志聯合目錄》：《〔民國〕宜春縣志》二十四卷首一卷謝祖安修　蘇玉賢纂。

【按】民國二十四年，宜春縣長漆能廉奉命修縣志，二十六年稿成，因乏經費未能刊印。繼任縣長楊翹新、謝祖安又先後於志稿有所修潤，於民國二十八年刊印成書。本志體例，大抵遵省頒程式，凡二十四卷首一卷。分十六門四十八目。全書記事，清以前為一編，民國另為一編。

▶ 萬載

萬載邑乘之可考者以明修本最早，明凡前後五修。明初洪武間已有一修，此後至成化，其間又有一草本，成化間教諭喻淳本之纂輯縣志四卷；

嘉靖間彭澄復修縣志；崇禎時縣令韋明傑亦有續修。明修諸志，俱已亡佚。清康熙三年知縣常維楨修縣志，本崇禎韋書「纂舊增新，溯源竟委」。雍正十一年知縣汪元采、乾隆四十三年署知縣潘汝鳳相繼有增續。道光十二年，郭大經分別纂為《縣志》《土著志》各一部，所謂「一邑兩志」，且同出郭氏之手筆。道光二十九年，邑人辛辰雲又本郭氏《土著志》增訂之。又咸豐十年，陳喬樅有《縣志摘要》十八卷。同治十一年，知縣金弟重修縣志。清修諸志，道光郭氏《土著志》、辛氏增訂《土著志》，非本書收錄範圍，不著錄。乾隆四十三年潘志未得獲見，存亡不知。其餘五種俱存。又，民國初，邑人龍賡言私纂縣志稿一部；民國二十四年縣府聘龍氏纂修縣志，民國二十九年印行。龍氏志稿散佚，民國二十九年本今存。龍氏又有《萬載鄉土志》一種，此非正志，不著錄。

五代楊吳順義元年，置萬載縣，屬洪州。南唐保大十年，割隸筠州。宋開寶八年，改屬袁州。宣和三年改名建城；紹興元年復名萬載。元屬袁州路。明屬袁州府。清仍之。

〔明〕萬載圖經志

佚名修纂

明初修本　佚

【按】邑人譚經濟序崇禎九年《萬載縣志》云：「方洪武改元之三年，即令儒士魏俊民等類編天下郡縣地理形勢降附始末，為《大明志》。厥後復有《一統志》之修，而郡縣亦各有圖經地志之藏，如萬雖岩邑乎，曾亦有操觚以紀其盛者，維是年代遼邈，故籍殘闕，不得為完書已」。據此，本縣明初有邑志修纂，譚氏雖未見其書，所論必非憑空推測，應有所據。唯其年代遼遠，故籍殘佚，明初縣志題名、卷帙、撰人、撰年諸事俱無由考稽，茲謹依譚說，以《萬載圖經志》著錄。又，明成化丙申縣志喻淳序云；淳欲輯萬載縣志，「以稽前代之事物，而不可得，間有得者，無非因實錄之故事，撮其大略，而細微曲折多有遺漏，矧未鋟梓，僅出於人之掇拾，紛紜舛訛，不足以便人之觀覽。予嘗慨之。庚寅春，喜得守禮司訓邑人陳均胡與予同謀葺理是志，奈釋服遽去，不果」。由此可知，明成化喻淳志修纂之前，萬載已有邑乘，僅撮錄故事，頗多遺漏舛訛，且未鋟梓。後之志家多以成化喻志為萬載縣志之首創，不足據信。

〔成化〕萬載縣志四冊

喻淳纂喻淳，河北高陽舉人，成化五年任萬載縣教諭。

明成化十二年（1476）刻本　佚

光緒《江西通志》藝文略：《萬載縣志》成化十二年知縣喻淳修。

喻淳序予成化己丑備員於茲，每觀山川秀麗，風氣清淑，意必有魁奇特達之士生於其間者，欲輯其志，以稽前代之事物，而不可得。間有得者，無非因實錄之故事，撮其大略，而細緻曲折多有遺漏；矧未鋟梓，僅出於人之掇拾，紛紜舛訛，不足以便人之觀覽，予嘗慨之。庚寅春，喜得守禮司訓邑人陳均胡與同謀者葺理是志，奈釋服遽去，不果。迨癸巳冬，郡守榆杜常顯侯以郡志未備，命各邑儒官採集類聚以益之。予幸善得與其列，於是仍取其前志未載，搜訪名山古跡……損其所繁，益其未載，經綸始末，竊附己意，釐為四帙，以貢其去取，遺稿未刊。今歲秋，予以九載秩滿，行將有期，一旦，諸生列館下，謁予，言曰……因是其言，遂忘其

固陋，命工鋟梓，以慰諸生……（成化十二年）

【按】本志為成化間縣教諭喻淳所纂。光緒《通志》著錄喻淳為萬載知縣，不確。此志原本已亡，喻氏序存。據喻序，知其欲修縣志，經營多年。喻氏以邑乘未有善本，於成化六年庚寅春與陳均胡謀葺理舊志，以「釋服遽去，不果」。至九年冬，時郡守「以郡志未備，命各邑儒官採集類聚以益之」。喻氏與其事，遂取舊志「損其所繁，益其未載」，釐為四帙，以供郡志採擇。志稿未刊。至成化十二年秋，喻氏九載秩滿，因諸生之請，乃付剞劂。後人稱：「後修縣志得所祖述，淳之功也。」本志至嘉靖時，已為殘本，據嘉靖二十二年縣志龍允中序云：「今索其舊，僅有一二，亦殘斷，幾不可讀，而其篇端所云，實自昔時郡守常侯命邑博喻淳編刻以傳始也，今且七十年於此矣。」

〔嘉靖〕萬載縣志

彭澄等纂彭澄，字一清，號龍溪，本邑舉人，官至河東轉運副使、福建延平府知府，著有《恕庵遺稿》等。

明嘉靖二十三年（1544）刻本　佚

光緒《江西通志》藝文略：《萬載縣志》嘉靖二十二年邑人彭澄修。

彭澄序越明年，仄聞郡志增新矣，輒為之慶……移時，果裡姻邑博龍君國臣遺書澄曰：東明公入覲京師，置軺經邑，因進予輩，屬以志事……顧茲成命，亟圖仰效，乃聯邑學生龍國賢、辛禦良輩，相與翻閱載籍，搜稽隱遺，諮之乎耆碩，參之乎鄉評，即以先是報郡。志草爰加整飭，闕衍刪蓋，訛舛釐定。編年紀事，義例一準郡志云……（嘉靖二十二

年）

【按】嘉靖二十二年，「郡守東明範公檄下邑學，搜采故實」，以增新郡志，萬載縣應命輯纂邑乘，修纂者有陸澄、龍允中、教諭陶冕、庠生龍國賢、辛禦良等。先輯志草一編報郡，再據草本整飭釐定，編年紀事。其義例「一準郡志」。本志原本不存，內容、卷帙俱不詳，唯彭澄、龍允中序存，略具修纂顛末。彭序撰於嘉靖二十二年癸卯冬，龍序撰於嘉靖二十三年庚辰，後者當是本志刊行之年。

〔崇禎〕萬載縣志十二卷

韋明傑修　譚經濟纂韋明傑，字叔萬，號青岑，浙江烏程進士，崇禎二年任萬載知縣。　譚經濟，字建明，邑人，府學貢。

明崇禎九年（1636）刻本　佚

光緒《江西通志》藝文略：《萬載縣志》崇禎九年知縣韋明傑修。

譚經濟序崇禎己巳冬，西吳韋侯以名進士領是邑……初下車，周諮廢墜，搜縣志，創而雜；考郡乘，核而略。決意修復，而無奈歲災薦至，未可卒舉，日捃拾見聞，搜羅傳紀，至乙亥八月，越六春秋，胸中成竹矣，遂輒然自任……維時進邑士大夫商評較訂，片語隻字，俱出如椽，謬以不肖經濟董其役。剞劂方始，忽奉朝命，移所轄郡縣各以圖志進。侯益昕夕凜為裁定，案牘之暇，遍訪村墟長老之口，購求野史宿儒之筆，上下千百年間，表章若而人，總括若干卷……（崇禎九年春）

【按】本志係崇禎間邑令韋明傑主修，聘邑人譚經濟董其役。韋氏任知縣以來，有意重修縣志，多年留心搜訪。至崇禎八年八月開始纂修。志稿修成，「剞劂方始，忽奉朝命移所轄郡縣各以圖志進」，韋氏再加修飭裁定，「案牘之暇遍訪耆老，購求舊籍」。至崇禎九年此役告竣。本志已佚，門目設置不詳。據清乾隆縣志凡例稱，本志分十二卷，「條目大簡，紀載闕略」，「如學宮之殿廡規制、樂舞器具與夫鄉射飲酒禮及山川風雨壇祭諸儀制」，所言未詳。此清人評議。其後康熙間常維楨重修縣志，即據本志而有所損益。（參見康熙二十二年縣志考說。）

〔康熙〕萬載縣志十六卷首一卷

常維楨修　江映極纂常維楨，字璿臣，號白山，遼東廣寧貢監，康熙十七年任萬載知縣。　江映極，本邑生員。

清康熙二十二年（1683）刻本　存

光緒《江西通志》藝文略：《萬載縣志》十二卷康熙二十二年知縣常維楨修。

《中國地方志聯合目錄》。

常維楨序今天子削平僭逆，寰宇雍熙，島嶼與遐荒，靡不革面，因命天下郡縣纂修圖志，匯輯上陳，以大天王一統之義，此誠千萬年難覯盛典。楨也備員茲土，躬際斯會，乃延訪碩彥，博采遺聞，備悉纖毫，寧繁毋漏，而其所尤加意者在戶口諸篇……（康熙二十二年）

【按】本志係知縣常維楨奉朝命纂修，是清修萬載縣志最先出者，亦萬載縣志今存的最早一部。修纂始末，常氏自序自說。據本志凡例稱：崇禎志「條目太簡，紀載闕略」，本志在其基礎上「纂舊增新，溯源竟委」，體例有所因襲，亦多損益。崇禎志分十二卷，本志列卷十六，分輿地、山川、建置、文事、武備、財賦、官師、宦跡、選舉、人物、災祥、藝文、雜著十三門。於崇禎志之所略處，如「學宮之殿廡規制、樂舞器具與夫鄉射鄉飲酒禮及山川風雨壇祭諸儀制」，詳考備錄。而「尤加注意者在戶口諸篇」。卷六財賦門有戶口、農桑、田賦三目，「田賦」下類分起運、存留、裁款、屯糧、土貢、四差、奏疏申詳附，「先輯舊志，後錄國朝賦役全書及減浮奏疏除荒申詳悉附載焉，觀風者留心注目」。本志有康熙二十二年刻本，日本內閣文庫存其全帙，北京圖書館藏本缺七至九、十三、十四卷。

〔雍正〕萬載縣志十六卷首一卷

汪元采修　楊言等纂汪元采，字蔚觀，號性安，湖廣安陸府京山人，例監，雍正八年任萬載知縣。　楊言，字垂遠，邑人，康熙五十年舉人。

清雍正十一年（1733）刻本　存

清乾隆四十三年（1778）重刻本　存

光緒《江西通志》藝文略：《萬載縣志》十六卷雍正十一年知縣汪元采修。

《中國地方志聯合目錄》。

汪元采序萬邑志乘，自康熙癸亥年編輯至今，垂經五十年，其中典故製作、建置沿革，隨時遞更，不有記載，何以傳後……且前志刻板十亡二三，掛漏既多，卷不成帙。因集邑中紳士，摭拾癸亥以來事蹟故實，依類增入，俾不至於湮沒遺忘，而采復於其中斟酌裁訂，惟期實而不誣，信而可徵，以垂不朽，至於前志所載，悉仍其舊，今止補其殘缺，未敢少有刪潤，續修之道如是而已……（雍正十一年）

【按】本志是康熙常維楨志之續修本。補續自康熙二十二年至雍正事蹟故實。又常志刻板有殘缺，掛漏亦多，卷不成帙，本書加以修補整理。「至於前志所載，悉仍其舊，今止補其殘闕，未敢少有刪潤」，此汪元采序言之甚明。乾隆四十三年，署知縣潘汝鳳重為梓刻，有跋文一篇附於書末，曰：初擬將雍正志「增修完備」，「顧需時需費，難以克成」，乃即雍正志舊板，補其所闕四十餘頁，又刪「經憲令指斥者」，「匝月而蕆事焉」。潘跋撰於乾隆戊戌（四十三年），乃新刊告成之時。

〔道光〕萬載縣志三十卷首一卷

衛鵷鳴等修　郭大經纂衛鵷鳴，字松甫，大名進士，道光元年任萬載知縣。　郭大經，字緯之，號星嶠，本邑進士，曾任安徽太和知縣，著有《詩文集》等。

清道光十二年（1832）刻本　存

光緒《江西通志》藝文略：《萬載縣志》道光六年衛鵷鳴修。

《中國地方志聯合目錄》：《萬載縣志》三十卷首一卷（清）衛鵷鳴修，郭大經纂。清道光十二年刻本。

衛鵷鳴序余以辛巳之春來任是邑，取舊志觀之，距今幾百年矣，欲續之。每與邑人士相見，諮詢文獻。以事至鄉，流連山溪間，與父老談先民遺俗、近時情形。鄉前輩李厚岡先生富於考據，索所留圖記，置案頭。以公案殷繁，才有不給，無暇取舊志參合，博采成書。明年，程月川先生來撫是邦，提采各州縣以修省志，因集紳耆議，先修縣志。皆欣然樂輸工資以應。第事缺多年，搜羅不易。爰屬各鄉雅善之士悉心採訪，毋有所遺。適名進士郭星嶠先生旋里，造門邀之，合邑之致仕而歸，與公車未上貢大學而在籍在庠諸生之積學能文章者，分手編輯，同心勘摩，數月成稿。郵寄都中，請正於鄉先達司空辛筠谷先生。時餘有瀋陽之役，往返經年，旋任未久，而羸且病，故未遑筆墨從事其間。今者引疾去矣，而筠谷先生以志稿還，既訂正之，又獎勵之……（道光六年）

龔士范序志之修，始衛松甫先生。中間若楊肖岩、武曉穀、陳訥齋、林鼎甫四明府，皆與其事者也。若趙子厚以宜春令兼理萬邑，若龔松五僅報縣事十有二日，之兩令尹者，未遑厥志者也。若湯秋漁故尹，則見其刊而未成者也。若楊藕塘署令，則欲趣其刊全而仍循因未果者也。乃至余而適觀其成，豈斯志之成因有其時耶……（道光十二年九月）

楊際華序萬載縣志，道光三年修。閱十稔至今而始成，何若是之難也。余往者攝縣事，聞志久有稿，借觀之，蓋刊者半，半以浮言故未刊，何若是之舛也。亟議刊全，而因循載餘，不果。是誰之過與，余滋愧焉。今夏宰萍鄉，與萬密邇，而萬邑鄉先生以志來，居然成書……（道光十二年七月）

【按】道光二年，中丞程月川擬修省志，提采各州縣志乘，萬載縣令衛鵷鳴因設局修志，聘郭大經主纂。數月成稿，郵寄都中請正於司空辛從益。其時衛氏又有瀋陽之役，往返經年，旋任未久，引疾去，而辛從益以志稿還。此衛鵷鳴所言本志纂事如此，見衛氏自序。（按：衛序撰於道光六年）衛氏離任後，此志又遷延多年，至道光十二年才付梓，其中曲折，楊際華、龔士範俱有序文述之。楊、龔兩序皆作於道光十二年九月，乃本志告竣之時。全書記事止於是年。光緒《江西通志》著錄本志為「道光六年知縣衛鵷鳴修」。此蓋據衛序所署年份，既非本志始修之時，又非成書之年。《中國地方志聯合目錄》亦著錄「道光萬載縣志十四卷」，為「衛鵷鳴纂修，清道光六年（1826）刻本」，謂藏「江西（省圖書館）」。未確。今查《江西省圖書館古籍善本書目》及藏書目，只有道光十二年刻本《萬載縣志》三十卷，衛鵷鳴修，郭大經纂。又，道光十二年，郭大經又纂成《萬載縣土著志》三十卷，所謂「一邑兩志」者是也，道光二十九年，邑人辛辰雲有增訂本。據辛氏跋語云，此前郭大經所纂《土著志》，實不得已也，本「不圖客籍，自為畛域，珥筆為能，屈意調停，反遭疊控，不得已呈明分修，兩不相謀，以杜爭端，此『土著志』所由名也」。今按《土著志》主記本邑土著事，不在本書考錄範圍，不錄，附說於此。

〔咸豐〕萬載縣志摘要十八卷首一卷

陳喬樅修陳喬樅，字樸園，一字樹滋，號禮堂，福建侯官人，道光二十四年舉人，咸豐九年知袁州府，著有《禮堂經說考》等。

清咸豐十年（1860）刻本　存

《清史稿》藝文志：《萬載縣志》十八卷陳喬樅纂。

【按】咸豐九年，陳喬樅知袁州府事，曾搜訪郡及屬邑舊志撮錄成編，本志即所輯之一種，舉凡本邑沿革、都圖、城池、山川、水利、關隘、形勢、田賦、戶口、學校、公署、兵衛、武事、津梁、驛遞諸項，皆撮其要而輯錄之。有咸豐十年刻本。參見本書咸豐《袁州府志》、咸豐《宜春縣志》考案。

〔同治〕萬載縣志三十卷首一卷

金第　杜紹斌修金第，字雲翥，浙江仁和廩貢，同治九年署任萬載知縣。　　杜紹斌，浙江紹興監生，同治十年任萬載知縣。

清同治十一年（1872）刻本　存

《中國地方志聯合目錄》：《萬載縣志》三十卷首一卷金第、杜紹斌修纂。

杜紹斌序萬邑舊有志乘，久而未修。同治庚午，中丞劉公督修省志，檄提各縣備采。前令王君仁甫因集紳議修縣志，適以病去。吾浙金君雲翥署篆，始設局續修，因諸紳計偕北上，不數月罷局，草創而未修飾。辛未夏，余來任是邑，即邀紳起局，俾修飾而加潤色焉，於今孟夏告成，體例悉遵中丞，筆削亦臻妥善……（同治十一年）

【按】同治九年，署萬載縣令金第奉命修志，「草介而未修飾」，金氏離任，杜紹斌繼任接修，至同治十一年孟夏告竣。本志之修，體例門目悉遵省頒程式。道光有《萬載土著志》，然此修纂者欲破土著、客籍之畛域，「使渾同而化，無形跡之分」。（金第序）本志有同治十一年刻本，存。

〔民國〕萬載縣志

龍賡言纂龍賡言，字贊卿，號蛻庵，邑人，前清進士，曾任隨州知州等職。

民國初年稿本　佚

【按】民國二十五年龍賡言序《萬載縣志》，言及其民初修志事云：「民國初年，竊有私修縣志之舉，盧侍讀兆蓉謂時方草創，百度維新，則目截至清季為止，以省筆墨困難」。知龍氏私修縣志，記事截至清末。該志於民國十八、十九年間「稿本散佚，徵集之書率歸灰燼」。（民國二十九年縣志姜懷素序）

〔民國〕萬載縣志十二卷首一卷末一卷

張薌甫修　龍賡言纂張薌甫，江西信豐人，民國二十四年知萬載縣。

民國二十九年（1940）鉛印本　存

《中國地方志聯合目錄》：《萬載縣志》十二卷首一卷末一卷張薌甫修，龍賡言纂。

姜懷素序邑紳清進士龍蛻庵先生退歸林下，夙有志焉。初，欲為一人之書，費不足而中輟。民十八、十九之匪亂，稿本散佚，徵集之書率歸灰燼。避地回鄉，當道復有續修縣志之通令，縣人交推其重行編輯。則以一人之見，眾口難調，私修不敢告勞，公修敬謝不敏。張前縣長薌甫呈准上峰，強而後可，抱殘守缺，次第告成，將可付諸於民，又以費絀而輟，蓋成書若斯之難也。懷素今夏因公赴泰和謁上峰，謂縣志已可成書，亟須籌款付印，當道欣然首肯……（民國二十九年）

【按】民國二十四年，「當道有續修縣志之通令」，萬載縣令聘邑人龍賡言主其事，次年稿成，以費絀而未能付印。至民國二十九年夏，縣長姜懷素復請示上級，籌款付印。按民國之初，龍氏曾私纂縣志一編，截至清末。此次修志，龍氏既為官府聘為主纂，其記事下限則止於民國二十八年，不取「斷代成書」之例。然其書門目設置則大抵沿襲舊貫。全志正文十二卷，分方輿、營建、氏族、食貨、職官、學校、武備、選舉、仕宦、人物、列女、藝文十三門，子目八十。其於「山川隘塞、風土人情、農田水利，三致意焉」。（姜懷素序）

▶ 樟樹

宋臨江軍、元臨江路，明、清臨江府俱治清江。宋修郡乘，今由諸書所引佚文中得六種，依次為佚名《臨江軍舊經》、袁震《臨江軍圖經》、佚名《臨江志》、李伸《重修臨江志》、佚名《臨江府舊圖經》、佚名《臨江府圖志》（按以上兩志題中「府」字均係衍文）。因文獻不足徵，此僅略言其大概，不能詳論。元修郡志僅得《永樂大典》所引《臨江舊志》一種，疑纂於宋元之交而成之元初。明初有洪武《臨江府志》、佚名《臨江府圖經志》，俱見《永樂大典》引錄。其後弘治、嘉靖、隆慶相繼踵修之。清朝僅知康熙施閏章、同治德馨等主修府志兩種。明修嘉靖、隆慶志，清修康熙、同治志尚存，其他舊乘皆已亡佚。

清江邑志之可考者，宋有一種，見引於《輿地紀勝》。明有洪武間修本，見引於《永樂大典》，又有崇禎修本。清乾隆、道光、同治各有纂續。明崇禎所修及清修縣志三種今存，其餘俱散佚。又民國間丁永清纂《清江鄉土志》一種，本書不著錄。

南唐升元二年，升洪州肖灘鎮為清江縣，不隸州，割高安之建安、修德，新淦之崇學，合三鄉為縣域。保大十年，改隸筠州。宋淳化三年，以清江置臨江軍，割吉之新淦、袁之新喻來隸，領縣三。元臨江路，領清江縣及新淦、新喻兩州，治清江。明臨江府，領縣四：清江、新淦、新喻、峽江，治清江。清仍明制。

〔宋〕（臨江軍）舊經

佚名修纂

宋修本　佚

《輿地紀勝》卷三十四，臨江軍，古跡廢鐘山府、陳岳王墓，引《舊經》兩條。

《永樂大典》卷二二六七，六模，湖蛟湖（《臨江志》）；卷八〇九二，十九庚，城廢巴丘城（《臨江志》）；引《舊經》兩條。

《中國古方志考》：《（臨江軍）舊經》佚。

《江西古志考》卷六。

【按】《輿地紀勝》「廢鐘山府」條引《舊經》記新喻縣；《永樂大典》「廢巴丘城」條引《舊經》記新淦縣。考宋淳化三年，以清江建臨江軍，割吉之新淦、袁之新喻來隸。《舊經》所志，當是臨江軍，其成書在臨江建軍之後。又《紀勝》卷三十四，臨江軍，所引《圖經》三事，係袁震所撰。王象之引時稱袁書為「圖經」，稱本志為「舊經」，則本志應在袁氏《圖經》之前成書，疑是北宋修本，其修撰年月已難考確。

〔宋〕臨江軍圖經七卷

袁震纂袁震，字時敷，清江人，紹興十三年進士，武岡縣主簿，調吉水丞，未赴而卒。

宋修本　佚

《輿地紀勝》卷三十四，臨江軍，風俗形勝合袁吉瑞三邑、境內之名山；古跡陶侃母墓；引《圖經》三條。

《永樂大典》卷八〇九二，十九庚，城廢巴丘城（《臨江志》），引《圖經》一條。

《明一統志》卷五十五，臨江府，形勝閤皂玉笥，引《圖經》一條。

《宋史》藝文志：袁震《臨江軍圖經》七卷。

光緒《江西通志》藝文略。

《中國古方志考》。

《江西古志考》卷六。

【按】袁震所纂《臨江軍圖經》七卷,《宋史·藝文志》已有著錄,此書撰年未能確知。據康熙七年府志,人物志載袁震,紹興十三年進士。所纂《圖經》疑在南宋紹興間。《輿地紀勝》引《圖經》三條,張國淦氏斷為袁震《臨江軍圖經》,可從。然《紀勝》引《圖經》佚文曰:「合袁吉瑞三邑以為郡。」按「瑞」,即瑞州,宋寶慶元年由筠州改。疑此「瑞」字,《圖經》原文作「筠」,王象之引時所改,蓋以避宋理宗諱也,故不得據以斷是《圖經》修於南宋寶慶之後。又,明隆慶七年管大勳《臨江府志》卷一輿圖,有「重刻宋臨江軍舊城圖」、「重刻宋臨江軍舊治圖」各一幅,不知是否據本《圖經》翻刻。

〔宋〕臨江志

佚名修纂

宋修本　佚

《中國古方志考》:《臨江志》佚。

《江西古志考》卷六:《臨江志》宋,佚卷數、撰人。按:《中國古方志考》錄《臨江志》一種,曰:「宋有李伸《重修臨江志》,曰重修,是李伸以前有志也」。張氏《大典輯本》輯《臨江志》十九條,斷為李伸重修本以前之《臨江志》,誤。

〔宋〕重修臨江志七卷

李伸纂

宋修本　佚

《輿地紀勝》卷二十六，隆興府，官吏上李諮；卷三十四，臨江軍，軍沿革禹貢揚州之域，國朝轉運使張鑒；風俗形勝淦為都制置使治所、君子尚禮教；景物上皂閣山；人物陳喬；引《臨江志》七條。

《宋史》藝文志：李伸《重修臨江志》七卷。

光緒《江西通志》藝文略。

《中國古方志考》。

《江西古志考》卷六。

【按】宋李伸有《重修臨江志》七卷，見《宋史》藝文志著錄。其書早佚，撰年亦不詳。《輿地紀勝》引《臨江志》七條，張國淦氏徑斷為李伸重修本，其中或有出自李伸本之前的《臨江志》，亦未可知也。此七條佚文，無由辨識其所從出，今姑依張氏並輯於此，並略加說明。

〔宋〕臨江府舊圖志

佚名修纂

宋修本　佚

《永樂大典》卷二七五四，八灰，陂雜陂名，引《臨江府舊圖志》一條。

《中國古方志考》：《臨江府舊圖志》佚。按宋臨江軍三縣：清江、新淦、新喻。此條並在清江、新喻、新淦內。曰臨江府，此「府」字或修《大典》時所加。

《江西古志考》卷六。

【按】《大典》引《臨江府舊圖志》一條，所記「雜陂名」，並清江、新喻、新淦三縣。張國淦氏據以著錄，列為宋乘。今按新淦自宋淳化三年來隸臨江軍，元元貞初升新淦州。張氏定此《舊圖經》為宋修，可從。志題中「臨江府」之「府」字，當是《大典》引錄時依時制所增。

〔宋〕臨江府圖志

佚名修纂

宋修本　佚

《永樂大典》卷一四六〇九，六暮，簿縣主簿，引《臨江府圖志》一條。

《中國古方志考》：《臨江府圖志》佚。

《江西古志考》卷七。

【按】《中國古方志考》據《大典》著錄本志，亦列為宋乘。志名曰「臨江府」，「府」字或《大典》引時所加。頗疑本志與《大典》所引《臨江府舊圖志》係一書（前有著錄），「舊圖志」之「舊」亦《大典》所增。因乏佐證，未敢遽定，姑從張國淦氏另著錄作一種。

〔元〕臨江舊志

佚名修纂

元修本　佚

《永樂大典》卷八〇九二，十九庚，城臨江府城，引《臨江舊志》一條。

《中國古方志考》：《臨江舊志》佚。

《江西古志考》卷六。

【按】《大典》引《臨江舊志》，記有德祐乙亥滕岩瞻議築城事。德祐元年乙亥，距南宋亡國僅四年。元世祖忽必烈至元八年定鼎，改國號元。宋德祐元年當元至元十二年。是志若係元人所修，不稱本朝年號而稱亡宋年號，且「德祐」及「淳熙」、「紹熙」、「開禧」、「開慶」前俱不署「宋」，不知何故。頗疑其書修於南宋末而成於元初，此條仍用宋修原文未改。《中國古方志考》錄作元志，可從。

〔洪武〕臨江府志三冊

佚名修纂

明洪武二十二年（1389）修本　佚

《永樂大典》卷三一五五，九真，陳陳琦，引《臨江府志》一條。卷二二六七，六模，湖蛟湖；卷二六〇四，七皆，台香遠台；卷七五一三，十八陽，倉富民倉、賑民倉；卷七五一四，十八陽，倉豐積倉；卷七五一六，十八陽，倉鹽倉；卷八〇九二，十九庚，城廢盧城、廢樊城、廢尉城、廢吳城、古新淦城、廢瓦城、廢富國城、廢牛頭城、新淦縣城、廢巴丘城、廢泥溪城、廢石陽城、新喻縣故城、廢龍池墅城，引《臨江志》二十條。

《明一統志》卷五十五，臨江府，風俗君子尚禮，引《臨江志》一條。

《文淵閣書目》卷四新志：《臨江府志》三冊。

《江西古志考》卷六。

【按】《文淵閣書目》新志著錄《臨江府志》三冊，當是明初修本。據明隆慶府志管大勳序：「臨江郡，自宋淳化肇建，志凡幾作矣。前此版籍無存，洪武志偶得於民間，缺逸過半。」又隆慶府志卷一輿圖錄有「重刻洪武己巳志疆域圖」一幅，得此二證，知明洪武二十二年己巳修有府志，此即《文淵閣書目》新志所錄。《永樂大典》引有《臨江府志》二十條，張國淦《大典輯本》輯得十九條，俱歸宋李伸《重修臨江志》以前之郡志，非是。考《大典》所引《臨江志》，集中出現在兩處：其一，卷七五一三至七五一八「倉」字下，有四條。輯文「豐積倉」條曰：「在宋時改為貢院，元始改為豐積倉，今因之」。其二，卷八〇九二，「城」字下有十四條，輯文「新淦縣城」條曰「元末紅巾蜂起」，「至國朝初邑宰王貞督長興宰鄧清華等築新淦城」。俱為明人語。此言「邑宰王貞」，明洪武年間任新淦縣令，則此《臨江志》亦當是《文淵閣書目》新志所錄《臨江府志》，《大典》引時省志題一「府」字耳。又，《大典》卷七三一四，十八陽，倉，「廣儲倉」引有《撫州府臨江志》一條，考諸沿革，臨江從未曾隸屬撫州，顯係訛誤，頗疑此「臨江」兩字為「臨川」之誤。因佚文本身不足以考據，今不輯入本《臨江志》，姑從闕疑。

〔明〕臨江府圖經志

佚名修纂

明初修本　佚

《永樂大典》卷八〇九二，十九庚，城臨江府城，引《臨江府圖經志》一條。

《江西古志考》卷六：《臨江府圖經志》明，佚卷數、撰人，未見著錄。按：本《圖經》佚文曰：「元平江南」，「國朝守禦夏以松」，知為明志，修於永樂以前。

〔弘治〕臨江府志十四卷

吳敘修　陳嘉纂吳敘，余姚人，進士，明弘治間任臨江知府。　陳嘉，弘治間任臨江府丞。

明弘治十五年（1502）刻本　佚

光緒《江西通志》藝文略：《臨江府志》十四卷弘治十三年知府吳敘修，十五年陳嘉成之。

【按】明隆慶《臨江府志》管大勳序「弘治志，學士世家多藏之」。此志康熙六年府志卷十四藝文志著錄為「明弘治十三年郡守吳敘修，十五年郡丞陳嘉成之」。其書十四卷，門目設置已不得其詳。是志至康熙時民間尚存。

〔嘉靖〕臨江府志九卷

徐顥修　楊鈞　陳德文纂徐顥，字子淳，一字道希，號龍山，浙江仁和進士，由刑部主事曆禮部郎，以抗節見忌出知臨江府，嘉靖十一年任。　楊鈞，安徽懷遠人。　陳德文，泰知人。

明嘉靖十五年（1536）刻本　存

光緒《江西通志》藝文略：《臨江府志》九卷嘉靖十五年知府

徐顥修。

《中國地方志聯合目錄》。

徐顥序夫郡志，史外備典也。是故志封邑，以表統馭；志建置，以辨制理；志官名，以昭職紀；志田賦，以述貢方，於是乎詳，重民力也；志祠祀，以協函物；志選舉，以崇英茂；志人物，以孚神毓。諸於登載，舊志攸存，勿可盡削，則以雜志終焉。是故郡志，史外備典也，文獻可徵，或它日君子之遐思夫……

【按】嘉靖十五年，知府徐顥修成府志九卷。其敘例曰：「不志天文，江以西鬥分廣也；不志詩文，匪藝類也；不志釋老，閑於經也；不詳前志，布諸史也；不詳物產，揚之南所同也」。全書分六志兩表：郡域志、建置志、田賦志、祠祀志、人物志、雜志及官師表、選舉表。原刻本今存，是現存最早的一部臨江府志。

〔隆慶〕臨江府志十四卷

管大勳修　劉松纂管大勳，字世臣，浙江鄞縣進士，選翰林庶起士，歷官禮、刑、工部，隆慶初任臨江府知府。　劉松，字汝貞，號羅川，新喻人，進士，官刑部郎中，後絕意仕進，著有《羅川遺稿》等。

明隆慶六年（1572）刻本　存

光緒《江西通志》藝文略：《臨江府志》十四卷隆慶六年知府管大勳修。

《中國地方志聯合目錄》。

管大勳序臨江郡，自宋淳化肇建，志凡幾作矣。前此版籍無存。洪武志偶得於民間，缺逸過半；弘治志，學士世家多藏之；獨嘉靖志具完，歷今且四十餘祀，魯豕眩觀，竄偽淆籍，嗣典弗載者亡計也。余視郡久，縉紳大夫士請葺至再，不暇，鞅鞅如負。辛未冬，請益亟……乃稽眾度始，遍訪賢士大夫，山氓故老，凡郡中事，若田賦、禮教、兵政之屬，與仕官、選舉、忠孝貞淑之類，今典牘者各具狀……維時三越月而告竣……（隆慶六年）

【按】本志修於隆慶五年冬，凡三越月，至隆慶六年二月告竣，共十四卷。卷一輿圖，卷二沿革，卷三疆域，卷四建置，卷五官師，卷六農政，卷七賦役，卷八秩祀，卷九防圉，卷十選舉，卷十一名宦，卷十二人物，卷十三雜志，卷十四藝文，子目四十二。施閏章評本志曰：「其筆簡嚴，多軼漏」。（康熙府志序）又本志卷一列輿圖十五幅，中有重刊宋臨江軍舊城圖、重刊宋臨江軍舊治圖、重刊洪武己巳志疆域圖及郡治圖、重刊弘治壬戌志郡治圖各一幅。前兩幅出自何書不明，但無疑係宋本舊軍志之遺存，彌足珍貴。後三幅當出自明洪武己巳府志及弘治壬戌府志。《稀見方志提要》稱：「查志乘之翻刻舊志輿圖志，莫若此志之備」，是也。本志有隆慶六年刻本，藏寧波天一閣，上海古籍出版社有影印本，收入《天一閣藏地方志選刊》。

〔康熙〕臨江府志十六卷

施閏章等修　高詠纂施閏章，字尚白，號愚山，宣城人，順治六年進士，順治十八年任分守湖西道參議。　高詠，字阮懷，宣城人。

清康熙七年（1668）刻本　存

清康熙十九年（1680）重刻本　存

光緒《江西通志》藝文略。

《清史稿》藝文志：《臨江府志》十六卷施閏章修。

《中國地方志聯合目錄》。

施閏章序順治辛丑秋，予分守湖西，徵臨江府志，自隆慶以來缺焉，時歲饑民勞，與郡邑諸大夫合志，休息數年，訟庭茂草，民稍寧處，既新學舍，繕城郭，百廢粗理，始議修郡志，請於巡撫中丞董公，報可……於是諮於郡大夫王君，遍告邑長及薦紳博士弟子，網羅編次，歲餘始草具其事，又屬友人高子阮懷為任筆削。先是，隆慶志成於太守管君大勳，從事者郡人比部劉君松也，其筆簡嚴，多軼漏。茲因其義例，而摭拾加詳，文辭略備，遠無徵及見在者概不立傳，以闕疑遠嫌也。至於賦役綜核，則專屬之清江令屈君……（康熙六年）

【按】本志修於康熙五年，分守湖西道參議施閏章主修，聘宣城高詠纂輯，次年成書。清修臨江府志，此本先出。是志沿用隆慶府志體例，略有變易。全書十六卷，分十四門，五十目。僅將隆慶志「防圉」改「防禦」。隆慶志專立「農政」一門，有田地、陂塘、土產、歲眚四目，本志一仍其舊。其內容較前志詳備，如施氏自序所謂「茲因其義例，而摭拾加詳，文辭略備」。本志有康熙七年刻本。又康熙十九年有重刻本，增陳克峻重刊序一篇。原刻、重刻兩本俱存。

〔同治〕臨江府志三十二卷首一卷

德馨　鮑孝光修　朱孫詒　陳錫麟纂德馨，字曉嵐，吉林長白人，生員，同治七年任臨江府知府。　鮑孝光，和州人，同治十年署知臨江府事。　朱孫詒，字石翹，清江人，廩貢。曾任浙江鹽運使。　陳錫麟，字秉初，新淦人，進士，官湖南桂陽直隸州知州。

清同治十年（1871）刻本　存

《中國地方志聯合目錄》。

德馨序同治戊辰秋，予蒞茲土。越明年己巳，奉憲檄纂修郡縣各志，中丞劉公緘屬朱石翹都轉董其事。庚午冬，督修四屬邑乘將成，乃與郡人士謀所以修郡志者，踵而行之。惟郡乘自施少參於康熙丁未修輯後，距今二百餘年，事勢遷延，控討匪易，況疊遭兵燹，見聞恐難真，用敢遠搜舊聞，近稽冊檔……其間因非襲舊，革不炫新，損所當損非尚簡，益所當益非務繁，參稽數四，八閱月而稿成……（同治十年）

【按】同治八年，臨江府奉憲檄纂修郡縣志，次年冬，四屬邑志將成，知府德馨乃謀修郡乘，屬朱孫詒等纂輯之，八閱月稿成，德馨量移吉州，鮑孝光署知臨江府事，將志稿校正刊行。全書三十二卷首一卷，卷首聖制，卷一輿圖，卷二至四疆域志；卷五至七建置志，卷八賦役志，卷九、十官師志，卷十一武備志，卷十二、十三選舉志，卷十四藝文志，卷十五雜類志，卷十六至十八名宦傳，卷十九至二十九人物傳，卷三十列女傳，卷三十一寓賢傳，卷三十二仙釋傳。是書體裁大體因襲康熙府志，其所變易者，取消沿革、農政二門，改「防禦志」為「武備志」，改「名宦志」「人物志」為「名宦傳」「人物傳」，又列女、寓賢、仙釋自分門立傳。本志有同治十年刻本，存。

〔宋〕清江志

佚名修纂

宋修本　佚

《輿地紀勝》卷三十四，臨江軍，古跡新淦縣城，引《清江志》一條。

《中國古方志考》：《清江志》佚。

《江西古志考》卷六：《清江志》佚卷數、撰人。按：《清江志》見引於《紀勝》，其成書當在宋寶慶以前，餘俱無考。

〔洪武〕清江志

佚名修纂

明洪武間修本　佚

《永樂大典》卷八〇九二，十九庚，城古新淦城（《臨江志》），引《清江志》一條。

【按】《大典》卷八〇九二，十九庚，城，「古新淦城」引《臨江志》曰：「今《清江志》有廢新淦縣城，意者即此城也」。今考此引《臨江志》，係明洪武二十二年修本，所言「今《清江志》」，當在洪武《臨江志》之前不久成書，茲定為明洪武間修本，當無大誤也。《江西古志考》將此《清江志》與《輿地紀勝》所引《清江志》錄為一書，不確。今重加考定著錄。又明崇禎縣志秦鏞序引「機部楊先生曰：此吾清江三百年缺典也」。《四庫提要》亦曰：「清江向無志，崇禎壬午（秦）鏞始創修」。則以秦鏞崇禎十五年縣志為清江邑乘之創修本。此說不可信。清江邑乘，宋時已有之，本書所錄《輿地紀勝》引《清江志》即是。秦鏞序其志亦曰：「大抵遺文既散，藏書未出」，雖語焉未詳，似亦謂前此有志籍藏之民間。而清人熊為霖序乾隆縣志更明言「邑舊有志，自明中葉缺所纂」，則明中葉以前當有修舉。今得此洪武縣志，可證熊說之不虛，庶可補崇禎以前本邑三百年缺典也。

〔崇禎〕清江縣志八卷

秦鏞修秦鏞，字大音，號若水，無錫人，進士，崇禎十年任清江知縣，著有《易序圖說》《皇極內篇小衍》等書。

清崇禎十五年（1642）刻本　存

《四庫全書總目提要》：《清江縣志》八卷明，秦鏞撰。鏞，無錫人，崇禎丁醜進士，官清江知縣。清江向無志，崇禎壬午，鏞始創修，凡分八目，視他志稍為簡明。

光緒《江西通志》藝文略。

《中國地方志聯合目錄》。

秦鏞序丁丑之冬，鏞謁典錄得清江，心念知之弗明，處之曷當，即晉謁機部楊先生，求邑志讀之。先生曰：無之，此吾清江三百年缺典也，盍補其缺。鏞謹受教……於是五年以來，或晤對先哲，則訪其舊；或驅車田間，則謀諸野；或道逢碑碣，則摩其字；或惠投編帙，則考其文。積之既久，寖以融貫。辛巳之秋，遂奮然舉事，凡逾年而始竣。既覆閱之，其中抱殘守缺，未能更補，卒為未成之書。嗟夫，豈不難哉！大抵遺文既散，藏書未出，舊聞放失，搜葺不至，此考據之難也……（崇禎十五年）

【按】崇禎十四年秋，知縣秦鏞舉修邑志，甫匝歲而書成。是志八卷，分八門，五十一目。卷一輿地（分沿革、疆域、山川、鄉都、坊巷、市鎮、津郵、古跡、風俗九目）；卷二營建（分城垣、堤壋、公署、學校、兵營、倉儲、壇祠、梵剎八目）；卷三戶產（分戶口、田畝、水利、土產四目）；卷四賦役（分稅糧、里甲、均徭、驛傳、民兵、雜派六目）；卷五官師（分縣令、縣丞、主簿、典史、教諭、訓導、把總七目）；卷六選舉（分進士、鄉舉、歲貢、諸科、蔭敘、恩貤、援例七目）；卷七人物（分名賢、隱逸、孝友、義勇、僑寓、貞烈、釋仙七目）；卷八藝文（分書目、詩、文三目）。清人熊為霖曰：「邑舊有志，自明中葉缺所纂。其季年，金匱秦明府鏞毅然輯新之，時則戎馬倥偬，見聞或不備，然亦可謂賢矣。」（《乾隆縣志序》）此志「以紀山川、封域、謠俗、土風頗詳。萬曆至崇禎間事物，大抵無缺，萬曆以前則較為疏略」（《稀見方志提要》）。

〔乾隆〕清江縣志三十二卷首一卷

鄧廷輯修　熊為霖纂鄧廷輯，字瑞五，號碧山，畢節舉人，乾隆四十一年任清江知縣。　熊為霖，字鶴橋，新建人，進士，翰林院編修。

清乾隆四十五年（1781）刻本　存

光緒《江西通志》藝文略：《清江縣志》乾隆四十五年知縣鄧廷輯修。

《中國地方志聯合目錄》。

熊為霖序昨歲戊戌，予及門士黔南鄧子碧山自巫峽移治於茲……乃商于邑之士大夫，以承纂為己任，延予共參訂。予老矣，霜穎告禿，何以力搜羅。庠同志諸君子，或家有藏書，或勤諮杖屨，殫慮研思，成若干卷。富矣，乃復闕疑，毋敢濾誕，筆墨有繩削，慎出入，略為史乘之遺，罔或逸，罔或濫，庶為昭信之書，以質碧山。碧山又以請斤削於諸名公、憲府，乃信剞劂氏壽梓……（乾隆四十四年）

【按】本志由知縣鄧廷輯主修，經始於乾隆四十四年，次年修竣。今可考清修清江縣志，以此編為先出。是志凡三十二卷首一卷，門類較明末秦志遠為詳備，資料亦富。卷首序、目錄、凡例、纂修職名、繪圖；卷一星野、卷二山川；卷三水利；卷四坊都；卷五城池、官署、倉庫、祠壇；卷六古跡；卷七田賦；卷八土產、風俗；卷九學校；卷十武德；卷十一秩官；卷十二、十三選舉；卷十四名宦；卷十五寓賢、人物；卷十六至十八人物；卷十九列女；卷二十至三十一藝文，卷三十二雜志。有乾隆四十五年刻本，存。

〔道光〕清江縣志二十八卷一卷末一卷

張湄修　楊學光等纂張湄，字春槎，河南汲縣人，拔貢，道光元年清江知縣。　楊學光，字懋恬，邑人，進士，曾任刑部浙江清吏司員外郎。

清道光四年（1824）刻本　存

光緒《江西通志》藝文略：《清江縣志》二十八卷道光四年知縣張湄修。

《中國地方志聯合目錄》。

張湄序適奉上憲檄，將重修通志，諭令各郡邑速修志乘，以供考訂……於是謀之紳士，擇邑之端謹能文者，諏吉開局……（道光四年）

【按】本志係知縣張湄奉憲檄纂輯，以供省修通志採擇。成書於道光四年。是志凡二十八卷，首末各一卷。正文分二十門，子目三十有五。其體例沿用乾隆縣志舊式，略有省並，省星野、沿革、風俗、土產諸門，立「建置」門（星野、沿革歸併於此，土產歸「山川」門），又改「田賦」為「賦役」。本志「人物」一門有五卷，「藝文」門有九卷。人物自漢記起，依朝代先後為序。藝文則按文體輯錄。此皆乾隆縣志成例，無所變易。本志有道光四年刊本，存。

〔同治〕清江縣志十卷首一卷

潘懿　胡湛修　朱孫詒等纂潘懿，號仙雲，浙江歸安人，監生，同治八年任清江知縣。　胡湛，安徽績溪舉人，同治九年任清江知縣。　朱孫詒，字石翹，本邑廩貢，浙江鹽運使。

清同治十年（1871）刻本　存

《中國地方志聯合目錄》：《清江縣志》十卷首一卷潘懿、胡湛修，朱孫詒等纂。清同治九年刻本。

潘懿序清江縣志自張君增輯後，距今四十七年……己巳冬，懿出宰斯土，適奉憲檄纂修郡縣各志，乃與邑之士紳商訂而踵成之……適兩浙轉運使者朱石翹先生養痾裡門，懿順輿論之推尊，再輸誠款，敬迓高軒。先生知此任之不容以旁屬也，於是集眾美之敷陳，嚴其去取，條分而縷析之……九閱月而書成，詢之闔邑紳耆，無復訾議，乃付手民而剞劂焉……（同治九年）

【按】本志係同治九年知縣潘懿奉命修輯，養痾鄉里之邑人兩浙轉運使朱孫詒主纂事。歷時九月，至是年冬稿成付諸剞劂。志中記有同治十年事，知刊竣於十年。本志十卷，首一卷。卷首詔諭。正文門目設置，遵憲頒條例，與道光縣志頗有不同。卷一沿革志，卷二疆域志；卷三建置志；卷四田賦志；卷五職官志；卷六武備志；卷七選舉志；卷八人物志；卷九藝文志；卷十雜類志。子目五十有五。

▶ 豐城

豐乘之可考知者，宋有五修，以北宋大中祥符間《圖經》為最早；南宋紹興、淳熙、寶慶、淳祐各有舉修。元有兩修，一為延祐李克家本，一為《富州志》。後者僅見《明一統志》所引，撰人撰年俱無考。明先後有六修。明初修本，疑《永樂大典》所引《縣志》即是。正統間熊觀有《馬湖志》。其後杜立、楊孜相繼纂有志稿，嘉靖間李貴有《豐乘》十卷，萬曆韓文本之續修。清康熙、乾隆、嘉慶、道光、同治間先後修志，各有成書。民國三十六年，又有《縣志稿》一部，未刊行。宋、元所修各本，今靡有孑遺。明修縣志，僅李貴《豐乘》存至今世，然殘佚二卷。清修五種，皆存其完帙。民國《志稿》，殘卷亦存。

豐城，漢為南昌縣地；建安初，孫吳立縣於富水西，因名富城縣，屬豫章郡。晉太康初，移治豐水西，改名豐城。梁大同二年，移屬巴山郡。隋初，廢豐城縣；開皇十二年復置，名廣豐；仁壽初復故名；大業十三年復廢。唐武德五年，複立豐城縣，屬洪州；天祐二年，敕改豐城為吳皋。後唐同光元年，復改吳皋為豐城。宋初隸鎮南軍，後屬隆興府。元至元二十三年，升為富州，屬龍興路。明洪武九年，降富州為縣，仍名豐城，屬南昌府。清仍明制。

〔祥符〕豐城圖經

李宗諤等修李宗諤，字昌武，饒陽人，由鄉舉第進士，累官右諫議大夫，修《文宗實錄》，有《文集》六十卷等行世。

宋大中祥符三年（1010）修本　佚

《中國古方志考》：《祥符豐城圖經》宋，佚。按：是圖經見淳祐《豐水續志》李義山序。

《江西古志考》卷六。

【按】宋淳祐《豐水續志》李義山序云：「祥符中，天子篤意文治，搜輯方志，幅員畢載，於時豐城獲在一千二百五十三邑之數。年運而往，求之故府，殆不復見。」據此，宋太中祥符間豐城修有邑志，此即當時所修《州縣圖經》之一種。（參見《祥符洪州圖經》考說）豐城古乘之可考者，當以本《圖經》最早。

〔紹興〕豐城圖經

胡璉修　何章纂胡璉，字宗偉，建安人，紹興十五年任豐城知縣。　何章，字文成，豐城人。

宋紹興間修本　佚

《中國古方志考》：《紹興豐水志》宋，佚。宋胡璉修，何章纂。按：是志見寶慶《豐水縣志》王孝友序，淳祐《續志》李義山序。

《江西古志考》卷六：《紹興豐城圖經》宋胡璉修，何章纂。

【按】宋寶慶《豐水志》王孝友序曰：「豐為邑且千載，而圖志猶未大備，雖幸而卒就於胡令君璉、蕭贊府賓，為一時采掇，未遑序正。」淳祐縣志李義山序亦曰：「厥後（引者按：指北宋大中祥符之後）再纂於紹興胡令君，而邑士何章文成乃其屬筆。」據此，南宋紹興間知縣胡璉嘗修邑乘。此志題名不詳，卷帙、內容亦失考。

〔淳熙〕續豐城圖經

蕭賓修　甘同叔纂蕭賓，臨江人，淳熙年間任豐城縣丞。　甘同叔，字叔異，邑人，淳熙間進士，攝荔浦縣事。

宋淳熙間修本　佚

《中國古方志考》：《淳熙豐水續經》宋，佚。宋蕭賓修，甘同叔纂。按：是志見寶慶《豐水志》王孝友序，又淳祐《續志》李義山序。

《江西古志考》卷六：《淳熙續豐城圖經》宋蕭賓修，甘同叔纂。

【按】寶慶《豐水志》王孝友序謂「胡令君璉、蕭贊府賓」相繼修邑志，又曰：「自蕭贊府《續經》既出，此序（引者按：指胡志序）不存」。淳祐縣志李義山序亦云，邑乘「重修於淳熙蕭贊府賓，而寓士甘同叔叔異實所授簡」。知淳熙蕭賓乃續紹興胡璉《圖經》。其後王孝友「因其缺而搜補之」，另纂就一志。

〔寶慶〕豐水志三卷

王孝友纂王孝友，字順伯，邑人，著有《性理彝訓》《造化六合論》等，《宋史》有傳。

宋寶慶元年（1225）稿本　佚

光緒《江西通志》藝文略：《豐水志》三卷寶慶元年邑人王孝友修。孝友見傳紀類。

《中國古方志考》。

《江西古志考》卷六。

王孝友序豐為邑且千載，而圖志猶未大備，蓋聞見狹而無以證，事蹟散而艱於聚也。雖幸而卒就於胡令君璉、蕭贊府賓，為一時采掇，未遑序正，或者不無毫髮之恨。孝友生為邦民，訪求差易，竊嘗過不自料，因其缺而搜補之，經涉一紀，僅能彷彿，若題名，若詩話、若人物，則前此未是有也。胡令君之言曰……自蕭贊府續經既出，此序不存，既前懿文無

傳也，故錄於篇，胡令君，字宗偉，建安人，蓋定文之猶子。（寶慶元年二月）

【按】本志為邑人王孝友所輯。前此，紹興間知縣胡璉、淳熙間縣丞蕭賓相繼纂續邑經，乃「一時采掇，未遑序正」。王孝友「因其缺而搜補之，經涉一紀，僅能彷彿」，王氏自序如是。王序撰於寶慶乙酉（元年）二月，當是其志草成之時。前後經營長達十二年（一紀）之久。淳祐縣志李義山序稱：「王君順伯篤學有志，遺文軼事，悉力討究，余亦每薦所聞，垂二十年（引者按，此言『二十年』，應為『十二年』之誤）粗為成書，不幸刪潤未竟，而君絕筆矣。」由此可知，本志係王氏刪潤未竟之稿本，李義山亦參與過本志資料搜尋工作。曹彥約有序稱本志：「文約事核，自當傳信百世。」又曰：「酌風俗之本原，辨戶口之登耗，識萬物之聚散，相與表章而敷棻之，使悠悠千載有所考證。」明人李貴亦稱「王順伯作《豐水志》，宋事足徵已」。

〔淳祐〕豐水志六卷

劉卿月修　李義山等纂劉卿月，字升叟，合沙人，淳祐四年任豐城知縣。　李義山，字伯高，邑人，以父澤補將仕郎，登嘉定進士，歷官大宗正、江淮都大提點、贛州通判。

宋淳祐六年（1245）刻本　佚

《永樂大典》卷六八五一，十八陽，王王子邱；卷八〇九一，十九庚，城豐城縣城，引《豐水志》二條。

《中國古方志考》：《豐水志》六卷宋，佚。

《江西古志考》卷六。

李義山序祥符中，天子篤意文治，搜輯方志，幅員畢載，於時豐城獲在一千二百五十三邑之數。年運而往，求之故府，殆不復見。厥後再纂於紹興胡令君，而邑士何章文成乃其屬筆。重修於淳熙蕭贊府，而寓士甘同叔叔異實所授簡。由後視前，宜無遺憾。今甲癸七周，非維時異事殊，沿流泝源……王君順伯篤學有志，遺文軼事悉力討究，余亦每薦所聞，垂二十年粗為成書，昌谷曹公謂其文約事核，自當傳信百世，非溢美者。不幸删潤未竟而君絕筆矣。合沙劉公來長茲邑，發硎方新，百廢俱舉，不鄙詔余，頗詢故實，是編始得轉聞。既又屬余論次，以俟鋟刻。會迫行弗克詳，乃與順伯之弟孝恭、子學裘考證舊聞，傅益近事，使成一家之言……（淳祐六年）

【按】本志係淳祐間縣令劉卿月屬邑人李義山據王孝友遺稿增訂而成，所謂「考證舊聞，博益近事，使成一家之言」。李義山曾參與王順伯書資料搜尋工作。此次增修，又有王順伯之弟孝恭、子學裘與其役。考劉卿月序撰於淳祐丙午（六年），此志當成於是年。又《永樂大典》引《豐水志》「豐城縣城」條記有宋淳祐乙巳縣宰劉月卿通濠架橋，張國淦氏《大典輯本》錄歸本志，可從，此乃李序所言「博益近事」之類。又輯《豐水縣志》佚文一條，亦係宋志，所本未詳，暫繫於此。

〔延祐〕豐水續志六卷

李克家纂李克家，字肖翁，邑人，延祐中任州教授。遷遼陽學提舉。

元延祐三年（1316）刻本　佚

倪燦《補遼金元史藝文志》：李肖翁《續豐水志》六卷字克

家，富州人，州學教諭遷提舉。

錢大昕《補元史藝文志》。

《千頃堂書目補》。

光緒《江西通志》藝文略。

《中國古志考》。

《江西古志考》卷六。

揭傒斯序王順伯修豐水志之六十有三年，邑升為富州。又二十有五年，李君肖翁典鄉校。居五年，乃輯淳祐以來城池人物時政之跡及前志所未備者，為續志六卷。條數類析，窮搜極簡，將以垂信方來……是書於貢賦之變，未嘗不再三深致其意，使為政者少有仁恕，必能戚焉有動乎中，思復其舊。其於政教所書，必錄其善而遺其不善，此居其鄉不非其大夫之意，亦作志者之法也。君以碩學粹德，起文獻之家，居師儒之位，祠先賢，尊景行，育人才，無所不用其道，猶惓惓是書，而豈徙哉。後之君子，尚求李君之志。

【按】本志揭傒斯序曰「邑升為富州，又二十有五年，李君肖翁典鄉校，居五年，乃輯淳祐以來城池人物時政之跡及前志未備者，為《續志》六卷」。據此，本書當係宋淳祐《豐水志》（即揭序所謂「前志」）之續編，可推知修於元延祐三年。光緒《通志》著錄為「延祐五年邑人李克家修」，所據不明。揭氏又曰：「是書於貢賦之變，未嘗不再三深致其意」；又「其於政教所書，必錄其善而遺其不善」。明人李貴稱：「李肖翁作《續豐水志》，元事足徵已。」

〔元〕富州志

佚名修纂

元修本 佚

《明一統志》卷四十九，南昌府，形勝羅山峙其南；風俗士知尚儒；引《富州志》兩條。

《中國古方志考》：《富州志》佚。

《江西古志考》卷六。

【按】按元至元二十三年升豐城縣為富州，明洪武九年復降為縣。本志題稱「富州」，應為元修本。其撰年、纂人均無考。揭傒斯序元延祐李克家《豐水續志》，以延祐志係元修縣志之最先出者，在豐城升富州後三十年。知此《富州志》成書當在延祐李克家志後。歷來舊志家論元修豐城志乘，僅知有延祐一本。今從《明一統志》中輯得元《富州志》佚文兩條，可補元延祐至明初邑典之闕。

豐城縣志

佚名修纂

修纂年不詳 佚

《永樂大典》卷二六〇三，七皆，台甘露台，引《豐城縣志》一條。

《江西古志考》卷六：《豐城縣志》佚卷數、撰人。

【按】《大典》引《豐城縣志》一條，其佚文曰：「淳熙壬寅（九年）」，知本志或修於宋淳熙九年以後，元至元二十三年縣升富州之前；或修於明洪武九年復豐城縣之後，永樂以前。今按明初洪武至永樂間，未見有修邑志記載。正統間邑人熊觀所修，後人屢有稱道。考魏驥序正統志曰：「因以舊志而釐正之。」又嘉靖《豐乘》李貴序曰：「正統間熊用學復作《續志》。」據此可知，熊觀乃「因舊志」而「復作《續志》」，則此「舊志」似去正統未遠，頗疑是明初修本，即《大典》所引《豐城縣志》，亦未可知也。茲謹附管測以供參考。

〔正統〕馬湖志

朱暄修　熊觀纂朱暄，字廷貴，繁昌舉人，正統七年任豐城知縣。　熊觀，字用學，邑人，由貢入監，永樂初教習六館，授刑科給事中，官至山西參政，著有《朝回紀實》《存拙稿》等。

明正統十年（1445）刻本　佚

光緒《江西通志》藝文略：《馬湖志》正統十年知縣朱暄修。

魏驥序於是山西參政邑人熊公觀既致政，乃謀於邑知縣繁昌朱暄、縣丞會稽余謚、瓊山謝環、主簿括蒼周宗貴、典史武昌劉忠、儒學教諭會稽柴璘、訓導石首齊士馨，各竭所知、復極搜訪，因以舊志而釐正之，至一邑之所宜書者，既核而詳，條分緒列，俾一覽之頃，於所欲知靡不了然如指諸掌……（正統十年七月）

【按】本志係正統間知縣朱暄所修，實由邑人熊觀纂輯。其書久佚，篇帙及門類設置均不詳。後志載，熊觀「修《馬湖志》，考證詳核，時有以世譜私刻求載者，力謝卻，人服其公」。（同治縣志卷十二，人物，仕績）明人李貴曰：「正統間熊用學復作《續志》，而國初事足徵已」。又，本志光緒《通志》著錄作「馬湖志」。道光《豐城縣志》卷首「前修姓氏」亦錄「熊觀著馬湖志」。而明嘉靖《豐乘》李貴序卻稱之「《續志》」（當為《豐城縣續志》）。茲從道光縣志、光緒通志著錄。

〔明〕豐城志稿[1]

杜立纂杜立，字叔宣，本邑舉人，曾任武進縣教諭，著有《立心詩稿》等。

明修稿本　佚

道光《豐城縣志》藝文志：《豐城志稿》杜立著。

【按】本志見道光《豐城縣志》藝文志著錄。然道光志卷首「前修姓氏」卻未列杜立《志稿》。明清以來志乘家序跋亦未見提及。是書既稱「志稿」，當是未刊之稿本，撰年亦不詳。據道光縣志，人物，科目載：「景泰元年庚午鄉試：杜立，字叔宣，鶴村人，武進教諭。」杜氏此稿編纂，似在正統熊觀《馬湖志》之後。（參見楊孜《豐城志稿》考案）

〔明〕豐城志稿[2]

楊孜纂楊孜，字勉文，本邑舉人，曾任峨眉縣知縣，著有《認齋稿》等。

明修稿本　佚

道光《豐城縣志》藝文志：《豐城志稿》楊孜著。

【按】道光縣志藝文志錄有楊孜所著《豐城志稿》，該書道光志卷首「前修姓氏」亦未列入。楊氏《志稿》，亦草志可知。其纂年不詳。道光縣志，人物，科目：「正德二年丁卯鄉試，楊孜，字勉文，崇之孫，友孝清修，博雅好學，任峨眉知縣」。由楊氏得科第之年，可知其世晚於杜立，楊氏《志稿》應在杜稿之後無疑。又，明嘉靖李貴纂《豐乘》，所序邑乘源流，明初隻舉熊觀所修，於正統以下之杜、楊《志稿》未置一詞，不知何故。今錄得杜、楊兩《志稿》，可明自正統至嘉靖百餘年間，邑乘纂修，未曾中絕也。

〔嘉靖〕豐乘十卷

王徽猷修　李貴纂王徽猷，字天誥，嘉靖間任豐城知縣。　李貴，字廷良，號浣所，邑人，嘉靖癸丑進士，由翰林庶起士歷官四川副使。

明嘉靖四十二年（1563）刻本　闕

《千頃堂書目》卷七：李貴《豐乘》十卷。

光緒《江西通志》藝文略：《豐乘》十卷嘉靖四十二年知縣王徽猷修。

《中國地方志聯合目錄》。

李貴序《豐乘》十卷，事之舊章備載是已，曰紀，曰表，曰志，曰傳，體不同而同主於載，故統之曰乘。夫諸體仿諸太史氏……豐幸有先哲能世修之。王順伯作《豐水志》，宋事足徵已。李肖翁作《續豐水志》，元事足徵已；正統間熊用學復作《續志》，而國初事足徵已……貴方除服，王侯天誥檄修邑乘，且致撫院胡公、按院陳公及韓文宗公之命，予以鉛槧久荒，三辭焉不獲，乃罄其愚，同諸文學搜輯舊章，為豐乘。書成，宗侯晉甫代之上其牒於諸公，僉命梓之……（嘉靖四十二年）

【按】本志係嘉靖四十一年邑侯王徽猷委邑人李貴編輯，「就館於壬戌之秋八月既望，即冬而竣事」。本志體裁仿諸史書，「為紀一、表五、志八、傳五。其體古而則，其文雅而馴，其事典而核，蓋星野、疆域、營建、食貨、祠祀，人文三才之道畢茲矣」。（胡松序）清人陸履敬稱：「綱舉目張，體裁獨得，其《豐乘》乎。」全志十卷，有嘉靖四十二年刻本，書口作《豐城縣志》。今存八卷。又一九六四年豐城縣志編委會有抄本。

〔萬曆〕續豐乘

韓文修韓文，字元質，無錫人，進士，萬曆十四年任豐城知縣。

明萬曆十九年（1591）刻本　佚

光緒《江西通志》藝文略：《續豐乘》萬曆十九年知縣韓文修。

韓文跋豐之乘，昔底事於肅廟，時壬戌秋，既今三十餘授曆矣。於間秩授文物，登序雋良，得而嗣新者不一種，顧殘蝕毀蠹，即原簡亦散其五十餘策，於更代之先，每爾披對，三自拊掌，謂中經之續將委之誰。今幸省大志更修於台司諸名筆，下檄郡邑採訪，類具以詳而文也，非五勝其才，曷貂足為，以遽自品評於濛汜之次哉，僅僅指舊本而補錄之，再為全書云。他則概以屬之二三弟子員……（萬曆十九年）

【按】萬曆間，知縣韓文奉命纂輯邑志，乃以嘉靖壬戌《豐乘》為本增續之。其時嘉靖舊志「殘蝕毀蠹，即原簡亦散其五十餘策」，此修「僅僅指舊本而補錄之」，並增蓋嘉靖壬戌之後事。原書已佚，今無從詳論之。

〔康熙〕豐城縣志十二卷

何士錦修　陸履敬纂何士錦，字晝生，浙江建德人，進士，順治年間任豐城縣知縣。　陸履敬，字止敬，本邑進士，曾任大理寺觀政，著有《小雲間集》等。

清康熙三年（1665）刻本　存

光緒《江西通志》藝文略：《豐城縣志》康熙三年知縣何士錦修。

陸履敬序豐城有志，舊矣。宋曰豐水志，王順伯之所纂也。元曰續豐水志，李肖翁之所纂也。明正統續志，大參熊用學之所纂也。嘉靖豐乘十卷，太史李文麓之所纂也。始或略而未詳，繼或詳而未備，綱舉目張，體裁獨得，其豐乘乎。然足以信當時，傳後世者，莫不各有在也。今百年弗續矣，幸皇清定鼎，百度維新，矧志在邑猶國有史，稱巨典哉。我富春何侯器識端凝，學問淵博，治豐五載，美政備舉，游刃之餘，遂毅然以修輯為己任。上其事於各上臺，皆報可。於是諏吉開局，徵文考獻……凡歷歲一周而書成……（康熙三年）

【按】本志之修，「操觚於壬寅（康熙元年）之夏，竣事於癸卯（康熙二年）之秋」。其「體裁次第多次《豐乘》，」（餘配元序）然頗有增改，其正文有志、傳兩體，志分邑志、星野志、疆域志、封爵志、職官志、科第志、山川志、風俗志、營建志、賦役志、溝洫志、學校志、秩祀志、藝文志、別志諸門；傳有人物傳及逸行、孝節、釋仙傳。有康熙三年刻本，存。

〔乾隆〕豐城縣志二十卷首一卷末一卷

滿岱修　唐光雲纂滿岱，字魯青，號筠峰，正白旗人，舉人，乾隆十五年任豐城知縣。　唐光雲，字履青，號萃亭，本邑進士，曾任長寧知縣。

清乾隆十七年（1752）刻本　存

光緒《江西通志》藝文略：《豐城縣志》二十二卷乾隆十七年知縣滿岱修。

《中國地方志聯合目錄》。

滿岱序越明年辛未暮春，以禮延邑名宿唐君光雲……開館而屬筆焉。猶計續自康熙三年以後，而前此可無費詞。已而登堂投牘者日縱然遝至。叩其所執，多以補缺訂訛為言。爰取前志，按之良然……此續志者轉而重修前志，豈得已哉。於是提綱挈領，區分義例，唐君主之，各抒所長，求詳且備，諸君任之。而相與裁是非酌可否……是志閱歲一周，授梓竣事，得書二十二卷……（乾隆十七年）

【按】乾隆十六年辛未暮春，豐城縣令滿岱設局修志，禮延邑士唐光雲主其役。本志為康熙三年志之續修，原似接其後增續。然前有訛缺，邑人頗多投訴，故「此續志轉而重修前志」。本志體裁沿襲康熙志而有所損益。乾隆十七年修竣。

〔嘉慶〕豐城縣志二十三卷首一卷

鄭塏修　羅拔　丁猷駿纂鄭塏，溧水舉人，嘉慶十二年任豐城知縣。　羅拔，號抑齋，字迥萬，本邑進士，曾任黃陂縣知縣。　丁猷駿，字適聲，號健庵，本邑舉人，曾任江浦知縣。

清嘉慶十三年（1808）刻本　存

光緒《江西通志》藝文略：《豐城縣志》二十三卷嘉慶十三年知縣鄭塏修。

《中國地方志聯合目錄》。

丁猷駿序丙寅歲，沁水竇太史來宰是邑，慨然有意是舉，以憂去，弗果行。靖海朱公繼之，亟召紳耆集議，且並重修學宮而兼籌焉，自夏徂秋，未有定議。是時駿遊幕東粵未歸也，遲回者久之。秋間駿粵歸，朱邑侯召至署，以大義責之……以是年十月偕同輩開局，甫定章程而朱邑侯又以他案詿吏議矣。幸而御史台慎簡賢能，鄭司馬以宰吾豐，下車則舉是二者而振作之。由是費不勸而自輸，工不督而自奮，綱舉目張，志成有日……（嘉慶十三年）

【按】嘉慶十一年，邑宰竇氏擬修縣志，未果。次年靖海朱氏繼任，重議此事，遂於是年十月開局，委邑士羅拔、丁猷駿等纂輯，甫定章程而朱氏以事去職。鄭塏來宰豐邑，接修縣志。如羅拔序云：「是役也，始於嘉慶丙寅（十一年）夏五，成於戊辰（十三年）秋中」。此次修纂乃以乾隆志作底本，「遂類分疏，補其殘闕，正其謬訛，辨其疑似，要皆根據郡書，未敢少為臆斷」。而乾隆「壬申（十七年）以後，半取資於六房之椽史，不廢胥鈔；半徵信於四鄉之故老，匪同耳食」。其門目設置，「乃取前志目錄參互考證，略加變通，循節次無失其因，別體裁不嫌其創。或益之，或損之，詳略適宜，若分焉，若合焉，正附有體」。（以上俱見羅拔序）

〔道光〕豐城縣志二十四卷首一卷

徐清選　李培緒修　毛輝鳳纂徐清選，字湘浦，湖南巴陵舉人，嘉慶二十五年，道光元年、四年三度出任豐城知縣。　李培緒，直隸任丘人，進士，道光四年署任豐城知縣。　毛輝鳳，字梧生，本邑舉人，曾任巴縣知縣。

清道光五年（1825）刻本　存

光緒《江西通志》藝文略。

《續修四庫全書提要》。

《中國地方志聯合目錄》。

毛輝鳳序歲癸未，賢父母徐侯涖豐之三年，奉憲檄通志重修，各屬其匯志呈核。時候集紳謀修志。甲申五月，侯以異薦入都。河間李父母自瑞昌來攝豐。閏七月，偕贊府姚公以侯成議，召眾舉任事者設局。先是，縣志修自嘉慶戊辰，距今十有七載，方議應增者分類以續。八月，眾受事，檢舊刻漫漶殘缺十之三，勢宜易板。時上臺檄催蓋迫，各公務費不貲，議數日始定，既望與同志諸先生酌體例，檢校舊本，付傭書者書。重九後，侯旋自京，稿以時質。十月，募刊工興事。十一月，舊稿畢，乃續應續者……越月續稿畢。今年二月，刊工畢。四月，書成……（道光五年）

【按】道光三年，憲檄重修通志，各屬其匯志呈核，豐城縣令徐清選謀修志。尚未舉事，徐氏去，李培緒來任，於道光四年七月設局舉修，次年二月畢此役。本志體例仿《無錫志》，「訂為地理、官政、人物、藝文四門，綱以小序；列傳系諸人物；雜錄系諸藝文，裁制與舊志雖殊，要以挈領提綱，便於觀覽。」（本志凡例）《續修四庫提要》稱本志：「睹其大綱雖簡，而子目則甚完備，記載亦稱有法。」如列傳所本之舊志及有所補訂，俱注明出處；藝文所載書目，「間有仿《四庫簡明目錄》作提要者。所志風俗，美惡並書」。然「此志由於急就，始事終事只三閱月，稿甫脫即付鐫工，又多修檢舊板存留，章程未歸畫一」，不無草率之嫌。

〔同治〕豐城縣志二十八卷首一卷

王家傑等修　周文鳳　李庚纂王家傑，字起士，湖南平江舉人，同治八年、十一年兩度出任豐城知縣。　周文鳳，字上聞，號翽臣，本邑舉人。　李庚，字夢白，本邑舉人，樂安縣教諭。

清同治十二年（1873）刻本　存

《中國地方志聯合目錄》。

汪綬之序歲戊辰，上臺纂修通志，檄各屬先修縣志，時宰斯土者平江王君起士，裒資開局，遴邑賢任之，放舊訂新，悉心纂校，俱各稱其事。未幾，起士調省淮川，唐君梓臣攝篆，概循舊轍。壬申春，起士復任，秋捐館舍，邑賢惜之，謂志事失師承矣。比餘至，六越月而書成……（同治十二年）

【按】本志係奉憲檄纂輯，經始於同治七年，同治十一年修成。本志體例「遵省志，分地理、建置、食貨、學校、武備、職官、選舉、人物、藝文、雜類十門，各目依次編入」。本志疆域沿革、山川都圖、風俗土產、古跡，皆襲用舊志，無所損益。「其所改前志者，一前志職官冠本邑人物之首，以治豐之人，儕於受治之人，殊有未允，此特立職這一門；一前志學校繫於官政，茲另辟學校一門……一前志有田賦，無戶口，未免遺漏，茲於食貨附列戶口；一前志無倉儲，茲亦附於食貨，以補其缺」。此志以考證見長。又藝文志所收詩文過濫，「究未能稱完璧」（《續修四庫全書提要》）。

〔民國〕豐城縣志三十六卷首一卷

任傳藻修　楊向時纂任傳藻，邑人，縣志館長。　楊向時，邑人，縣志館副館長。

民國三十七年（1948）稿本　存

《中國地方志聯合目錄》：《〔民國〕豐城縣志》三十六卷任傳藻修，楊向時纂。

【按】本志由任傳藻主修、楊向時主纂，經始於民國三十六年，翌年稿成，未得刊行。稿本今存。全志分十四門，子目九十有九。其體例較舊志有更易，諸如經濟、黨派諸分志之增設和根據當時社會現實所設置的子目，等等，皆前所未有。

▶ 奉新

宋嘉定間知縣張國鈞纂修《新吳志》二卷，宋、元人已有著錄，縣乘之可考者，以該志最早。宋嘉定以後至元百五十餘載，志籍闕如。明永樂十三年，孫敏才、楊永源纂有志稿，未刊行。其後知縣趙理本之修成一志。景泰、成化、弘治、嘉靖、萬曆相繼增輯，未曾斷絕。清康熙元年知縣黄虞再重修邑志十四卷。乾隆四年邑人甘汝來命其子甘禾修志，屬私修本，稿成未壽棗梨。乾隆十五年知縣余潮本甘稿編纂成書。乾隆四十八年又有增訂，亦稿本。道光四年知縣鄒山立據乾隆四十八年志稿，參酌他書重加排纂。同治十年知縣呂懋先又奉檄修成縣志一編。民國三十五年，邑人謝聖謨編有《奉新鄉土志稿》一部，非正志，不著錄。清之前舊乘俱已亡佚。清修本除乾隆四年、四十八年志稿兩部未見，康熙元年志、乾隆十年志、道光六年志、同治十年志今皆存其全帙。

東漢永元間，分海昏縣置建昌縣，中平二年，又分置新吳縣，屬豫章郡。隋開皇九年，省入建昌。唐武德五年，復置新吳縣，屬南昌州；八年，南昌州廢，新吳省入建昌縣。永淳二年，復分建昌，置新吳縣。南唐升元元年改縣名奉新。宋屬隆興府。元屬龍興路。明屬南昌府，清仍之。

〔嘉定〕新吳志二卷

張國鈞修張國鈞，字維之，南城人，嘉定三年知奉新縣。

宋嘉定七年（1214）刻本　佚

《直齋書錄解題》：《新吳志》二卷知奉新縣盱江張國鈞維之撰。新吳，舊縣名。嘉定甲戌。

《文獻通考．經籍考》。

光緒《江西通志》藝文略。

《中國古方志考》。

《江西古志考》卷六。

【按】本志係現今所知最早奉新縣志，其書久佚，《直齋書錄解題》《文獻通考》等有著錄。新吳，奉新縣舊名。

〔永樂〕奉新縣志[1]

孫敏才修　楊永源纂孫敏才，浙江上虞人，永樂十三年任奉新縣主簿。　楊永源，廣東徐聞人，永樂六年任奉新縣訓導。

明永樂十三年（1415）稿本　佚

【按】永樂十五年縣志趙理序稱：「邑庠希文詹廣文持帙而告曰：是編也，乃縣志大概，前此簿判上虞孫公敏才命司訓雷陽楊公永源采摭草創，未幾，孫以朝覲行，楊以丁艱去，欲類之而莫果也。」考孫敏才於永樂十三年任奉新縣主簿，楊永源永樂六年任縣訓導，十三年去職。（見同治縣志，職官）則本志當修於永樂十三年。志稿粗就，未刊。又據趙理序，趙氏於永樂十二年秋宰斯邑，「居歲餘，以董工趨事北京，十五年冬暮還」。其後趙氏即本此志稿纂成一志。趙志另行著錄。

〔永樂〕奉新縣志[2]六卷

趙理修　張昭纂趙理，南直江都人，永樂十二年任奉新知縣。　張昭，字淳禧，邑人，永樂四年進士，官刑科給事中。

明永樂十五年（1417）刻本　佚

光緒《江西通志》藝文略：《奉新縣志》永樂十五年知縣趙理修。

趙理序永樂十二年秋，欽承上命出宰斯邑，嘗求縣志，竟弗克獲。居歲餘，以董工趨事北京，十五年冬暮還，適邑庠希文詹廣文持帙而告曰：是編也，乃縣志大概。前此簿判上虞孫公敏才命司訓雷陽楊公永源采摭草創，未幾，孫以朝覲行，楊以丁艱去，欲類之而莫果也。願君子成人之美……遂以是本邀諸進士張公淳禧暨邑士葉思濟、毛蘊德、李克躬日就學宮，正其訛舛，補其遺缺，編次成類……（永樂十五年）

【按】永樂間邑令趙理修纂此志。前此，縣簿判孫敏才已修志稿一帙，本志即據孫志稿「正其訛舛，補其遺缺，編次成類」，釐為六卷。書成於永樂十五年。原本已亡，趙理自序一篇尚存。後人稱本志之修：「時兵燹初定，簡編殘帙，理廣諮文獻，編輯邑乘，尤雅意作人，有振興文教之功。」（道光縣志卷六，秩官）

〔景泰〕奉新縣志

邵忠等纂邵忠，浙江桐盧監生，景泰三年任奉新縣學訓導。

明景泰間稿本　佚

【按】乾隆十五年縣志帥光祖序云：「奉新之有志，自宋始……明景泰、嘉靖、萬曆皆有志。」道光縣志「舊修姓氏」載「景泰志，名闕」；又「成化志，知縣謝熋、教諭林淳、司訓邵忠」。按邵忠修志之事，見明成化縣志林淳序，云：「成化紀元，幸蒙朝廷遣官纂修郡邑圖志。時本學司訓邵忠暨邑之儒士王承緒、毛有倫等同心協力而採錄之，集成，卜吉以進，為稿是存」。考邵忠景泰三年任奉新縣學訓導（後遷廣昌教諭），天順元年既已離任。（見道光縣志卷六，秩官，訓導）邵氏等修縣志當在景泰三年至六年間。道光縣志「舊修姓氏」將司訓邵忠列入成化志纂人，與永樂趙志納「簿判孫敏才、司訓楊永源」為纂人同，蓋後修以前稿為底本編次故爾。

〔成化〕奉新縣志八卷

謝熋修　林淳纂謝熋，字世華，浙江臨海人，以明經行修舉擢知縣，天順六年任奉新知縣。　林淳，字廷實，福建閩縣舉人，成化六年任縣訓導。

明成化六年（1470）刻本　佚

光緒《江西通志》藝文略：《奉新縣志》八卷成化六年知縣謝熋、教諭林醇修。

林淳序成化紀元，幸蒙朝廷遣官纂修郡邑圖志，時本學司訓邵忠暨邑之儒士王承緒、毛有倫等同心協力而採錄之，集成，卜吉以進，為稿是存。於是時，邑令天臺謝公焌以儒官牧斯邑，不三年，六事畢舉，百廢皆興。成化庚寅冬升為九江守，將之任，懼是錄歲久散逸，乃屬予編次成集。予不容辭，遂會集本學司訓鄭和、顧望相與討論，復延本邑致仕同知孔惠質正，於是新舊二志互相讎校，訛者正而遺者補，繁者芟而新者續……書成，釐為八卷……

【按】本志成書於成化六年。此前景泰間縣學司訓邵忠等已修縣志，稿成未刊。成化六年知縣謝氏將升調，乃屬縣學教諭林淳將邵志稿編次成集，訂訛補遺，芟繁續新，釐為八卷。其事詳纂人林淳序。原書不存，其體例不得而知。

〔弘治〕奉新縣志

佚名修纂

明弘治間修本　佚

【按】清道光縣志「舊修姓氏」有「弘治志」一種，注曰「名闕」。然未見後志序跋言及。該志修纂人、成書情況俱不詳。今據道光縣志著錄。

〔嘉靖〕奉新縣志

朱雲鳳修　陸任忠纂朱雲鳳，字瑞卿，號雪峰，浙江烏程進士，嘉靖元年任奉新知縣。　陸任忠，字希旦，南海人，嘉靖中任縣訓導。

明嘉靖四年（1525）刻本　未見

光緒《江西通志》藝文略：《奉新縣志》嘉靖四年知縣朱雲鳳修。

朱雲鳳序時學訓南海陸君希旦，性資純孝，自捧檄家居，即留內子侍養，獨處官舍者已六稔於茲矣。講次有暇，應余有文，遂假秉董狐之筆，編摩撰次之功實任其責。而學諭毛君德亨、同官葉君子鐘，互相參訂，眾善咸集。不數月而志書有成，其為卷凡若干，各有論列，綱則大書，目則分注，宛然國史矩度置之篇帙……

【按】嘉定四年知縣朱雲鳳主修縣志，屬學訓陸希旦主纂，學諭毛德亨等相互參訂，不數月而書成。事詳朱氏自序。又朱序曰：「其分列次第，則曰地理，曰財賦，曰宮室，曰郡祀，曰儲恤，曰秩官，曰選舉，曰人物，曰恩例，而外志兩卷，則以祥異為始而以詞翰終焉。」是志未獲見，存佚不知。

〔萬曆〕奉新縣志

黃卷纂黃卷，邑人，官宜城訓導，著有《雙溪類稿》六卷、《皇明通紀》四卷。

明萬曆九年（1581）修本　佚

光緒《江西通志》藝文略：《奉新縣志》萬曆九年邑人黃卷修。黃卷見別史類。

【按】道光《奉新縣志》「舊修姓氏」：「萬曆志，邑紳黃卷修。」然「舊序」中無此書序跋，今據光緒《江西通志》著錄，其書卷次類目無以考詳。

〔康熙〕奉新縣志十四卷

黃虞再修　閔鉞纂黃虞再，字宇九，號泰升，陝西伏羌人，進士，順治十七年任奉新知縣。　閔鉞，字晉公，號治庵，本邑舉人。

清康熙元年（1662）刻本　存

《中國地方志聯合目錄》。

黃虞再序奉新志遠不可考，而編序所及，蓋成於有明之永樂間也，江都趙君實為創始。烏程朱君復輯於嘉靖時，已為重修矣。迄今多歷年所，滄桑屢變，梨棗不壽，竟成闕典。予實宰斯邑，詎可任之，於是延邑之孝廉文學就館而議纂修焉……條例綱目，一遵舊章，雖時至事起，踵事增華，不無益贅於其間，亦惟期於舊廢具舉，正訛補遺，非敢云於舊有加也……是集也，經始於順治辛丑歲十一月，至康熙元年夏六月告成。（康熙元年）

【按】本志之修，經始於順治十八年十一月，至康熙元年夏六月告成。今存康熙元年刻本。其書「條例綱目，一遵舊章」（黃虞再序）。知本明修舊乘「踵事增華」。其體裁「統以十類，分以十四卷；卷有總目，有附目，總目各為小序，以括大意；事則大書，注則小書，使觀者便覽」。

〔乾隆〕奉新縣志[1]

甘禾纂甘禾，字周書，號愛廬，本邑舉人，曾任兵部車駕司主事。

清乾隆四年（1739）稿本　佚

甘汝來序縣志自康熙元年修後迄今七十餘年未有重輯之者，此豈可缺焉而不講乎。甲寅秋，余由粵藩擢春卿之二，入京師，道經裡中，訪求先哲遺文，間或一得，諮詢遺事，而故老猶有存者，蓋天下之平久矣，及此不修，恐故實遂就湮沒。因命兒輩舉斯役也，為例授之。既數年，歲己未，長兒禾走京師，遂挾成書以質云：是鄉先輩共訂草本。余公餘詳閱，稍為更定。其中記載增舊十之七，體例則大異於前，而頗無乖謬……（康熙四年）

【按】本志係甘汝來於雍正十二年囑其子甘禾修輯，汝來制定體例授之。帥光祖參與校讎，趙質齋、甘樹畹參與編次。康熙四年稿成，汝來又親為更定。本志「記載增舊十之七，體例大異於前而頗無乖謬」。其事見甘汝來序及乾隆十五年縣志甘禾、帥光祖序。又此志甫脫稿而甘汝來去世，故未能付梓。其後十年，知縣余潮修縣志，其「體例則坯胎甘稿」矣。茲據甘汝來序著錄。

〔乾隆〕奉新縣志[2] 二十八卷首一卷末一卷

余潮修　甘志道等纂余潮，字澍三，號韓班，湖南攸縣進士，乾隆十四年任奉新知縣。　甘志道，字念茲，號樹畹，本邑進士，廣西灌陽縣知縣。

清乾隆十五年（1750）刻本　存

光緒《江西通志》藝文略：《奉新縣志》乾隆十五年知縣余潮修。

《中國地方志聯合目錄》。

余潮序及到官檢牒，欣見制府黃公早籌及此，通檄所部因時編輯。予雖不才，承乏茲邑，益何敢後。爰汲汲焉徵文考獻，廣搜羅，充聞見，期有以副憲懷，述鄙志。明年春，得塚宰甘莊恪公命其哲嗣君燮廬主政所纂志稿一帙，手筆巨麗，規模初具，喜有徵矣。遂籌費設局，廣延邑多聞宿學諸君子分修總校，折衷至當，其體例則坯胎甘稿，而間参損益。其去取則遵憲檄而裁以公直。其於舊志則仍其記錄，補其滲漏，正其訛謬，删其俚蔓。而於新事慎擇嚴收，戒穢懼濫。惟功令製作，將以憲章百世，蓋不敢不詳焉。是役也，經始於初夏，告成於孟冬，別為四圖、三表、六

志、十三列傳，釐為三十卷……（乾隆十五年）

【按】本志係乾隆十五年知縣余潮奉檄編纂。此前十年，邑人甘禾等編有志稿一帙，未鋟梓。此志即以甘氏志稿為本，如余序所言「其體例則坯胎甘稿而間參損益」。體裁乃仿史書，「別為四圖、三表、六志、十三列傳」。四圖即縣境全圖、縣治圖、縣署圖、學宮圖；三表即沿革表、官師表、選舉表；六志即輿地志、建置志、食貨志、學校志、典禮志、藝文志；列傳則分宦跡、名臣、治行、儒林、文苑、篤行、忠義、孝行、武功、隱逸、耆碩、寓賢、節婦列女諸傳。其書經始於乾隆十五年夏，同年底告竣。

〔乾隆〕奉新縣志[3]

佚名修纂

清乾隆四十八年（1783）稿本　佚

【按】未見著錄。道光縣志鄒山立序曰：「奉新前志，或佚或存。乾隆庚午，楚攸余君韓班修葺，頗為完善。因時久事增，壬寅、癸卯間又嘗議修訂，稿迄未竟事。」道光志凡例亦曰：「前於壬寅、癸卯間曾開局修編，雖已脫稿，未及成書。」據此，乾隆四十七至四十八年，本縣曾修志，稿成未刊行。至道光間鄒山立修志即以「舊本及癸卯底稿為主，參酌省志、府志重加排纂」。又乾隆壬寅、癸卯間張斌任奉新知縣，本志稿主修或係此人。

〔道光〕奉新縣志十二卷首一卷

鄒山立修　趙敬襄纂鄒山立，字希武，號松崖，山東茌平監生，嘉慶二十四年任奉新知縣。　趙敬襄，字司萬，又字隋軒，號竹岡，本邑進士，前吏部文選司額外主事。

清道光四年（1824）刻本　存

光緒《江西通志》藝文略：《奉新縣志》道光四年知縣鄒山立修。

《中國地方志聯合目錄》：《奉新縣志》十二卷首一卷（清）鄒山立修，趙敬襄纂。清道光六年刻本。

鄒山立序奉新前志，或佚或存。乾隆庚午，楚攸余君韓班修葺，頗為完善。因時久事增，壬寅、癸卯間又嘗議修訂，稿迄未竟事，統計至今闕略者蓋七十五年矣……大府有修通志之舉，檄各屬纂修縣志以備稽考，事與機合，遂禮請邑中紳士名宿設局重修……經始於道光癸未孟秋，竣事於甲申仲春，甫八閱月，裒然成帙，凡三十餘萬言，以付剞劂……（道光四年）

【按】道光三年孟秋，知縣鄒山立奉命修葺邑志，次年仲春稿成。全書十二卷首一卷，凡三十餘萬言。本志之修，「一以舊本及癸卯底稿為主，參酌省志、府志重加排纂，體例略殊，固不敢菲薄前人，亦不必拘泥陳跡」（本志凡例）。其正文分輿地、學校、建置、食貨、秩官、人物、藝文、雜志八志，子目五十有八。有道光四年刻本，今存。

〔同治〕奉新縣志十六卷首一卷末一卷

呂懋先修帥方蔚纂呂懋先，號晉廷，江蘇陽湖監生，同治五年任奉新知縣。　　帥方蔚，字叔起，號石村，邑人，進士，曾任掌京畿道監察御史。

清同治十年（1871）刻本　存

《續修四庫全書提要》。

《中國地方志聯合目錄》。

呂懋先序邑之有志，所以驗民風，考政治，由來舊矣。奉邑之志草創於前明永樂之十二年，其時體例尚未大備。嗣後成化元年一修之，嘉靖元年一修之。迨乎本朝，聲教四訖，文運日昌，一修於康熙之元年，再修於乾隆十五年，再修於道光之四年，迄今未及五十載……大府有修通志之舉，檄各屬纂修邑志，固已實獲我心矣。爰措費設局，擇日舉行，奉邑固冠帶相望之邑，其鄉大夫鄉先生之與斯局者，莫不悉心搜輯，詳加校勘。因更延邑之有道能文者如帥石村侍御輩總理其間。是役也，經始於同治九年之仲夏，告成於十年辛未之季冬……（同治十年）

【按】本志係知縣呂懋先奉檄修纂，帥方蔚主其編輯，經始於同治九年仲夏，次年季冬告成。其凡例稱：此前五十年，道光壬午修成一志，體例較為完備，「中間兩經兵燹，雖典章不無因革之殊，建置亦有今昔之異，今但依類增入，事則從新，法仍由舊，故於原則無損蓋」。知本志實為道光志之續編，體裁無所變更。全書十六卷，首末各一卷。正文卷一輿地志；卷二、三學校志；卷四、五建置志；卷六食貨志；卷七秩官志；卷八至十四人物志；卷十五藝文志；卷十六雜志。《續修四庫提要》評之曰：「其書第一 謬即為以選舉志並歸人物，故其人物分宏詞科、進士、舉人、童科、辟薦、恩賜、諸貢、武科甲、應例、雜進、封蔭諸目，若名臣、忠節、篤行、儒林、文苑皆付闕如。蓋其所謂人物志，除列女外，悉為選舉，在方志中，此例尚未之見。且全書未有傳，若合邑古今無一可傳之人者。竊以立傳過濫，固為詬病；若宜立不立，善莫能彰，復何需乎邑乘哉。按述輿地沿革，莫善於此，此志無之，亦殊非是。總之纂者因摹韓邦靖《朝邑志》、康海《武功志》，力求簡潔，多疏略。惟藝文志但載書目，不收詩文，遇與文獻有關者附入各門。又學校志之書院備載經費之來源、書籍之購儲，較之惟載一書院記者，可貴良多，固亦未可以疏略鄙之也。」

▶ 靖安

靖安古乘，宋有《圖經》，見引於《輿地紀勝》，其書撰年雖無考，然早在南宋寶慶以前，當無疑義。又有《靖安志》，《文淵閣書目》錄入「舊志」，《永樂大典》存其佚文，亦明之前舊物可知。明修靖志，今可考者有正統志、天順志、弘治志、正德志、嘉靖志五種。除弘治、嘉靖兩志外，其餘均不見前人著錄。入清，靖志先後六修。康熙二十二年有高克藩志。乾隆十六年馮渠、朱堂踵修之。又乾隆二十八年李紀本馮志續增。然名為「續增」，實無所補益。道光五年張國均復有修葺，二十八年祁啟萼續附近事。同治九年徐家瀛既修縣志一編，又修有續纂志一編，前者通載古今邑事，後者僅續道光以後近事，各有刊本宣行。民國二十八年，熊符夢等又修有縣志十七卷，稿成未刊印。清以前舊志，僅存嘉靖四十四年趙公輔本。清修諸本俱在。民國志稿存殘帙。

靖安，唐為建昌縣地，廣明以後，以建昌之靖安、孝悌兩鄉置靖安場。南唐升元間，置靖安縣，屬洪州。宋隆興以後，屬隆興府。元屬龍興路。明、清屬南昌府。

（靖安縣）圖經

佚名修纂

修纂年不詳　佚

《輿地紀勝》卷二十六，隆興府，仙釋劉道真，引《圖經》一條。

《中國古方志考》：《（靖安）縣圖經》佚。

《江西古志考》：《（靖安縣）圖經》佚卷數、撰人。按：是《圖經》為《紀勝》所引，其書當修於宋寶慶以前，餘不可考。

【按】明嘉靖縣志趙公輔序溯本縣邑乘原委，謂「靖志創自正統間，以天順年重修，又以正德癸酉年重修，經瑀之變，簡編焚毀無遺」。清高克藩康熙縣志序亦稱靖志「創自正統」。俱不確。茲輯《紀勝》引《（靖安縣）圖經》一條，是書撰年雖不可考，然必為宋寶慶以前故乘無疑，庶可補明以前邑典之闕。

靖安志一冊

佚名修纂

修纂年不詳　佚

《永樂大典》卷七五一四，十八陽，倉平糴倉；卷八〇九一，十九庚，城靖安縣城，引《靖安志》兩條。

《文淵閣書目》舊志：《靖安志》一冊。

《中國古方志考》。

《江西古志考》卷六。

【按】《大典》引《靖安志》佚文兩條，此志即《文淵閣書目》舊志所著錄者。佚文「平糶倉」條記宋紹定初趙公折創平糶倉事，必修於宋紹定之後，撰年雖無以確考，其書為前明舊乘，當無疑義。

〔正統〕靖安縣志

佚名修纂

明正統間修本　佚

【按】本志即嘉靖乙丑縣志趙公輔序所謂「靖志創自正統間」者。其成書時年不可確知。明修靖志，以本志最先出。洪武至正統七十年間則未聞有舉修。今據趙序著錄。

〔天順〕靖安縣志

佚名修纂

明天順間修本　佚

【按】嘉靖乙丑縣志趙序稱：「（邑志）以天順年重修」。知明正統志後一二十年，靖志又有重修。是志修纂情況不得而知，卷帙、內容俱失考。茲謹據趙氏序著錄。

〔弘治〕靖安縣志四卷

王晟纂王晟，長洲人，監生，弘治三年任靖安縣訓導。

明弘治三年（1490）刻本　佚

光緒《江西通志》藝文略：《靖安縣志》弘治三年訓導王晟修。

王晟序弘治庚戌，監察使姑蘇唐公命晟重加修輯，遂與學生搜索舊

聞，旁詢故老，於舊志訛者正之，缺者補之……釐為四卷……（弘治三年）

【按】明弘治三年，縣訓導王晟奉監察使唐公之命重修靖志，是書已佚，唯王晟序文見錄後志。據王序，本志乃據舊志訂補，「凡邑中疆域城郭山水風物之詳，廨宇貢賦戶口寺觀祠廟台榭之概，名賢達士孝子節婦之始終，以至仙翁釋子之可紀，騷人墨客詞章之可取者，罔不具載，釐為四卷」。有弘治三年刻本，已佚。

〔正德〕靖安縣志

佚名修纂

明正德八年（1513）修本　佚

【按】本志即嘉靖志趙序所謂「正德癸酉（八年）再修」者，其修纂人、卷目俱失考。按明正德六年至嘉靖元年，南海萬士賢任靖安知縣，本志之修，在萬氏任內。今據趙序著錄。

〔嘉靖〕靖安縣志六卷

趙公輔修　吳琯纂趙公輔，號黄村。湖廣棗陽舉人，嘉靖四十一年任靖安知縣。　吳琯，貴州人，直隸歙縣籍，靖安縣訓導。

明嘉靖四十四年（1565）刻本　存

光緒《江西通志》藝文略：《靖安縣志》嘉靖四十四年知縣趙公輔修。

《中國地方志聯合目錄》。

趙公輔序予自壬戌秋承乏靖邑，始至，欲索一觀，邑博陳君、吳君以邑志未舉告，即思為一新之。越明年春季少暇，率陳、吳二邑博及庠生應生銑、龔生邦等建局編造，兩閱月而成文……已聞靖志創自正統間，以天順年重修，又以正德癸酉年再修，雖經瑪之變，簡編焚毀無遺，今掇拾煨燼，或亦贍所未贍，約所未約，不然，亦仍之而已矣，不以多文自炫也……（嘉靖四十四年）

【按】本志修於嘉靖四十二年春，兩閱月稿成，訓導吳瑄主筆。凡六卷，分地理、建置、食貨、學校、武備、職官、選舉、人物、藝文、雜記十門，各篇前有序，後有贊論。文筆簡省。今存靖安舊志，以本志最先成書。

〔康熙〕靖安縣志八卷

高克藩修　李日彰等纂高克藩，字大垣，號敬齋，浙江嵊縣進士，康熙二十八年任靖安知縣。

清康熙三十二年（1693）刻本　存

光緒《江西通志》藝文略：《靖安縣志》康熙二十八年知縣高克藩修。

《中國地方志聯合目錄》。

高克藩序靖安縣志創自正統，重修於弘治庚戌，至嘉靖乙丑邑令趙公黃村輯而新之，至於今一百二十餘年……壬申之冬，大中丞馬公節鉞江右，諮詢利弊，俯允末議。方伯盧公、刺史張公大書條教，檄行修舉。於是遍申採訪，徵集紳士，設局分曹搜羅討論……越一月而稿成……（康熙三十二年）

【按】康熙三十一年，靖安知縣高克藩請修邑志，獲准，遂於是年冬設局纂輯，「越一月稿成」。高氏自稱「翻閱通志、府志、諸史以及報呈文卷、文集、行狀，下及詩傳雜文方謠土語，無不披覽諦觀，然後取志稿而手加訂定焉。繁者刪之，缺者補之，信者存之，疑者闕之，俚者易之以雅，駁者易之以純。條目之下凡有關政治者，間附己意發明之，其詩賦傳記雜著，不別列藝文，即附本條之下以便觀覽」（高序）。本志草撰僅一月，疏漏多有。朱堂譏該志所載靖邑之事，反較《通志》疏略，「舉人物如黃雲之義勇，《攄悶錄》所推美者，《通志》於靖未載，邑志亦遺焉；水利如洋壕大堰，其並遺未載者亦然；又如元監縣潮海進士胡門元等傳，詳見《通志》而邑志缺如；唐宋元明以來藝文，亦《通志》詳而邑志不備」。因斥其「討求不廣，聞見弗周，詿漏舛疏，疑信無憑，甚矣」（乾隆十六年縣志朱堂序）。俱據實而論也。

〔乾隆〕靖安縣志[1] 十卷首一卷

馮渠　朱堂修　舒亮友等纂馮渠，字映清，浙江嘉興進士，乾隆十二年任靖安知縣。　朱堂，字冠山，號敬亭，順天大興舉人，乾隆十六年署靖安知縣。　舒亮友，字季嘉，號益齋，本邑貢生，曾任崇義縣訓導。

清乾隆十六年（1751）刻本　存

《續修四庫全書提要》。

光緒《江西通志》藝文略：《靖安縣志》乾隆十六年署知縣朱堂修。

《中國地方志聯合目錄》。

【按】乾隆十四年冬，知縣馮渠奉檄修葺縣志，五閱月而志稿粗成，馮氏以調移倥傯，志稿未定。接任知縣孔興浙嘗加討論修飾，亦未定稿付梓。孔氏又去，署知縣朱堂復加整理，「乃詳凡例，按綱目。事必核實，紀惟足據，矜慎制裁，稟經酌雅，匝月稿悉釐定」，遂壽棗梨。舒亮友有序記斯役始末頗詳。本志之修，乃據康熙三十二年高志，「有缺略訛復者，間參之（嘉靖）趙志，或證以故老之傳聞及他說之散見，增刪改正焉。其無可考證者，祇仍舊志紀其大略」（本志凡例）。全書十卷首一卷。卷首序、凡例；正文分方輿、山川、建置、賦役、學校、祠典、職官、選舉、雜科、人物、藝文、雜志十二門，子目一百。《續修四庫提要》曰：「其書大體仍以康熙舊志為主，間亦參及明之趙志，其證諸古籍之處，似極寥寥，門類亦覺未備，其特異者，為舊志不列諸表，體格頗疏，此志所列古今世表，官師表、選舉表、胥尚差強人意。官師表首載年代，其有宦績者，詳於傳；無傳者，若有一二惠政，則書於本名之下。其人物列傳，僅及一卷，睹之固甚簡疏，採取似頗謹嚴。其尤佳者，紀典志，祭器禮樂皆有圖錄……堪為後世考古之資，在志書中，不多覯也。」本志有乾隆十六年刻本，原刻今存。又，乾隆二十八年知縣李紀有續增本，續增本見下文著錄。

〔乾隆〕靖安縣志[2] 十卷首一卷

李紀修　舒亮友纂李紀，字疇四，四川中江人，乾隆二十五年任靖安知縣。

清乾隆二十八年（1763）刻本　存

光緒《江西通志》藝文略：《續增靖安縣志》乾隆二十八年知

縣李杞續修。

【按】本志係乾隆二十八年知縣李紀本前志續增。所增僅李序及藝文志補入表李氏政績之文若干篇而已。《續修四庫提要》曰：「李序雖云續增，而書中毫無續增之跡，即以職官、選舉各表考之，亦以乾隆十六年為斷。且考道光、同治各志，凡言靖安修志沿革者，亦皆但云乾隆辛未舊志，不及李志。」因李氏續增志仍有刊本在，故援例登錄。

〔道光〕靖安縣志十六卷首一卷末一卷

張國鈞修　舒懋官等纂張國鈞，號紫村，直隸撫寧舉人，嘉慶二十二年署靖安知縣，道光五年回任。　舒懋官，字長德，號萸房，邑人，乾隆五十一年進士，新安知縣。

清道光五年（1825）刻本　存

光緒《江西通志》藝文略：《靖安縣志》道光五年知縣張國鈞修。

《中國地方志聯合目錄》。

張國鈞序道光癸未之春，大府檄下各屬編輯志書用備通志採錄……開局以是年冬月，閱一寒暑而成書。先是邑之孝廉明經暨諸文學推前新安令君舒萸房先生總其任，初稿未竟，會新安君奉諱輟業，哲嗣壼庵太史適假歸里門，復延入局，踵前定門類，悉心纂校，間詣余商訂去從，遇事虛公詳慎，不告小疲，卒成善本授梓……（道光五年）

【按】本志修纂，經始於道光癸未（三年），於乙酉（五年）告竣。先是辛巳（元年）冬，江右十三郡薦紳合詞上臺省新修通志，獲准，上憲馳檄各郡縣修志以備採擇。靖安縣於癸未季秋開局於雙溪書院，舒懋官主纂事，稿垂成，舒氏以家憂去，遂輟業。次年復啟局，舒氏命其次子繼領其役，六閱月而書成，庋稿於署待申送。至道光五年春三月，張國鈞來攝篆，校閱志稿付諸剞劂。此修「時閱三年，邑當事且經三任」乃成。本志體例遵憲頒程式，門類有所省並。（詳見本志舒懋官序）正文凡十門，子目八十有二。

〔道光〕靖安縣續志二卷

祁啟蕚修　舒化民纂祁啟蕚，字涵香，江蘇長州舉人，道光二十七年署任靖安知縣。　舒化民，號自庵，邑人，嘉慶十二年舉人，官至蘇州知府。

清道光二十八年（1848）刻本　存

清同治九年（1870）活字本　存

舒化民序二十七年夏，大府有通志之議，檄徵邑志，適祁侯涵香明府來蒞靖。明府予守蘇時賓席也，為道義交。丙午予奉諱居裡……屢謂志書修未久而版多糜爛，亟當補鐫，並欲以二十餘年近事附益之。予思與修前志者舊尚有存者，而後起英賢亦復彬彬博雅，質有其文。遂與商榷，先定規模，而又有鄰邑孝廉徐靜園先生七十猶健，惠然肯來相與討論編摩，俱能匡予未逮，數閱月而稿成矣……（道光二十八年）

【按】本志係知縣祁啟蕚奉檄續修，乃本道光五年張志，附益二十餘年近事，「凡節孝善行名宦隱逸，與夫文廟城垣考舍之工程，倉貯農田之要務，靡不采輯，藝文志中增入況公奏疏雜著……」此修「一遵省垣頒列條規，數月而稿遂具」（祁啟蕚序）。道光二十八年刊行。

〔同治〕靖安縣志十六卷首一卷

徐家瀛修　舒孔恂纂徐家瀛，字杏農，浙江仁和人，同治八年署任靖安知縣。　　舒孔恂，字若人，本邑舉人，工部候補主事。

清同治九年（1870）活字本　存

《中國地方志聯合目錄》：《靖安縣志》十六卷首一卷（清）徐家瀛修，舒孔恂纂

徐家瀛序明年春，適奉大府檄重修江省通志，頒發章程，令各州縣續行採訪，先繕稿本呈備採錄。余喜私願之克遂也，爰信紳耆擇期開局於城南雙溪書院，並各都遴派紳董廣為搜輯，於是舊志之舛者正之，缺者補之……（同治九年）

【按】本志之修，經始於同治九年春，及秋而成。其書多取乾隆、道光諸舊志，間參省、郡志，旁稽史乘，考諸郡籍。凡十六卷首一卷，分地理、建置、食貨、學校、武備、職官、選舉、人物、藝文、雜志諸分志。《續修四庫全書提要》謂其書能「參眾說，而復下以己意」。又如「職官歷朝制度，各有不同，此志皆據實直書，不加假借，殊合志法。其為舊志所無，此志始增者，如義倉、考棚義敘重宴等類是；循舊志體例未善，此志略加移易者，如水利津梁舊列建置，今歸地理；兵革舊列雜志，今歸武備；祠廟舊志亦列雜志，今歸建置，歸類之法，亦稱適合。惟人物搜輯，似不若舊志之嚴，藝文為濫尤甚」。參見同治《續纂靖安縣志》考說。

〔同治〕續纂靖安縣志十卷首一卷

徐家瀛修　舒孔恂纂

清同治九年（1870）活字本　存

【按】同治九年，知縣徐家瀛修有縣志兩種，一為《靖安縣志》十六卷首一卷本，一為《續纂靖安縣志》十卷首一卷本。前本係通古今邑事之書（見前文著錄），後本乃「仿續志例（按：即仿道光二十八年續志例），將前二十年近事又為續錄」，「只取近事為斷」。所記如職官志，起自道光二十七年，斷於同治八年；選舉志起自咸豐，斷於同治。「一切凡例稍為損益、有所因革者，悉仍舊貫；有所更者，悉奉新章。」《續纂志》亦分十門，然子目設置有所不同，亦有同治九年本，今存。

〔民國〕靖安縣志十七卷

鍾有組等修　舒信寶等纂鍾有組，民國二十四年任靖安縣長。　舒信寶，邑人，縣志館副館長。

民國二十七年（1936）稿本　闕

【按】本志修於民國二十四年，時縣令鍾有組奉命纂輯，邑人舒信寶等與其役。志稿未成，鍾氏調任，接任者邱自芸繼而修之，至民國二十七年成志稿十七卷。因抗日戰爭爆發，靖安淪陷，未及付印，志稿散佚，今僅存大事記、教育、建設、人物、藝文部分殘稿，存於靖安縣志辦公室。

▶ 高安

唐、宋之筠州（按宋寶慶元年改瑞州）、元瑞州路、明清瑞州府俱治高安。郡乘之修，以見引於《輿地紀勝》之《（筠州）古圖經》。最早，疑是唐時故物。宋修有《(筠州)圖經》《(筠州)舊經》,《輿地紀勝》及元、明《一統志》存其佚文若干條。兩志修纂人、成書之年均無考。又有雷公《蜀江志》、周綸《瑞陽志》,已見前人著錄。元修郡志,唯知至元二年崔棟修本,其餘未聞。明初有《瑞州府志》,纂年不可確知。景泰、正德各有修葺。清康熙十年,據崇禎陶本續修一志,又同治九年知府黃金廷有重修。又,乾隆間知府圖巴有「檄三縣籌纂修府志之議」(見乾隆五十七年《新昌縣志》圖巴序),此事未見下文,亦未見後志言及。以上諸志,今存者有明正德、崇禎,清康熙、同治志四種。

高安邑乘,以《太平御覽》所引《(高安)舊圖經》最古,係唐人所修。宋人余靖、周綸、幸元龍各有輯纂成書。元有佚名《瑞陽高安縣志》,見《永樂大典》引。《大典》又引《高安縣志》數條,撰人撰年均無考,不知與《瑞陽高安縣志》是否為一書。明修縣志,前人概無著錄。清修高安縣志,先有康熙十年本,乾隆十九年、嘉慶元年、道光四年、同治十年相繼踵修。清以前本邑舊志皆亡。清修五種,唯嘉慶本未得獲見,其他四本今存。民國時塗峻纂有《高安縣鄉土志》五章,本書不予著錄。

高安縣,在漢為豫章建城縣,漢高帝六年置。新莽時改曰多聚,光武復舊名。唐武德五年,更建城名高安,以其地形似高而實安,故名。以縣置靖州;七年,改米州;八年,州廢,以高安屬洪州。南唐保大十年,復置筠州,領高安、上高、萬載、清江四縣,治高安。宋紹興十三年,賜名高安郡,十八年復名筠州。寶慶元年,避理宗嫌名,改為瑞州,領高安、上高、新昌三縣,治高安。元瑞州路,領高安、上高兩縣及新昌州,治高安。明瑞州府,領高安、上高、新昌三縣,仍治高安。清仍明制。

〔唐〕（筠州）古圖經

佚名修纂

唐修本　佚

《輿地紀勝》卷二十七，瑞州，古跡陶淵明讀書堂，引《古圖經》一條。

《江西古志考》卷六：《（筠州）古圖經》佚卷數、撰人，未見著錄。

【按】《紀勝》引《古圖經》一條，曰：「淵明家宜豐縣東三十裡」。考宜豐沿革，三國孫吳黃武中始置縣，晉太元中省入望蔡，南朝梁初復置宜豐。凡此置復，俱屬豫章郡（梁改豫章郡為豫章王國）。隋開皇九年，省宜豐入建成。唐武德五年，復置宜豐縣，屬靖州；八年，省入高安。至宋太平興國，分高安、上高地置新昌（即今宜豐），此後均用「新昌」名縣（州）。據《紀勝》，陶淵明讀書堂在（宋）「新昌縣延禧觀之七里山」。此《古圖經》乃稱淵明「家宜豐縣」，則該志應修於唐武德八年以前，疑係初唐舊乘。此《古圖經》志宜豐縣，當係郡志而非縣志，今姑錄作《（筠州）古圖經》。

〔宋〕（筠州）圖經

佚名修纂

宋修本　佚

《輿地紀勝》卷二十七，瑞州，州沿革並屬豫章、隸江南西道，引《圖經》二條。

《元一統志》卷九五七，新昌州，人物陶潛，引《圖經》一條。

《明一統志》卷五十七，瑞州府，古跡淵明故里，引《圖經》一條。

《中國古方志考》：《（筠州）圖經》。

《江西古志考》卷六：《（筠州）圖經》佚卷數、撰人。按：輯文曰「開寶八年」，又「宜豐即今新昌」，知是《圖經》修於宋太平興國析置新昌縣之後，與《紀勝》所引《古圖經》非一書，其餘無考。

〔宋〕（筠州）舊經

佚名修纂

宋修本　佚

《輿地紀勝》卷二十七，瑞州，州沿革《漢書·地理志》，縣沿革高安縣、上高縣，引《舊經》三條。

《江西古志考》卷六：《（筠州）舊經》佚卷數、撰人，未見著錄。按：《紀勝》瑞州，州沿革，「上高縣」引《舊經》曰：「南唐保大十年壬子分高安六鄉置縣。」此稱「南唐」，當出宋人手筆。又《寰宇記》引《舊圖經》一種，乃宋之前舊乘（參見《高安》舊圖經），張國淦氏以為《紀勝》所引《舊經》即是《寰宇記》所引《舊圖經》，不知有何證據，不可從，今別錄為《（筠州）舊經》。

〔宋〕蜀江志

雷公纂雷公，瑞州學職。

宋修本　佚

《輿地紀勝》卷二十七，瑞州，州沿革漢書地理志；風俗形勝郡負鳳山、宋練易餘慶、郡圃崎嶇；景物上錦江、燃石；景物下碧落堂、鳳凰山、鷲峰山、五龍岡、八疊山、翰苑台；仙釋六祖馬祖、明香真人；引《蜀江志》十四條。又卷九十八，南恩州，官吏張格，引《瑞州蜀江志》一條。

《元一統志》卷九五六，瑞州路，仙釋六祖馬祖、明香真人，引《蜀江志》二條。

《輿地紀勝》卷二十七，瑞州，碑記：《蜀江志》學職雷公編。

《中國古方志考》。

《江西古志考》卷六：《蜀江志》宋，雷公纂。按：《輿地碑目》錄《蜀江志》一種，題作「雷公編」。雷公其人不詳。蜀江即錦江，在州治北，此以水名志也。

〔嘉定〕瑞陽志十卷

周綸修　雷孝友纂周綸，盧陵人，直奉大夫，嘉定四年知筠州。　雷孝友，字季仲，筠州人，乾道五年進士，以觀文殿學士出知福州。

宋嘉定六年（1213）刻本　佚

《輿地紀勝》卷二十九，撫州，人物晏殊；卷三十二，贛州，官吏雷孚，引《瑞州志》二條。卷二十七，瑞州，景物上東軒、西軒、鳳池、淥水、錦江、竹庵、困庵；景物下無訟堂、凌雲閣、皇華館、坡仙亭、棲真亭、鳳皇山、蛟蜃穴，大愚山、小洞山、煉丹井、磨劍池、逍遙山（二條）、飛仙廟；古跡康樂故城；仙釋黃仁覽；引《新志》二十四條。卷二十七，瑞州，仙釋李八百，引《蜀江新志》一條。

《永樂大典》卷二九四八，九真寇以為神；卷三五二五，九真，門戟門儀門，引《瑞州志》二條。

《郡齋讀書附志》：《瑞陽志》十卷縣志三卷嘉定六年郡守周綸，郡人雷孝友序。

《輿地紀勝》卷二十七，瑞州，碑記：《瑞州志》周徐序。

《宋史》藝文志：雷孝友《瑞州郡縣志》十九卷。

《宋史藝文志補》：《瑞陽志》二十一卷失名。

《千頃堂書目》卷七：《瑞陽志》二十一卷。

《南昌志經籍考》：《瑞陽志》二十一卷存者八十八面。

光緒《江西通志》藝文略：《瑞陽志》十卷縣志三卷《郡齋讀書附志》：嘉定六年郡守周綸修，郡人雷孝友序。謹按：《輿地碑記》載《瑞州志》周徐序，徐或是綸之誤。又「贛州，官吏」載雷孚釋荼寇脅從事，注見《瑞州志》，殆即《瑞陽志》也。惟《宋史》藝文志載《瑞州郡縣志》十九卷，雷孝友撰，倪燦《宋史藝文志補》又載《瑞陽志》二十一卷，注失名。諸書互有異同，附識於此。

《中國古方志考》。

《江西古志考》卷六。

【按】宋嘉定六年郡守周綸、郡人雷孝友修纂《瑞陽志》十卷，又縣志三卷。《郡齋讀書附志》有著錄；而《輿地碑記》錄有《瑞州志》，周徐序；《宋史》藝文志錄有雷孝友《瑞州郡縣志》十九卷。此宋元人所著錄多有歧義。光緒《江西通志》謂《輿地碑記》所言「周徐」之「徐」，係「綸」字之誤，疑近是。又是志修於嘉定六年，寶慶元年改「筠州」為「瑞州」，避宋理宗（趙昀）諱，該志原題當作《瑞陽志》，《輿地碑記》錄為《瑞州志》，蓋以時制追改。《宋史》藝文志錄為十九卷，與《郡齋附志》不合，不知所據。又倪燦《補宋史藝文志》有失名《瑞陽志》二十一卷，光緒《通志》以為即是周綸志，姑從之。又《輿地紀勝》引《瑞州志》二條、《新志》二十四條、《蜀江新志》一條。此《瑞州志》即《碑記》所載周徐（綸）志。又考《紀勝》引志書文例，有增一「新」字者，以明所引之志去《紀勝》成書不遠也。考周綸志僅早於《紀勝》十餘年。周志之後似不當又出「新志」。則王象之此引《蜀江新志》，即是周綸志，《新志》，係《蜀江新志》之省稱。後之書家於此未予詳察，故所錄多歧誤。如張國淦《中國古方志考》既錄周綸《瑞州郡縣志》，又另出《（瑞州）新志》一種，實誤。

〔至治〕瑞陽志十冊

崔棟修　楊升雲纂崔棟，普寧人，至治間任瑞州經歷。　楊升雲，西昌人，瑞州學正。

元至治二年（1322）刻本　佚

《永樂大典》卷二五三六，七皆，齋公生明齋；卷二六〇三，七皆，台雲仙台；卷三五二五，九真，門學門；卷三五二六，九真，門關門；卷三五二八，九真，門吳氏義門；卷七二三八，十八陽，堂字民堂；卷七二四二，十八陽，堂集善堂，慶善堂；卷七五一〇，十八陽，倉社倉；卷七五一三，十八陽，倉牧民倉；卷七五一四，十八陽，倉瑞豐倉、月濟倉、歲給倉；卷七五一六，十八陽，倉都倉、鹽倉；卷八〇九二，十九庚，城廢外城、宜豐縣城、斷水故城、雲棚城；卷八七八二，十九庚，僧無般，洞山嗣和尚；卷八七八三，十九庚，僧惠洪；卷八八四三，二十尤，游遊少遊；卷一三〇七四，一送，洞四基洞；卷一三一三五，一送，夢夢孔子；卷一九七八一，一屋，局雜造局；引《瑞陽志》二十五條。

《明一統志》卷五十七，瑞州府，風俗君子務本，引《郡志》一條。

錢大昕《補元史藝文志》史部地理類：楊升雲《瑞陽志》。

《文淵閣書目》舊志：《瑞陽志》十冊。

光緒《江西通志》藝文略：《舊瑞陽志》至治二年儒學正楊升雲修。

《中國古方志考》。

《江西古志考》卷六。

楊升雲序瑞為郡，昉於唐，復於宋，國朝因之。歸附且百年，百廢俱舉，獨圖志缺焉。至治初元，普寧崔公楝實長郡幕，獨慨焉墜典之未修，言諸總府，乃屬筆於余。余於是始收錄官府案牘，類而編之，且參考舊志，摭以新聞，使因革互見，燦然在目。為圖於首，則職方氏之遺意也；列志於後，則班孟堅之家法也。門分類析，綱舉目張，覽者如視諸掌。後之來者按圖考貢，且以征輸，庶幾無壅蔽之患，而知前之為政者能識大體云。

【按】本志為崔楝、楊升雲修纂，成書於至治初。其書已佚，楊序猶存，修志之事略見序文。又《大典》引《瑞陽志》多條，佚文「瑞豐倉」條有「右路學舊名都倉」；「歲給倉」條有「今改為蒙古字」；「鹽倉」條有「今為路學」，「雜造局」條「至元二十四年創立」；「集善堂」條「大德庚子創」；「吳氏義門」條「至大壬子本路保申憲司」。知是元皇慶元年以後所修，張國淦氏據斷為崔、楊修本，可從。本志至明正德已殘，正德郡志鄺璠序稱「爰訪舊志，僅得一二冊於民家，又至治以前事也」。其後未聞人見及。

〔明〕瑞州府志

佚名修纂

明初修本　佚

《永樂大典》卷二二六一，六模，湖白練湖；卷二二六七，六模，湖中湖、三湖；卷二二七〇，六模，湖蔣家湖、陳家湖；卷二二七一，六模，湖南道堂湖；卷三五二五，九真，門譙門；卷三五二八，九真，門鄧氏儀門；卷七五一四，十八陽，倉瑞豐倉；卷八〇九二，十九庚，城瑞州府城，水北城，康樂故城；卷九七六五，二十二覃，岩三峰岩；卷一一九五一，十九梗，丁蓬萊頂；卷一三一三九，一送，夢夢八馬嘶庭，引《瑞州府志》十五條。

《文淵閣書目》新志：《瑞州府志》。

《江西古志考》卷六。

【按】本志見錄於《文淵閣書目》新志，當是明初修本。《永樂大典》引《瑞州府志》十餘條，題稱「府志」，其佚文「水北門」條有「前元」，知係明初所修，成書年限不得晚於永樂初。此即《文淵閣書目》新志所錄本。明修瑞州府志以本志最早，先於正德府志百餘年，然熊相序正德府志云：「自至治迄正德，而瑞志修僅此一見，何其希闊寥絕甚也」，竟不知本朝初已有郡乘之修，蓋本志至明正德時已湮沒不傳。

〔景泰〕瑞州府志

佚名修纂

明景泰間修本　佚

【按】明成化《新昌縣志》汪道序曰：「景泰間雖又續修郡志，而縣志則未及焉。」知明景泰間曾續修瑞州府志。此志撰人、撰年均不可確考。正德縣志熊相序述郡志源流，亦不曾言及，後之書志家更未見錄之，茲謹據汪序著錄，以補前人之遺失。

〔正德〕瑞州府志十四卷

鄺璠修　熊相纂鄺璠，任丘縣人，進士，正德六年任瑞州知府。　熊相，字尚弼，高安人，進士，官至巡按御史。

明正德十年（1515）刻本　存

《明史》藝文志：熊相《瑞州府志》十四卷。

《千頃堂書目》卷七：鄺璠《瑞州府志》十四卷正德間修；熊相《瑞州府志》十四卷正德乙亥修。

光緒《江西通志》藝文略：《瑞州府志》十四卷《天一閣書目》：正德十年知府鄺璠修。謹按：《明史·藝文志》作熊相撰。

《中國地方志聯合目錄》。

熊相序瑞為江右大郡，歷代有志，至我朝乃缺焉，百五十年事漫無可考……正德辛未，任丘鄺公璠來守瑞，值華林倡亂，越明年，始平，公謂守從段公泰、張公易宗、節推江公濬曰：志茲其時，不可失也……嗚呼，自至治以迄正德，而瑞志修僅此一見，何其希闊寥絕甚也……（正德十年）

【按】正德七年，郡守鄺璠修府志，季熊相主斯役，高安司諫胡鎮、節推傅朝、生員劉弘道等與其事。熊氏有序言纂修顛末。《稀見方志提要》稱：「其書體裁，首輿地，次建置，沿革表、山川、風俗、學校、書院、宮室、祠廟、丘墓、古跡、名宦、人物、寺觀、仙釋諸門，為（熊）相新裁編例重纂。如天文、財賦、儲恤、秩官、選舉、恩例、災祥、遺事、詞翰諸門，仍因舊志，僅增補而已。而財賦一篇，則件系班駁，疏注詳明，取《爾雅》之例。世謂明修志書頗疏經濟物產，但此志所敘物產，可謂深切詳盡矣。」又，熊氏序本郡志乘源流，僅知有元至治志，而不及明初、景泰相繼有修舉，更無論唐、宋之修，可謂疏略。

〔崇禎〕瑞州府志二十四卷

陶履中修　徐登瀛纂陶履中，號崿曲，會稽人，天啟六年任瑞州知府。　徐登瀛，號一洲，福建沙縣舉人，瑞州府推官。

明崇禎元年（1608）刻本　存

《千頃堂書目》卷七：陶履中《瑞州府志》二十四卷崇禎間修。

光緒《江西通志》藝文略。

《中國地方志聯合目錄》。

鄒維璉序筠之有志，創於元至治間。入國朝正德任丘鄺公來守筠，始一重修，今又百有餘年。郡伯會稽陶公以文獻名家，負高才，乃取百年曠典而續之，司理劍津徐公儒雅過人，相與搜輯考訂，終其局，夫鄺公草昧，厥功懋矣，然事多漏而疑義亦尚存，陶公徐公稍有損益，義例愈密，

凡史家穢與略，佞與謗之弊，一切洗盡……（崇禎元年）

【按】本志修成於崇禎元年，去正德鄺志百有餘載。此修依正德志體裁而有所損益，如其凡例序言「善用其因而後損益有據，故寧闕疑，無附會；寧摭實，無徇名，至於汰其重複，補其遺漏，清其比類，事核其真，名取其雅，又皆旁通志體以便稽考，總非無所因而臆說也」。又曰：「舊志十四卷，志綱十有六，其目五十有三；今志二十四卷，志綱二十有四，其事可兼該者不別立目，獨其繁重須分別者，乃以目列焉，目僅十有陸，是綱比舊增八而目比舊減三十餘矣。止是有分有並，非濫有所增也」。本志二十四綱為：卷一星野志，沿革志；卷二疆域志，城池志；卷三山川志；卷四津梁志，形勝志；卷五、六古跡志，風俗志；卷七署廨志；卷八、九學官志；卷十、十一戶口志；卷十二、十三祠祀志，兵防志，儲恤志；卷十四、十五秩官志；卷十六、十七選舉、恩例志；卷十八良吏志；卷十九至二十二人物志；卷二十三寺觀志；卷二十四物產志，祥異志，碑板志，附志餘。本志門類設置顯見岐雜，編次亦無序。後人謂之「門目太無統紀，其編次不免雜施」。《中國地方志聯合目錄》稱此志崇禎元年原刻北京圖書館有藏本，臺灣有抄本存。臺灣抄本未見。

〔康熙〕瑞州府志二十四卷

佚名修纂

康熙十年（1671）刻本　存

【按】本志未見著錄。據康熙十二年《上高縣志》凡例：「按鄺志重修於正德間，陶志重修於崇禎初，續於康熙十年。」知康熙十年瑞州府志有續修本。此事僅見《上高縣志》凡例言及。今見臺灣成文出版社《中國方志叢書》影印本，有署名為「明陶履中等修纂，明崇禎元年刻本」之《瑞州府志》二十四卷，此本藏處不詳，卷內記有清康熙七年事（見卷二，秩官）。疑是本即《上高志》所謂「（陶志）續於康熙十年」者。該本最晚記事至康熙七年，或是年續輯，十年刻成；或《上高志》凡例「續於康熙十年」句之「十年」，係「七年」之誤，均未可知。茲謹據《上高縣志》凡例著錄。

〔同治〕瑞州府志二十四卷首一卷

黃廷金修　蕭浚蘭　熊松之纂黃廷金，字品珊，湖北鐘祥人，進士，同治九年任瑞州知府。　蕭浚蘭，字儀卿，號薌泉，高安人，進士，曾任雲南布政使。　熊松之，高安舉人，前浙江補用同知。

清同治十二年（1873）刻本　存

《清史稿》藝文志：《瑞州府志》二十四卷黃廷金修。

黃廷金序今劉大中丞續修省志，檄各郡亦續修郡志……餘蒞瑞下車，見其風俗之茂美，人才之奮興，竊喜之。及詢其郡志，入國朝無編輯者……余乃勉從眾請，先於署內捃摭成帙，隨開局延請邑紳參校互勘，前後期年而書既成……（同治十二年）

【按】本志係知府黃廷金主修，乃奉檄行事，成書於同治十二年。清修瑞州府志，見於前人著錄者，僅此一編，其距明崇禎陶志二百五十餘年，「代遠事湮，此次續修，實同創舉」。其於三屬縣志間有參計，而「凡秩官、廨署、學宮及一切文藝有關郡者」，大率取之高安縣志居多。（見本志凡例）是志體例，「一遵省局頒定十門」，即地理志、建置志、食貨志、學校志、武備志、秩官志、選舉志、人物志、藝文志、雜類志，子目六十有四。

（高安）舊圖經

佚名修纂

修纂年不詳　佚

《太平寰宇記》卷一〇六，筠州，高安縣蜀江，引《舊圖經》一條。

《中國古方志考》：《（筠州）舊圖經》佚。

《江西古志考》卷六：《（高安）舊圖經》佚卷數、撰人。按：《舊圖經》見引自《寰宇記》，宋初人稱「舊」志者，大抵宋以前舊乘。佚文記有唐顯慶四年事，疑是唐人修本、唐武德八年已廢筠州，至南唐保大間複置，是書當是縣志而非州志。《中國古方志考》錄作《（筠州）舊圖經》，似不確，今以《（高安）舊圖經》錄之。

〔慶曆〕高安縣記

余靖修余靖，本名希古，字安道，韶州進士，擢集賢校理，慶曆間謫監筠州酒稅。

宋慶曆間修本　佚

《輿地紀勝》卷二十七，瑞州，官吏余靖襄公，引《高安縣記》一條。

《江西古志考》卷六：《高安縣記》宋，余靖纂。未見著錄。按：《紀勝》，瑞州，官吏，「余靖襄公」條曰：「（靖）嘗謫監本州酒稅，在職二年。今集中所載詩文，《高安縣記》《洞山傳法記》，皆公居郡時所作也」。

〔嘉定〕（高安）縣志三卷

周綸修　雷孝友纂

宋嘉定六年（1213）刻本　佚

《郡齋讀書附志》：《（高安）縣志》三卷嘉定六年郡守周綸修，郡人雷孝友序。

《宋史》藝文志。

光緒《江西通志》藝文略。

【按】《郡齋讀書附志》著錄嘉定六年郡守周綸、郡人雷孝友修纂《瑞陽志》十卷，《縣志》三卷，光緒《通志》所錄同此。知周綸曾主修高安邑乘。《宋史》藝文志亦錄有「雷孝友瑞州郡縣志十九卷」。今從《郡齋》及光緒《通志》著錄。參見本書嘉定《瑞陽志》考說。

〔宋〕高安志

幸元龍纂幸元龍，字震甫，號松垣，邑人，嘉泰二年進士，官至大中大夫，有《松垣集》。

宋修本　佚

《輿地紀勝》卷二十八，袁州，官吏鄧播，引《高安志》一條。

《輿地紀勝》卷二十七，瑞州，碑記：《高安志》郡博士幸元龍編。

《中國古方志考》。

《江西古志考》卷六：《高安志》宋，幸元龍纂。按：《紀勝》卷二十七，瑞州，人物，「鄧播」條引《袁州圖經》，與袁州，官吏，「鄧播」條引《高安志》文字相同，惟《高安志》輯文首句「播，瑞州之高安人」，《袁州圖經》無「瑞州之」三字。考宋寶慶元年改筠州為瑞州，幸元龍志修於何年雖不詳，然此條當是襲用祥符《袁州圖經》語，前句「瑞州」二字疑是王象之引錄時所加，蓋以明鄧播籍貫，故不以此輕斷是志必成於寶慶年之後。《中國古方志考》有按曰：「此《高安志》係郡志，非縣志。」考諸沿革，紹興十三年，郡守莊綽乞以附郭縣名郡，得旨賜名高安郡，紹興十八年復名筠州。幸元龍為嘉泰二年進士，其志必不能修於紹興改郡為高安之時，此高安志當為縣志無疑。張說了無所據，今不從。

〔元〕瑞陽高安縣志

佚名修纂

元修本　佚

《永樂大典》卷七五一六，十八陽，倉際留倉，引《瑞陽高安縣志》一條。

《江西古志考》卷六：《瑞陽高安縣志》元，佚卷數，撰人。未見著錄。按：高安縣，元屬瑞州路。輯文曰「際留倉附本路瑞豐下倉」。「本路」即瑞州路，知是元修志乘。又《大典》卷七五一四，十八陽，倉，「瑞豐倉」引元崔棟、楊升雲《瑞陽志》曰：「瑞豐下倉在錄事司之左，因宋之新豐倉，新豐倉今改瑞豐下倉」。《瑞陽志》約修於元至治間，是《瑞陽高安縣志》成書，殆與《瑞陽志》相去不遠。

高安縣志

佚名修纂

修纂年不詳　佚

《永樂大典》卷二二六六，六模，湖藥湖、銅湖、珠湖；卷一一九八〇，十九梗，嶺馬鞍嶺；引《高安縣志》四條。

《江西古志考》卷六：《高安縣志》佚卷數、撰人，未見著錄。按：《大典》「馬鞍嶺」條引本志曰：「宋景定庚申，民多避亂於此。」其文似出元、明人手筆。然明永樂以前志乘未見前人著錄。此條首句曰：「江西瑞州府」，當係衍文，無足徵言，頗疑與上錄元修《瑞陽高安縣志》為一書，今尚難確指。故仍予分錄。

〔康熙〕高安縣志十卷

張文旦修　陳九疇等纂張文旦，號理庵，江南儀封進士，康熙六年任高安知縣。　陳九疇，邑人。

清康熙十一年（1672）刻本　存

光緒《江西通志》藝文略：《高安縣志》康熙十一年知縣張文旦修。

《中國地方志聯合目錄》：《高安縣志》十卷張文旦修，陳九疇纂。康熙十年刻本。

張文旦序予承乏兹土，受事之初，徵其志而弗得，一切事例僅附見於郡書，又自崇禎改元而止，戊辰以後未之及焉……因開局城南之文昌宮，屬諸生陳子九疇、鄒子篤生、翻子惟聖、陳子之璠、翻子士璉分曹編輯，紳先生經理之，予於簿書之暇憑幾而簡閱之，提綱揭目，諮故采新，畝課他邑所同而汰浮高安所獨也……（康熙十年）

【按】本志是康熙間知縣張文旦主修，清修高安縣志以此編最早。是志之修，借鑒明正德鄺璠、崇禎陶履中所修府志，「簡者詳之，龐者清之，矩矱本乎高曾而損益用乎繩尺」。並參酌群書，「如山川形勝則裁於《一統志》《寰宇記》，錢糧則本於《賦役全書》，人物古跡則訂於《瑞陽文獻考》與蘇子由《寓筠集》、諸名家傳譜錄，方術仙釋則出入《傳燈》、《道藏》、稗官野史」，先後兩易寒暑乃成。全志十卷：卷一星野、山川、曆傳、秩官；卷二城池、區域、津梁、物產；卷三署廨、祀典；卷四畝課、丁徵；卷五倉帑、除戎、庠序、政餘；卷六祀賢、崇功、流寓；卷七封爵、選舉；卷八先型、閨範、聞異；卷九寺觀、祥異、風俗、古跡；卷十藝文、拾遺。本志卷七選舉，記有康熙十一年人事，知此書當刻竣於是年。

〔乾隆〕高安縣志十二卷首一卷

聶元善修聶元善，字長人，大興進士，乾隆十五年任高安知縣。

清乾隆十九年（1754）刻本　存

光緒《江西通志》藝文略：《高安縣志》乾隆二十年知縣聶元善修。

《中國地方志聯合目錄》。

聶元善序建城之有志乘，昔統於郡乘，自康熙辛亥年始創邑乘，流傳歲久，殘缺漶漫十居四五，及今不修，日復一日，正不知補葺於何時。茲以亟待纂修之時，適遇制台檄諭……閱壬申歲，大有四民樂業，志乘誠邑之巨典不可不修。予為初定章程，眾紳士各殫厥長，共襄協贊，合康熙辛亥前後事之既登者莫不備，事之待續者莫不搜羅，訂訛補缺，無征弗

錄，無美弗揚，變其義例，視舊志尤加詳……（乾隆十九年）

【按】乾隆十七年，制台檄諭屬邑修志，高安縣令聶元善亦奉命設局纂輯邑志。於康熙辛亥志有所訂補，並續載其後八十餘年之事，「變其義例，視舊志尤加詳」。

〔嘉慶〕高安縣志十二卷首一卷

俞聖基　吳楷修俞聖基，號培峰，浙江山陰舉人，乾隆五十七年任高安知縣。　吳楷，字正一，號靈山，福建浦城舉人，乾隆六十年署高安縣事。

清嘉慶元年（1796）刻本　未見

光緒《江西通志》藝文略：《高安縣志》嘉慶初知縣俞聖基、吳楷先後修。

吳楷序舊志創修於康熙辛亥，續編於乾隆甲戌。越四十餘年，癸丑，邑宰培峰俞公疊奉上憲檄纂修，乃集邑中耆宿及子衿之通敏者，設局於城南之禪那寺，相與釐訂編次，其間因革損益，均經手定。越乙卯秋，培峰以護江州司馬篆去。楷奉檄代理，欣然樂董其事。培峰報贊在局紳士潔己辦公，不辭勞瘁，將未脫稿授余……茲復細加考證，析疑定舛，折衷以歸至當……（嘉慶元年）

【按】乾隆五十八，邑宰俞聖基奉命修志，至六十年，俞氏調職，志書尚未脫稿。吳楷署高安縣事接修之，嘉慶元年志成。吳氏有序言其事頗詳。該志未得獲見，存佚不可知。

〔道光〕高安縣志二十二卷首一卷

高以本修高以本，字培之，號石琴，順天大興舉人，道光二年任高安知縣。

清道光四年（1824）刻本存

光緒《江西通志》藝文略：《高安縣志》二十二卷道光四年知縣高以本修。

《中國地方志聯合目錄》。

高以本序國朝康熙而邑志始成，乾隆乙亥修之，嘉慶丙辰修之，百二十餘年，冊亦裒然巨矣。以茲溯丙辰，又將三十年再修之，當去其所不必存，否則，分為舊新兩志，庶於後無異宜，今昔殊制之道得詳哉言之耳。余際開志局，承乏一年，知邑事未周，與同事諸君子議，悉仍舊例。有所增，列之各卷末。惟三十年間之敦行、文苑、宦績、閨範四卷另置一冊，於以示獎勸焉……（道光四年）

【按】道光三年，高安知縣高以本主修此志，全志二十二卷，分十四門：星野、疆域、建置、山川、戶役、學校、秩官、兵防、選舉、封典、人物、藝文、古跡、雜記，子目九十有八。其體例「仍舊志（指乾隆聶志），增損分合，稍有不同」。如「星野，舊志編入疆域，未免從略，茲依通志列為首綱」；舊志沿革一目在疆域，此移入建置；「鄉賢，舊載人物志首，今移列學校」；又「藝文各有體裁，時代有先後，統而紀之未善也。茲別為疏，記、序、賦為一則，雜文為一則，詩章為一則，又按世代以為編次，眉目較為朗然」；又「舊志無雜記一綱，如祥異列於疆域，義塚入於建置，殊為失體。茲移祥異與仙釋、方技及遺文之散見者另為一門，而以義驢塚附之」。（以上見本志凡例）有道光四年刻本，存。

〔同治〕高安縣志二十八卷首一卷

夏燮　張鵬翥等修　熊松之等纂夏燮，號嗛甫，安徽當塗舉人，同治八年任高安知縣。　張鵬翥，號南池，陝西紫陽人，進士，同治八年任高安知縣。　熊松之，字子容，本邑舉人，前浙江補用同知。

清同治十年（1871）刻本　存

《中國地方志聯合目錄》:《高安縣志》二十八卷首一卷孫家鐸修，熊松之纂。

夏燮序高安自國初始有志，越百二十年而三修，又越三十年而四修，時惟道光甲申，蓋奉程月川中丞檄也。後二十年，吳文節公巡撫江西，以省志修於雍正間，已逾百年，乃再開局會城，檄各郡縣以次編纂，書未上而文節移撫浙江，事遂寢，高安亦中輟……同治己巳夏月，今中丞入覲歸；始再開省志之局。會燮承乏高安，乃開局縣中，延蕭薌泉方伯、熊子容司馬主其事……爰綜匯全書，都仍舊貫，而四十餘年之紀載必使事核言詳，毋遺毋誤，以徵一邑之文獻，備省志之參稽。燮雖不獲竟其事，而竊幸觀其成也，遂不辭而序緣起如此。（同治十年）

【按】同治八年，知縣夏燮奉檄修纂邑志。開局未幾，夏氏離職，張鵬翥繼任知縣，接修之。九年，張氏又去，德海繼任，畢斯役。本志體例，基本沿襲道光志，亦分十四門，僅將舊志「封典」改名「封蔭」，「雜記」改為「雜類志」而已。子目百二十二，較前志有所增益。有同治十年刻本，今存。

▶ 上高

本邑故乘，明以前典闕無考。《永樂大典》引《上高縣志》數事，該志或成於明以前，或在明初，皆未可知。明正統間署知縣朱君孔年雖銳意纂修，其事未果。此後學諭鄭廷俊輯集志稿一編，知縣陳廷舉本之纂修，嘉靖三十三年志成。清修縣志以康熙十二年劉啟泰本先成，乾隆四十五年知縣王道隆續有一編，僅遺草本。嘉慶十六年知縣劉丙本王志稿纂續成書。道光、同治各有一修。明、清縣志有刻本者俱存，志稿則散佚。

東漢中平間，析建成縣地置上蔡縣。晉太康年間易名望蔡。隋開皇九年，省望蔡入建成。唐武德五年，復置望蔡縣；八年，省入高安。僖宗中和年間，即望蔡故地置上高鎮，以其地位於高安上游，故名。南唐升元中立上高場，保大十年升縣，屬筠州。宋寶慶後屬瑞州。元屬瑞州路。明、清屬瑞州府。

上高縣志

佚名修纂

修纂年不詳　佚

《永樂大典》卷七五一六，十八陽，倉際留倉，引《上高縣志》一條；又卷二二五六，六模，壺冰壺，引《瑞州府上高縣志》一條。

《明一統志》卷五十七，瑞州府，形勝蒙山左峙，引《上高縣志》一條。

《江西古志考》卷六：《上高縣志》佚卷數、撰人，未見著錄。

按：上高縣志，最早見於著錄為明嘉靖陳廷舉修本。（見光緒《江西通志》）此前故乘，俱放佚無所稽考。今輯《大典》引《上高縣志》，撰年不可考，但成書於時永樂以前無疑。《大典》又引《瑞州府上高縣志》一條，題中「瑞州府」三字，殆後人增入。今並錄於此。

〔正統〕上高縣志

朱孔年修　杜宗纂朱孔年，正統間署上高知縣。　杜宗，福建建安舉人，正統間任上高縣教諭。

明正統間修本　佚

【按】據明嘉靖縣志陳廷舉序：「先教諭杜君宗、署縣事朱君孔年曾銳然有修者，率多以喙喙爭鳴，心心未決，而業用以寢。」朱孔年，縣志失載。杜宗，正統間任縣教諭，事見同治九年縣志卷五秩官。同治志卷七名宦有杜宗傳，稱宗「永樂間以舉人任教諭，嘗修上高縣志，令後學有所考據」。所載杜宗任教諭之年與「秩官志」有異，茲從「秩官志」。又嘉靖志陳序稱杜氏所修志曾引起議論，「業用以寢」，語焉不詳；而同治志所載似志已修成（刊刻與否則不知）。今予以登錄，疑者志以存焉。

〔嘉靖〕上高縣志二卷

陳廷舉修　鄭廷俊纂陳廷舉，字一賢，湖北黃岡舉人，嘉靖二十九年任上高知縣。　鄭廷俊，福建莆田舉人，嘉靖間任縣教諭。

明嘉靖三十三年（1554）刻本　存

《千頃堂書目》卷七：鄭廷俊《上高縣志》二卷。

光緒《江西通志》藝文略：《上高縣志》嘉靖三十三年知縣陳廷舉修。

《中國地方志聯合目錄》。

陳廷舉序夫志為紀事之書，由來郡邑莫不有之，以備參考。而獨於上高稱缺者，豈是邑無一可紀之事也哉。蓋求之附於省郡所載，特其大略。先教諭杜君宗、署縣事朱君孔年曾銳然有修者，率多以喙喙爭鳴，心心未決，而業用以寢……余自蒞政以迄於今，每竊有志焉，而未之逮。一旦與諸僚謀於學，學諭鄭君廷俊出其歷年所集諸稿以示，余覽三遍，有可采，始誓以共成焉。未數月而鄭君乃潛心秉筆，因舊文以加新法，出己見以酌輿情。始之以邑考秩官，而大端備載；終之文苑傳疑，而細務不遺，其間條分縷析，益簡刪繁，凡可以泄百代之英華，闡三才之精蘊者，悉燦然若示諸掌。余因喜曰：可以志矣。遂以請命于大邦伯陳公平岡，校正於司訓葉君禎者，而壽諸梓……（嘉靖三十三年）

【按】本志是現存最早之上高縣志。據主修陳廷舉序，前教諭杜宗、署縣令朱孔年「銳然有修」邑志，以議論不合，「業用以寢」。至陳氏知縣事，儒學教諭鄭廷俊「出其歷年所集諸稿以示」（按：鄭廷俊任上高縣教諭，當在嘉靖三十三年甲寅以前若干年。康熙劉志載鄭氏嘉靖甲寅任上高縣教諭，非是）。陳氏因舉修縣志，屬鄭廷俊秉筆，「因舊文以加新法，出己見以酌輿情」，數月撰成，經司訓葉禎校正，而後鋟諸梓。「其書於宋元二朝，則備載無遺；對於人物諸傳，亦詳述無漏。後之修志者，咸謂此編記載，具存其實也」（《稀見方志提要》），本志有嘉靖三十三年刊本。

〔康熙〕上高縣志六卷

劉啟泰修　李淩漢纂劉啟泰，字純禧，山西清源縣舉人，康熙十一年任上高知縣。　李淩漢，字天章，號宋雲，本邑舉人，康熙丙辰選授河南孟津知縣，不就，在家讀書著述，編輯《似園間編》十種，著有《北遊草》《吳越草》等。

清康熙十二年（1673）刻本　存

光緒《江西通志》藝文略：《上高縣志》康熙十一年知縣劉啟泰修。

《中國地方志聯合目錄》。

劉啟泰序上高數百年無志，今奉朝廷大典，不能補甚萬一，略而弗詳，雖守土者之愧，亦爾紳士之恥也。況上高文雖缺而獻或存，搜之舊志，摭以新聞，亦庶可以無憾矣，盍斷行之。因開局於城北之多寶寺，於紳士中擇草創者若而人，討論者若而人，修飾潤色者若而人，分其例，綱舉而目張，刪其繁；詞約而旨該矣，存其真，去其訛，傳信而不傳疑矣……（康熙十二年）

【按】本志係康熙間縣令劉啟泰主修。劉氏有序略述其事。是志凡例云：「郡有鄺志，有陶志，高安附郭紀獨詳，鹽次之，敖最略，一乏於費，一艱於人也……奉旨纂修一統志，匯取舊乘，無以應，爰議重修。按鄺志重修於正德年間，陶志重修於崇禎初年，續於康熙十年，敖志則嘉靖以後絕響矣。今志內所載，本之陶志者半，收之採訪者半，於陳志（按：指明嘉靖陳廷舉志）一一從舊，間有訂正，非確徵傳信，不敢妄為刪削。」其書取材如是。又凡例云：「今體制一遵往乘，筆削概出新裁，分門別例，開卷了然。」全書六卷，卷一輿地志（分星野、沿革、疆域、郵鋪、區團、風俗、物產八目），山川志（水利附），古跡志（分書院、堂、亭、閣、墳、宅六目）；卷二建置志（分城池、署廨、學宮、聖殿、啟聖祠、名宦祠、鄉賢祠、司府、局所、坊表、街市、圩、巷、津梁、倉儲十五目），祠祀志（分山川社稷、南北壇、城隍祠、邑厲壇、名廟、寺觀、裡社壇七目）；卷三戶田志（分戶田、田賦、銀米征解、貢獻、俸薪工食，並裡疏附）；卷四秩官志（分知縣、縣丞、主簿、典史、教諭、訓導六目）；選舉志（分科第、歲貢、薦辟、例貢、例監、吏員、儒官、應例、武職附、勳戚、貝也封、封爵十二目）；卷五名宦志（分司牧、師儒兩目）；人物志（分名臣、才臣、文學、氣節、孝義、節烈、隱逸、遺良、耆英、理學、墨山客人、方使、仙釋、義勇十三目）；卷六藝文志（分序、記、傳、賦、詩五目），紀事志（祥瑞、災異二目）。

〔乾隆〕上高縣志

王道隆修王道隆，福建蒲城進士，乾隆五十八年知上高縣。

乾隆五十四年（1789）稿本　佚

【按】此志未經書志家著錄，其事僅見嘉慶縣志劉丙序提及。劉氏曰：「往者乾隆五十四年，王君道隆知縣事，亦嘗召集紳士草創增修，究復中止，嗣是因仍草本欲觀厥成者亦復比比……自康熙十三年以後則取乾隆五十四年草本釐訂而增輯之。」又嘉慶志凡例云：「上高自明嘉靖志闕，國朝康熙十二年知縣劉啟泰搜采成書，迄今百三十餘年。中間雖士人嘗從事於此，然作者在堂，訾者在戶，寫本亦未完竣。」知王氏此番修志，由於眾議未協而中輟，然其稿本存留，為嘉慶劉丙志所據。是稿已佚，其類目卷帙均無以知其詳，然嘉慶志既本之以修，王志稿由此尚可約略窺其大概矣。

〔嘉慶〕上高縣志十七卷首一卷末一卷

劉丙修　晏善澄纂劉丙，號克齋，安徽廣德人，順天宛平籍進士，嘉慶十一年任上高知縣。　晏善澄，字准吾，號薇東，本邑進士，曾任崇陽知縣，著有《歸田學易》《感秋詞》《述園文稿》《詩稿》等。

清嘉慶十六年（1811）刻本　存

光緒《江西通志》藝文略：《上高縣志》十六卷嘉慶十五年知縣劉炳修。

《中國地方志聯合目錄》。

劉丙序上高縣志自康熙十二年修輯成書而後，至今蓋百三十有八載矣……往昔乾隆五十四年王君道隆知縣事，亦嘗召集紳士草創增修，究復中止。嗣是因仍草本欲觀厥成者，亦復比比……自康熙十二年以前，則原本舊書，離析其門類所不合，增訂其節目所未詳。自康熙十三年以後，則取乾隆五十四年草本釐訂而增輯之，以付剞劂……（嘉慶十六年）

【按】自康熙十三年縣志修成後，至乾隆四十五年縣令王道隆續修，僅有稿本存。嘉慶十五年，縣令劉丙在王志稿基礎上重加修訂。據劉氏自序，其志所記康熙十三年以前事多取諸舊志，康熙十三年以後事則本之王志稿。是書十七卷（按劉丙序稱「十有六卷」，似未確），首末各一卷。卷首序、修纂姓氏、凡例、圖；卷一至三輿地；卷四、五民賦；卷六祀典；卷七學校；卷八戎政；卷九秩官；卷十選舉；卷十一人物；卷十二至十五藝文；卷十六古跡；卷十七雜記；末附舊修姓氏，新舊謄錄姓氏。子目八十二。有嘉慶十六年刊本，存。

〔道光〕上高縣志十二卷首一卷末一卷

林元英修　傅祖錫　趙汝舟纂林元英，字弁瀛，福建閩縣人，嘉慶辛未進士，道光三年任上高知縣。　傅祖錫，清江副貢，縣教諭。趙汝舟，奉新舉人，縣訓導。

清道光七年（1827）活字本　存

光緒《江西通志》藝文略：《上高縣志》十二卷道光三年知縣林元英修。

《中國地方志聯合目錄》。

林元英序適奉上憲札諭，飭取各府州縣志書，以修通志，即欲將此現刊之書呈送入局，然其書之體例與所頒採訪程式截然不同，兼以數十年來人物事蹟續有加增，不得不另行編輯。因即訂請邑之鄉先生而婉商之，延入內署，以後圃三元殿為修志總局，發凡起例一以採訪程式為宗，復為之博考前聞，廣徵近狀，語必求其有據，事悉去其無稽，而予往復再四，細與參酌，越兩月而書遂成……（道光三年）

【按】道光初，省垣擬重修江西通志，飭令各郡縣修志以備採錄。上高縣令林元英奉命纂輯邑志。本志多取康熙、嘉慶二劉舊志，訂訛補缺，其體例則遵憲頒採訪章程格式。僅數月稿成。據傅祖錫、趙汝舟跋曰：「然其時未付之剞劂也，蓋當邑中有興作，又值經費未齊，暫緩其事，丙戌（道光六年）冬始宣諸梓，至丁亥（道光七年）二月事竣，中間三、四年續有增輯，而大綱則仍舊貫也。」本志記事至道光六年止。全書正文十二卷，分二十六門，即星野、沿革、形勢、山川、學校、公署、書院、田賦、風俗、兵衛、古跡、封爵、秩官、雜職、選舉、武舉、名宦、人物、列女、仙釋、方伎、祥異、祠廟、寺觀、藝文、雜記。子目五十有四。

〔同治〕上高縣志十四卷首一卷末一卷

馮蘭森修　陳卿雲纂馮蘭森，浙江歸安監生，同治八年任上高知縣。　陳卿雲，字瑞虞，號仙樓，本邑舉人，曾任星子縣教諭。

清同治九年（1870）刻本　存

《中國地方志聯合目錄》。

馮蘭森序今上御極之九年，春王正月，余奉憲札飭修縣志，承纂幾一稔，地方形勢梗概較詳。第回憶下車來視案之勞，征賦之慎，與夫供億郵次之煩，酬酢幕庭之瑣，刻未能暇，且孤陋狹隘之見聞，正未敢遽以一長效。爰進邑諸名士而商訂之，延為總纂、分纂及採訪各執事之任，敞聖殿后楹之慎理堂為修志總局，承前人餘緒、啟後學問津，凡六閱月而卷軸已數萬言，可謂得所統宗，為省局取資之征矣……（同治九年）

【按】同治九年，知縣馮蘭森奉憲檄修邑志，是年春開局，六閱月志成付諸剞劂。馮氏有序略言其事。其凡例云：「此次續修，距林志（按：指道光志）僅四十八年，人多同時，事皆目擊，增輯較易。惟念志中遺誤頗多，因采求舊乘，而陳志（明嘉靖志）遍訪無存，幸舊劉志（按指康熙十二年志）一編尚在，讀其凡例，稱於陳志一一從之。則欲考證舊事舍此無由，爰本為根據，參以明之府志及省之通志，詳為校勘，補亡訂誤，有搜羅而非等鑿空，有辨正而絕不刪除。雖並析先後，時有不同，而既經迭修，子目甚備，條分件系，隨事增加。」由是可知，本志乃本道光林志續修，並據康熙劉志及府、省舊志及明《一統志》，校勘前志之訛誤，補其遺缺。本志門目設置，基本因襲道光林志，僅作少許更易（如城池、疆域，林志附於形勢門，而本志別立兩門；水利，林志附於山川門，而本志亦立一門，等等）。故其正文分三十一門，子目四十有八。有同治九年刻本，存。

▶ 宜豐

宜豐縣，在宋至民國初名「新昌」，其邑乘之可考者，北宋有《圖經》，南渡之後有《新昌圖經》，兩書撰年及撰人均不詳。其後有趙綸《新昌圖經》，成於寶慶間。元有馬嗣良《新昌州志》，修於延祐間。此外，《永樂大典》引有《新昌志》一種，蓋明以前人鈔錄宋元舊乘成編。明時新昌縣志前後凡四修。先有永樂間所修，係草本未刊行；此後成化、正德、嘉靖均有續纂成書。清修新昌縣志，康熙四年黃運啟本先出，繼有康熙二十二年吉必兆續修，乾隆五十七年楊文峰、龔果，道光四年曾錫齡、譚夢騫，同治十一年朱慶萼等踵修之。民國六年，胡思敬纂成《鹽乘》一編。宋元明舊志，今無一存。清及民國縣志六種俱存。

宜豐，漢為上蔡縣地。三國吳黃武中，析置宜豐縣。晉大元中（一說劉宋初）省入望蔡。蕭梁初，復置宜豐。隋開皇九年，省入建成縣。唐武德五年，復置宜豐縣，屬靖州；八年，省入高安。宋太平興國三年（一說七年）分高安、上高縣地置新昌縣，屬洪州；寶慶後，屬瑞州。元朝元貞元年，升新昌州，隸瑞州路。明洪武初降為縣，屬瑞州府。清仍之。民國二年，改「宜豐縣」，以避與浙江新昌縣同名故也。

（新昌）圖經

佚名修纂

修纂年不詳　佚

《中國古方志考》：《（宜豐）舊圖經》佚。按：是圖經見嘉定

《新昌圖經》熊良輔序。又成化縣志汪道序，新昌古宜豐也，蓋自縣宜豐時，已有圖經之傳，宋鄉達熊公良輔嘗加是正而刻諸木，繼而知縣趙公綸復加討論而重刻之。又嘉靖縣志趙文奎序，在宋有圖經。

《江西古方志考》卷六：《（宜豐）圖經》佚卷數、撰人。

【按】宋寶慶《新昌圖經》熊良輔序曰：「邑舊有圖經，兼舉而並載之，宜也。建炎中邑毀於兵。官府興典章，因循簡陋，有如舊令尹之告新令尹，則所謂圖經者，取具臨時謄寫以相授，其文字訛舛多，中間嘗加是正，且鋟諸木，僅可少振前陋，而門目登載猶失刊潤」。熊序此言宋嘉定以前所修《圖經》之事，言稱「邑舊有圖經」，此《圖經》建炎毀於兵，當是南渡以前所修。成書於何時，熊氏未有明言。明成化縣志汪道序謂「自縣宜豐時」之傳，考諸沿革，宜豐置縣初始於三國吳時，後幾經廢複；至宋太平興國間置新昌。依汪道所言，本《圖經》早在三國吳時已成書，所據不詳。且在唐宋以前，地方志乘鮮聞有稱「《圖經》」者。頗疑引《圖經》係宋太平興國間置新昌縣時所修，今姑錄作《（新昌）圖經》。

〔宋〕新昌圖經

佚名修纂

南宋修本　佚

《江西古志考》卷六：《（新昌）圖經》宋熊良輔校訂，佚卷數、撰人，未見著錄。

【按】宋寶慶《新昌圖經》熊良輔序曰：「所謂圖經者，取具臨時謄寫以相授，其文字訛舛寖多。」據此，宋建炎之後，又有《新昌圖經》之修。此《圖經》撰修較為草率，「訛舛寖多」。其後有人「嘗加是正且鋟諸木」。張國淦《中國古方志考》謂「蓋自縣宜豐時，已有圖經之傳，宋鄉達熊公良輔嘗加是正而刻諸木」（張氏此說本之明人汪道），非是。據熊良輔序，「中間嘗加是正且鋟諸木」者，係訂正建炎以後所修之《圖經》，非所謂邑之「舊圖經」，此事甚明。又是正本《圖經》者，汪道、張國淦俱指為熊良輔。今觀熊序謂訂正本「僅可少振前陋，而門目登載猶失刊潤」數句，實無法判斷訂正之事係熊氏本人所為。本《圖經》訂正刊行，在趙綸修志之前，確切年月已難詳。

〔寶慶〕新昌圖經

趙綸修趙綸，字子微，高郵人，嘉定十六年任新昌知縣。

宋寶慶二年（1226）刻本　佚

光緒《江西通志》藝文略：《新昌圖經》寶慶二年知縣趙綸重刊。

《中國古方志考》。

《江西古志考》卷六。

熊良輔序邑舊有圖經，兼舉而並載之，宜也。建炎中邑毀於兵。官府與典章，因循簡陋，有如舊令尹之告新令尹，則所謂圖經者，取具臨時謄寫以相授，其文字訛舛寖多，中間嘗加是正且鋟諸木，僅可少振前陋而門目登載猶失刊潤。嘉定癸未，高郵趙君綸實來……又二年，功成多暇日，乃屬邑佐同僚諸士友剔浮抉冗，拾遺考實，唯切於邑之事體者，乃匯次焉……（寶慶二年）

【按】本志係宋知縣趙綸修纂，其書早佚，僅存熊良輔序文一篇。據熊序，知趙綸於嘉定癸未（十六年）來知新昌縣，又二年（即寶慶元年）纂輯邑乘。熊氏序文撰於寶慶丙戌（二年），當《圖經》告竣之時。熊氏稱本《圖經》「文直事核，既無昔年簡陋之患，亦趙君惠顧斯邑實多」。

〔延祐〕新昌州志

馬嗣良纂馬嗣良，字繼可，廣漢人，延祐元年任新昌州判官。

元延祐年間刻本　佚

《永樂大典》卷三五二五，九真，門譙門；卷七五〇七，十八陽，倉常平倉；卷七五一〇，十八陽，倉社倉；卷七五一六，十八陽，倉都倉、際留倉；引《新昌縣志》五條。

光緒《江西通志》藝文略：《新昌州志》延祐中判官馬嗣良修。

《中國古方志考》。

《江西古志考》卷六。

【按】明成化縣志汪道序曰：「元判官馬嗣良又纘刻為《州志》。」嘉靖縣志趙文奎序亦曰：「新昌在宋有《圖經》，元有延祐志。」光緒《通志》已有著錄，元修新昌志可知者僅此一種。又《永樂大典》引有《新昌縣志》五條，其「譙門」佚文曰：「榜曰新昌州」；「大德五年，平章事鄂公史弼書今榜」（即新昌州榜）；又「際留倉」佚文曰：「在州治之東」。據此，是書所志乃新昌州，而非新昌縣明矣。考諸沿革，宋新昌縣，元元貞初升新昌州，明洪武初降為縣。本志必元修本無疑，即馬嗣良《新昌州志》也。《大典》引稱《新昌縣志》，蓋依其時制妄改書名。

新昌志

佚名修纂

修纂年不詳　佚

《永樂大典》卷二二六一，六模，湖白澤湖；卷七五一六，十八陽，倉贍軍倉、留存倉；引《新昌志》三條。

《江西古志考》卷六：《新昌志》佚卷數、撰人。未見著錄。

【按】《大典》引《新昌志》三條，輯文年事無考，唯「白澤湖」條曰：「在高安縣東門外」。考宋太平興國間分高安、上高置新昌縣，則是志所記當在析高安地置新昌之後。又佚文「存留倉」條曰：「在縣治儀門外」，知本志非元時修本，不得斷為延祐馬志。亦未敢驟定為宋本。又，明洪武至永樂之前，新昌縣未聞有修志之舉，永樂中雖修縣志，其書既未刊行，又未必在《大典》成書前修纂。據成化縣志汪序稱：宋、元邑乘，「慨夫屢經兵火，刻本無傳，所傳者皆東鈔西錄，存十一於千百耳」。知明初有此一「東鈔西錄」之傳本。殆即《大典》所引《新昌志》耳。其佚文稱白澤湖「在高安縣東門外」，似鈔自宋修舊志。此亦未敢必是，尚待進一步考證。

〔永樂〕新昌縣志

佚名修纂

明永樂間稿本　佚

【按】明成化縣志汪道序曰：「及永樂中詔天下修郡縣志，縣之人乃復尋墜緒，訪遺躅，搜索逸事，志略具矣，第未鋟梓，轉相傳寫，私自增損，人自為書，其謬漏不可勝言者。」據此可知，明永樂間新昌縣奉命修纂邑志，僅成稿本，未及鋟梓。其後又有私鈔本流行，擅自損益，謬漏多有之。此志未見著錄，修纂人已無考，明修縣志之有文獻可征者，以是書最早。

〔成化〕新昌縣志

汪道修汪道，字世行，休寧人，成化間任新昌知縣。

明成化二十一年（1485）刻本　佚

光緒《江西通志》藝文略：《新昌縣志》成化二十一年知縣汪道修。

汪道序蓋自縣宜豐時，已有圖經之傳，宋鄉達熊公良輔嘗加是正而刻諸木。繼而知縣趙公綸復加討論而重刻之。元判官馬公嗣良又纘刻為州志。是新昌之志蓋嘗三刻之矣，慨夫屢經兵火，刻本無傳，所傳者皆東鈔西錄，存十一於千百耳。天開文運，際我聖朝治化之盛，輿圖之廣從古罕及。永樂中詔天下修郡縣志，縣之人乃復尋墜緒，訪遺躅，搜索逸事，志略具矣，第未鋟梓，轉相傳寫，私自增損，人自為書，其謬漏不可勝言者。景泰間雖又纘修郡志，而縣志則未及焉……不肖叨宰新昌已逾四載，……故旁求舊志，廣索遺文，參之考訂而次第之……（成化二十一年）

【按】本志係成化間知縣汪道主修，成書於成化二十一年，汪氏序述此修始末。嘉靖辛卯縣志趙文奎序稱「汪尹成化志詩文則詳，有遺證焉」。本志至清康熙初「尚存殘帙」（見康熙四年縣志凡例），後亡佚，佚於何時則不詳。

〔正德〕新昌縣志二卷

李長修　陳懷經等纂李長，字複之，號雲岩，縉雲人，進士，正德六年任新昌知縣。　陳懷經，字時濟，號雲岡，邑人，成化二十三年進士，曾任刑部員外郎、雲南按察副使。

明正德八年（1513）刻本　佚

光緒《江西通志》藝文略：《新昌縣志》二卷正德八年知縣李長修。

陳懷經序郡伯鄺公素以文飾政治者，今年春檄屬邑采備郡志之修，雲岩欣然開編靡局，乃以采輯屬之漆、郭二生，編次屬之洛世隆、梁時濟與漆宜禹，校正屬之姚恥齋，予亦濫竽其間也。於是按舊摭新，增其所遺，芟其繁而究其實，缺其疑而未安者，列為六志，釐為上下二卷，始自四月之望，而五月七日奏功……（正德八年）

【按】正德八年春，瑞州府有郡志之修，檄屬邑各輯其志，新昌知縣李長應命開局纂修，「列為六志，釐為上下二卷，始自四月之望，而五月七日奏功」。本志纂輯，前後不及一月，行事草率可知，因貽「體裁荒忽，取其速成」之譏。（康熙四年縣志黃啟運序）此書至康熙初「尚留殘帙」，後亡佚。

〔嘉靖〕新昌縣志九卷

俞宗梁修　趙文奎纂俞宗梁，字景山，吳縣人，進士，嘉靖九年任新昌知縣。

明嘉靖十一年（1532）刻本　佚

光緒《江西通志》藝文略：《新昌縣志》嘉靖十一年知縣俞宗梁修。

趙文奎序新昌在宋有圖經，元有延祐志，永樂中再修輯而未板行，汪尹成化志，詩文則詳，有遺證焉。李尹正德志，事裒而文備，有遺義焉。俞侯視政之明年，與石門蔡憲伯義合，復相與考正，時則郭生睿、漆生煒、邢生質、胡生良臣與在從事之列。石門既北，文奎亦參附討論。門匯粗具，竟以典裁不一而罷。一日，侯出其退食稿，命文奎詳校，則綱分為九，目為七十一，徽詞卓識，煥然一家……（嘉靖十一年）

【按】本志係嘉靖十年知縣俞宗梁主修，其事見纂人趙文奎序。據趙序，其書「綱分為九，目為七十一」。九綱次第，俞宗梁序詳言之，即首輿地、次居設、次賦役、次公署、次官守、次祠祀、次人物、次文翰、次雜志。有嘉靖十一年刻本，佚。又康熙四年縣志凡例云：「新昌舊志，惟成化乙巳知縣汪道、正德癸酉知縣李長、嘉靖壬辰知縣俞宗梁所修三種，尚留殘帙。」原刻本天一閣曾有收藏，後散佚，《天一閣明代地方志考錄》有著錄。

〔康熙〕新昌縣志[1] 六卷

黃運啟修　漆嘉祉等纂黃運啟，字平叅，山東昌邑人，進士，康熙元年任新昌知縣。　　漆嘉祉，字蔚生，號尉山，邑人，崇禎四年進士，官至浙江杭嚴道僉事。

清康熙四年（1665）刻本　存

光緒《江西通志》藝文略：《新昌縣志》六卷康熙四年知縣黃運啟修。

《中國地方志聯合目錄》。

黃運啟序伏奉藩檄通行屬邑，索方志以備覽。余愧前書簡略，既無與於百三十年之廢興，殊不稱諏詢至意。於是不揆固陋，出其懷來請事於邑先輩漆蔚生，適契其祈向之盛心，因指數諸生，備分曹纂之役。諸生覃精畢力，度務既審，物宜亦衷，搜輯參稽，夜以繼日，五閱月而書成。為志者十，為卷者六，義例折衷於前編，近事取裁於削牘……（康熙四年）

【按】本志係康熙初知縣黃運啟奉藩檄編輯，為清新昌縣志之首修本。據黃氏序稱：「出其懷來諸事於邑先輩漆蔚生……因指數諸生備分曹纂修之役，康熙二十二年縣志吉序亦謂黃運啟「得資邑中賢達漆嘉祉等博采群書」，知漆氏實主纂筆。又本志之修，得明成化、正德、嘉靖三舊乘殘帙，「今所據悉本諸編，其嘉靖以後一百三十餘年，或采諸家乘，或稽諸典故，或詢諸遺獻，為之訂訛正謬，核實闡微，繼為補修以備參考」（本志凡例）。全書六卷，分為十志。有康熙四年刻本，今存。

〔康熙〕新昌縣志[2] 六卷

吉必兆修吉必兆，字天嘉，順天大興籍山西聞喜人，由內閣纂修實錄官，康熙二十一年任新昌知縣。

清康熙二十二年（1684）刻本　存

光緒《江西通志》藝文略：《新昌縣志》康熙二十二年知縣吉必兆修。

《中國地方志聯合目錄》。

吉必兆序因會邑中諸薦紳先生、在庠名宿，開館分曹，抒所見聞，或采諸家乘，或公諸輿評，或訪諸遺老，自秋徂冬，廣集眾思，舊者正之，新者增之，未闡之幽芳有美必錄，可疑之事蹟雖美弗登，合近二十年之軼事並諸從前數百年之遺文，義例詳明，考核嚴確，則謂斯編為志，足

備典故也可。即謂斯編為史足示勸懲也可。（康熙二十二年十二月）

【按】本志之修，去康熙四年黃志未及二十年。其凡例云：「邑志成書，自康熙乙巳黃公運啟踵修，克有善本。已而遭甲寅之亂，書捲煙沉矣。康熙丁巳冬，制府董公衛國提兵臨縣，蕩寇綏殘，嗷鴻漸集，節奉檄徵縣志，購求維艱。癸亥秋，僉議續修，義例悉衷黃志，近事必慮參詳。」知本志修於康熙二十二年秋，同年冬告竣。體裁悉衷黃志，續記其後近二十年之事。全書有輿地、規制、典禮、賦役、兵防、秩官、選舉、人物、文翰、雜志，凡十分志，子目八十有四。

〔乾隆〕新昌縣志二十五卷首一卷末一卷

楊文峰　龔果修　萬廷蘭等纂楊文峰，河南商丘舉人，乾隆五十六年任新昌知縣。　龔果，江蘇金匱貢生，乾隆五十六年署新昌知縣。　萬廷蘭，字芝堂，南昌人，乾隆十七年進士，翰林院庶起士，官至通州知州。

清乾隆五十七年（1792）刻本　存

光緒《江西通志》藝文略：《新昌縣志》二十五卷乾隆五十七年署知縣龔果修。

圖巴序乃掾史所呈，則天啟七年故冊，殘斷漫漶，無可考稽。謀所以續而輯之，爰檄三縣籌纂修府志之議。時新昌楊前令稽諸眾，交相謂曰：縣志亦百餘年不修，何以集文獻而上之郡。於是合縣議修縣志，楊令具以情謁余，且商訂珥筆者董其事。既成謀而以降調夫任。署任龔令是前議而慫恿之，諏吉啟局，集眾議而共訂，自冬阻春，凡五閱月。余適因公按部新昌，值縣志甫脫稿，將付剞劂……（乾隆五十七年）

【按】乾隆五十六年，新昌知縣楊文峰奉命修纂縣志，合縣商議既定，楊氏調去，署任龔果開局編纂於是年冬，明年春書成，凡五閱月。時瑞州知府圖巴有序志其事顛末。本志有乾隆五十七年刻本，今存。

〔道光〕新昌縣志二十五卷首一卷末一卷附補遺一卷續編一卷

曾錫麟　譚孟騫修曾錫麟，河南固縣人，進士，道光元年任新昌知縣。　譚孟騫，河南邵陽舉人，道光三年任新昌知縣。

清道光四年（1824）刻本　存

《中國地方志聯合目錄》:《新昌縣志》二十五卷首一卷末一卷附《補遺》一卷《續編》一卷曾錫麟、譚孟騫纂修。

譚孟騫序邑舊有志，肇修於康熙癸亥，續纂於乾隆壬子，迄今三十餘年，有宜補者，有宜續者，有宜博辨而訂正者。歲在癸未，邑宰中州曾公承中丞命，聚鄉先生而謀之，稽星野，徧見方輿，捃摭子史逸說，網羅金石古文、蔀叟流傳、老儒宿說，耳剽心識，以歆旁參。予於是年冬攝篆來邑，值稿甫成，受而讀之……（道光三年）

【按】本志係道光三年知縣曾錫麟主修。此修乃以乾隆壬子志為本，宜補者補，宜續者續，宜辨訂者訂正之。記事至道光三年。是年冬志稿甫成，曾氏調去，譚孟騫繼任縣令，修潤此稿並付剞劂。有道光四年刻本，存。

〔同治〕新昌縣志三十二卷首一卷末一卷

朱慶萼　謝雲龍等修朱慶萼，山東濟寧州舉人，同治八年任新昌知縣。　　謝雲龍，廣東嘉應州人，進士，同治九年署新昌知縣。

清同治十一年（1872）活字本　存

《中國地方志聯合目錄》。

謝雲龍序邑志自道光四年重修後，邇來四十年所，偉風壯采，記載闕如，加以咸豐末西寇出入筠境，劫燼之餘，志板為灰。今歲春，中丞劉公設局省垣，檄修縣志。其秋，余署篆是邦，乃進都人士而諮焉，籌經費，設總局，延總纂，任分修，發採訪、歷數月而蕆事。前志所有者悉仍之，沿其規模，增其事蹟，凡忠貞孝義科名武烈遐徽餘韻之流傳者，征之家乘，訪之耆 ，毋敢濫，毋敢遺，以繩前規，以貽來者，以資省局之採擇……（同治九年冬）

【按】同治九年春，省垣舉修通志，檄郡縣各修其志。新昌知縣朱慶萼奉命行事。未幾，朱氏調職，繼任謝雲龍接修，歷數月蕆事。同治十一年知縣胡傳釗付刊行世。本志修纂，沿道光志規模，其凡例稱「舊志分門最為允當，惟以類從者似略有倒置，今稍為更正」，於前志所有者悉仍之，增續近事。全書三十二卷首末各一卷。卷首序、銜名、凡例、圖說；卷一至四地輿志；卷五、六祀典志；卷七民賦志；卷八戎政志；卷九職官志；卷十至二十一人物志；卷二十二至三十一藝文志；卷三十二雜志；卷末舊序、舊跋、補遺。子目九十八。

〔民國〕鹽乘十六卷首一卷

胡思敬纂胡思敬，字漱唐，晚號退廬居士，宜豐人，光緒二十一年進士，選翰林院庶起士，補遼沈道監察御史，轉廣東道監察御史，後退居南昌，著有《退廬全書》五十六卷。

民國六年（1917）刻本 存

《中國地方志聯合目錄》。

【按】本志係清末進士邑人胡敬思修纂，經始於民國二年，告成於五年。書名「鹽乘」，據胡氏例言稱：「今改志為乘而冠以五鹽最古之名」，實邑志也。其書體例「稍參酌陸氏《靈台》、魯氏《邳州》二志間，網羅放失舊聞，定為十志、五表、八略、七十七傳」。十志為輿圖志、氏族志、官師志、營建志、食貨志、禮俗志、學校志、訟獄志、武備志、藝文志、災異志；五表為選舉表、宦族表、恩例表、孝義表、節婦表；八略為十九令尹政略、兩簿尉政略、兩知州政略、明十三知縣政略、三丞政略、國朝十五知縣政略、諸典史事略、四學師事略。七十七列傳，則各以傳主名篇。全書記事至清宣統三年止。有民國六年刻本，存。其稿本亦存。

江西文庫 A0701B30

贛文化通典（方志卷） 第三冊

主　　編　鄭克強
版權策畫　李　鋒
責任編輯　林以邠

發 行 人　陳滿銘
總 經 理　梁錦興
總 編 輯　陳滿銘
副總編輯　張晏瑞
編 輯 所　萬卷樓圖書股份有限公司
排　　版　菩薩蠻數位文化有限公司
印　　刷　維中科技有限公司
封面設計　菩薩蠻數位文化有限公司

出　　版　昌明文化有限公司
桃園市龜山區中原街 32 號
電話 (02)23216565
發　　行　萬卷樓圖書股份有限公司
臺北市羅斯福路二段 41 號 6 樓之 3
電話 (02)23216565
傳真 (02)23218698
電郵 SERVICE@WANJUAN.COM.TW
大陸經銷　廈門外圖臺灣書店有限公司
電郵 JKB188@188.COM

ISBN 978-986-496-353-9
2018 年 1 月初版
定價：新臺幣 360 元

如何購買本書：

1. 轉帳購書，請透過以下帳戶
   合作金庫銀行 古亭分行
   戶名：萬卷樓圖書股份有限公司
   帳號：0877717092596
2. 網路購書，請透過萬卷樓網站
   網址 WWW.WANJUAN.COM.TW

大量購書，請直接聯繫我們，將有專人為您服務。客服：(02)23216565 分機 610

如有缺頁、破損或裝訂錯誤，請寄回更換

版權所有·翻印必究
Copyright©2016 by WanJuanLou Books CO., Ltd.
All Right Reserved　**Printed in Taiwan**

國家圖書館出版品預行編目資料

贛文化通典. 方志卷 / 鄭克強主編. -- 初版.
-- 桃園市 : 昌明文化出版 ; 臺北市 : 萬卷樓發行, 2018.01
冊 ;　公分
ISBN 978-986-496-353-9 (第三冊 : 平裝). --
1.方志 2.江西省
672.408　107002013

本著作物經廈門墨客知識產權代理有限公司代理，由江西人民出版社授權萬卷樓圖書股份有限公司出版、發行中文繁體字版版權。

本書為臺灣師範大學國文學系產學合作成果。　校對：梁潔瑩